经济管理类课程教材·国际贸易系列

高等学校双语教学用书

国际商务谈判

连　增　宋泽宁　编著

中国人民大学出版社
·北京·

总序

在经济全球一体化的大背景之下，尽快培养出我国国际贸易领域的专业化、国际化人才，已经成为当前市场经济发展迫在眉睫的任务。

本着加强国际贸易学科建设、努力培养适应社会需要的贸易人才的理念，由对外经济贸易大学牵头，中国人民大学等校鼎力合作，并经过联合攻关，编写了这套适应新时期教学需要的国际贸易教材。

综观本套教材，其特点主要有三：

第一，内容前瞻新颖。本套教材立足于市场经济发展的前沿，借鉴了国际领先水平的贸易工作经验，具有新结构、新内容、新观点、新方法，并紧跟时代发展的步伐。

第二，知识丰富实用。本套教材对国际贸易工作从理论到操作的方方面面做了介绍，它以实务为中心，将应掌握的知识和技能贯穿于每一个案例中，使学生明确在工作中应做什么、怎样才能做好以及怎样不断提高工作效率。

第三，架构系统全面。该系列是由多本教材组成的相互关联、衔接有序的动态系统，囊括了国际贸易的全部内容。

总之，我们在教材的先进性、实用性、规范性等方面做了集思广益的工作。真诚地期待广大师生和其他读者提出宝贵的意见和建议。

对外经济贸易大学国际贸易教材编写组

前言

当今世界正经历百年未有之大变局，国际格局深刻演变，世界进入新的动荡变革期。从世界范围来看，新冠疫情反复延宕，世界经济下行压力增大、衰退风险上升，粮食、能源、债务多重危机同步显现，不少国家经济社会发展遇到较大困难，各种不稳定不确定因素增多，冷战思维、霸权主义、单边主义、保护主义上升，扭曲国际准则、打断经济联系、纵容地区冲突、阻碍发展合作的行为屡见不鲜，给世界和平与发展带来了严重挑战。从中国发展来看，我国经济已由高速增长阶段转向高质量发展阶段，正处在转变发展方式、优化经济结构、转换增长动力的攻关期，发展不平衡不充分的问题仍然突出，结构性、体制性、周期性问题相互交织。面对新的机遇和挑战，和平发展、合作共赢是主流，我们应该进一步抓住经济全球化发展机遇、全面扩大对外开放、深度融入世界经济，坚定走开放型经济发展道路，以我国经济自身的增长活力和健康稳定发展在国际竞争中获得主动，在国际事务中发挥更大作用。

时代呼唤具有世界眼光的中国企业家，也呼唤熟谙国际市场规则的国际化人才。随着中国与世界的融合程度大大加深，中国逐步从国际商务经贸规则的学习者、遵守者变成应用者、影响者。为了更好地适应国际化趋势，我国对经管专业人才的培养也快速发展，不仅对课程体系进行了重大改革，而且对教学所用教材也提出了更高要求。国际商务谈判是国际经贸活动中的关键环节，对国家和企业利益的重要性不言自明。因此，为顺应我国经管专业人才培养的大趋势，满足国家对高质量国际化谈判人才的需求，本书深入介绍了国际商务谈判的基础理论知识，并通过分析经典谈判案例帮助读者理解和运用相关的理论知识。

本书作者力求克服传统国际商务谈判教材的不足，创作出符合新时代教学目标与教学实际需求的教材。本书的主要特色与创新点有三个：首先，本书做到了双语教学与专业知识的结合。海外教材适用于英语教学，但其内容与我国实践相距甚远；而国内教材缺少英语对应，无法满足双语教学的需求。本书对部分核心知识和关键术语都给出了相应的英语表达，并以二维码形式提供了原汁原味的英文案例，有助于学生了解文化、沟通、商业伦理等相关内容，并提高语言文化能力与专业沟通能力。其次，本书兼顾中国经济发展的特点，做到了国外理论和国内实践的有机统一。每章由核心知识与案例分析两部分构成，核心知识部分梳理了基础概念，并吸收了国内外商务谈判领域的最新理论和学术成果；案例分析部分以实际商业案例辅助核心知识的学习，以加深学生对相关理论的理解。最后，本书克服了传统教材在案例选择方面的不足，更关注“一带一路”国家与发展中国家，如泰国、科特迪瓦、西班牙等，案例所涉及的行业也尽可能多元化，囊括环保行业、钢铁行业、石油行业等。

本书作者团队在长期的教学研究和社会实践中积累了丰富的经验，在撰写本书时以高水平和高标准为原则，参考了国际上通用的国际商务谈判课程的设置，充分兼顾了我国教学实际与商业实务，力求做到论述精辟、视野开阔、资料丰富、深入浅出。本书中所呈现内容经过了多年的教学实践的检验，故适应面较广，既可用于不同层次学生的商务谈判教学，又可供国际商务从业人员培训及自学所用。

主　编

目录

第一章 谈判的基本分析工具

学习目标

通过本章的学习，您将：

- 理解谈判的概念与类别
- 了解高效的谈判者应具备的能力
- 掌握谈判的基本分析工具

引言

谈判存在于我们生活中的方方面面，对每个人来说都是一件非常重要的事。但是，谈判是什么？好的谈判者需要具备怎样的能力？如何对谈判进行分析和准备，以取得最优的谈判结果？

以上这些疑问都将在本章的第一部分【核心知识】中为您一一解答。在本章第二部分【通过案例学谈判】，我们将介绍中国天楹与西班牙乌尔巴赛尔（Urbaser）公司的谈判实例，分析中国企业如何运用谈判的基本分析工具准备和开展谈判，并最终成功并购西班牙企业。希望这一案例可以帮助您更好地理解与运用本章的核心知识。

第一部分 【核心知识】谈判的概念与基本分析工具

一、谈判的概念

（一）谈判的定义与功能

Negotiation is a dialogue between two or more parties to gain benefits or achieve their objectives.

谈判是两方或多方为了达成某种目标而进行的协商行为。它是人们为了分配稀缺资源而进行决策、达成协议的过程。① 当一方和另一方的利益诉求既有共性又存在冲突时，可以通过谈判来实现沟通，以期达成协议。②

从上述定义可以看出，谈判在我们的生活中扮演着非常重要的角色。无论面对家人、朋友，还是同事、商家，各种类型的谈判几乎随时随地都在发生。罗杰·费希尔（Roger Fisher）等在《谈判力》（*Getting to Yes*）一书中说道："不管你喜欢与否，你都是一名谈判者。"③因此，学好谈判能够帮助我们更好地与人沟通，从而更好地达到我们的目标，得到所期望的利益。

谈判在我们的生活中普遍存在，谈判能力是一项至关重要的管理能力。汤普森（Leigh L. Thompson）在《谈判者心智》（*The Mind and Heart of the Negotiator*）一书中指出：谈判技巧对管理者来说越来越重要。换言之，懂得如何与他人谈判和沟通是管理者必不可少的一项技能。只有擅长谈判的管理者才能有效地解决分歧，达成共识，实现与各类利益相关者的合作共赢。

在对谈判进行定义时，大多数研究者都强调谈判者之间的**相互依存关系**（interdependence）。可以想象，如果我们可以完全依靠自身资源和力量达成某项目标，那么我们就无须与别人谈判；然而，如果我们需要完全依赖他人才能达成某项目标，那么我们就没有能力与别人谈判。因此，谈判各方的目标往往既有共性又有冲突。正如汤普森在书中所指出的："当我们无法独立实现自己的目标时，谈判是必要的人际协商决策过程。"

人们往往认为，谈判的核心功能在于解决冲突。20 世纪 80 年代，在现代谈判学

① Pruitt，D. G. and Carnevale，P. J. *Negotiation in Social Conflict*. Brooks/Cole，1993.

②③ Fisher，R.，Ury，W. and Patton，B. *Getting to Yes*. Penguin，2011.

(science of modern negotiation) 刚刚建立时，律师们致力于利用谈判来解决争端 (conflict resolution)，避免争议双方对簿公堂。然而，到了 20 世纪 90 年代，经济学家们为谈判提出了新的理论和分析框架。人们发现，除了解决冲突以外，谈判还可以为各方创造更多的合作机会，赢得更多的利益。但是，经济学的分析往往是基于理性 (rationality) 假设（人是理性的），而现实中的谈判者可能并非如此。因此，近几十年来的谈判研究更多地关注谈判者心理 (psychology of negotiators)。人们相信，通过洞悉谈判者心理，谈判各方可以更容易地实现有效沟通，解决争端，最终达到合作共赢。

（二）谈判的范围与类别

谈判的范围非常广泛，涉及的主体也多种多样。例如，谈判可以在两个或多个谈判者之间开展，也可以在不同群体、组织机构甚至国家之间进行。谈判可能发生在正式场合，也可能发生在日常生活中。那么应该怎样对谈判进行合理的分类呢？我们参考汤普森在《谈判者心智》一书中的标准，对谈判做以下分类：

- 按谈判参与人数，分为个体谈判 (one-on-one negotiation)（2 人之间）、小型谈判 (small-sized negotiation)（3～4 人）、中型谈判 (medium-sized negotiation)（5～12 人）、大型谈判 (large-sized negotiation)（13 人及以上）；
- 按谈判涉及的利益范围，分为个人利益谈判 (personal interests negotiation)、企业利益谈判 (business interests negotiation)、社会组织利益谈判 (social organizations interests negotiation)、国家利益谈判 (national interests negotiation)；
- 按谈判方式，分为口头谈判 (oral negotiation)、书面谈判 (written negotiation)；
- 按谈判地点，分为主场谈判 (host-court negotiation)、客场谈判 (guest-court negotiation)、中立场谈判 (third-place negotiation)；
- 按参加谈判的利益主体数量，分为双边谈判 (bilateral negotiation)、多边谈判 (multilateral negotiation)。

当然，谈判的分类方式远不止这五种，此处仅选用了最常见、最基本的标准来进行分类。

（三）谈判能力的培养

1. 对谈判能力的认知误区

虽然谈判存在于每个人的生活和工作中，但这并不意味着人们能够充分地理解谈判的作用，掌握高效的谈判者应该具备的能力。下面列举了一些常见的误区，希望读者可以避免。

(1)“天生的谈判者”。

有些人认为，好的谈判者是天生的，谈判是一项需要天赋的活动。然而，事实并非如此。经过长期演变，谈判领域已经形成了相对系统的分析工具和技术，这些都可以通过理论学习和实践获得。虽然官方的正式谈判具有挑战性，需要大量的专业知识和实践，但我们有很多机会通过日常生活中的各种谈判来积累经验，反思自己的策略，从而提高谈判能力。这说明，谈判能力是可以通过自己的努力不断提高的，而天赋所起的作用非常有限。

(2)“固定蛋糕”。

人们在潜意识里可能会认为，谈判的利益总额是固定的。众所周知，既定的利益不可能凭空增长，但在谈判场上，是可以通过双方的努力实现“把蛋糕做大”这一结果的。例如，谈判的结果不是一成不变的，它可能会对谈判各方未来的关系产生长远的影响，因此在谈判时，谈判者往往希望达成双赢的局面，与对方建立长期的合作关系，共同创造更大的利益。

(3)“话术至上”。

不少人认为，谈判是靠话术取胜的。实际上，一场完整的谈判涉及了谈判场内外的许多方面，而话术只占了其中的一部分。在谈判前，双方会尽可能收集相关信息，包括焦点问题、对应的谈判者和谈判的背景信息等。谈判双方的利益、优先事项和权力，谈判者的风格，谈判时间和地点的选择，甚至着装和服饰等因素都会影响谈判。相比之下，谈判桌上的话术尽管有潜在的重要作用，但可能不是最重要的。

(4)“追求结果”。

不是每一场谈判最终都能达成共识并签订协议。在谈判中，一切都是可变的。做出让步或达成低于自己底线的共识是不理性的。因此，在谈判开始前，我们通常会确定己方的底线，估计对方的底线，判断双方可达成协议的空间，并提前确定未能达成协议时的最佳替代方案。本章接下来将详细介绍保留价格、可达成协议的谈判区间、最佳替代方案等概念。

2. 谈判者应具备的能力

为了更好地达到预期目标，谈判者应具备一定的谈判能力，并能够在实践中灵活运用，从而不断提高自身水平。我们列出了一些优秀的谈判者身上常见的谈判能力：

(1) 目标导向。

在谈判前，谈判者应该明确谈判各方的谈判目标。首先要确定在本次谈判中己方的首要需求和次要需求、可达成协议的谈判区间，以及无法达成谈判时的最佳替代方案，并根据资料确定或推测对方的相关诉求和可达成协议的谈判区间。谈判者需要根据谈判所需达成的目标进一步确认谈判的策略和风格：是与谈判对手建立长期的合作关系还是短期的合作关系？是实现己方利益最大化还是双赢？这些都会影响后续的谈判准备与正式谈判。在谈判中，谈判者应该始终明确自己的目标，并以此为中心展开谈判。

（2）知己知彼。

优秀的谈判者需要充分了解谈判场上的所有人。斯图尔特·戴蒙德（Stuart Diamond）在《沃顿商学院最受欢迎的谈判课》（*Getting More：How to Negotiate to Achieve Your Goals in the Real World*）一书中写道："人（几乎）是谈判场上的一切。"①了解并熟悉共同谈判者的关注点和谈判风格，有助于促进有效的团队合作。了解对方的主要利益和谈判风格可以帮助己方制定更有针对性的战略，从而在谈判桌上占据主动权。谈判者也可以根据提前搜集的信息更好地安排谈判的时间、地点等相关事项。从这点可以看出，哪方搜集的信息更有效、更全面，哪方就基本掌握了本次谈判的主动权。

（3）合理分析。

一个优秀的谈判者需要学会理性分析。在分析时，谈判者既要从海量的信息中找出影响谈判的关键因素，也要善于从已知信息中推断出潜在的未知因素。在信息不对等的情况下，根据已知信息做出的合理推测会给对方带来一定的心理压力，从而为己方创造突破口。同时，谈判者应该从不同的角度分析问题，既要客观地做出评价，又要从"人之常情"的角度进行思考。

（4）解决问题。

优秀的谈判者要善于解决问题。在谈判中，我们有时会遇到双方的可达成协议的谈判区间较小甚至不存在的情况，因此我们需要提出可行的解决方案，扩大或创造一个可达成协议的谈判区间。创新方案的提出往往是基于对现有情况和双方的利益需求层次的仔细考量，这离不开谈判者的实战经验的积累。斯图尔特·戴蒙德在《沃顿商学院最受欢迎的谈判课》一书中说道："最好的谈判者都是善于解决问题的人。他们寻求新颖的、富有创造性的、更好的方法来解决自己和他人的问题。他们比大多数人更善于将问题转为机遇，这正是谈判成功的关键，因为只有发现并解决阻碍你的问题才能更好地达成目标。"②

---

①② 戴蒙德．沃顿商学院最受欢迎的谈判课．北京：中信出版社，2012.

二、谈判的基本分析工具

在国际商务谈判中，谈判双方是如何明确各自的谈判任务、分析谈判进程、确定谈判结果的呢？想要回答这些问题并做好充分的谈判准备，都要依靠谈判的基本分析工具。在接下来的内容中，我们将介绍四个谈判的基本分析工具，从而帮助您更好地付诸实践。

（一）当前协议的最佳替代方案

1. 最佳替代方案的概念

最佳替代方案（Best Alternative to a Negotiated Agreement，BATNA）是指在谈判无法达成协议的情况下，谈判者可以实施的对己方最有利的替代方案[①]（the best alternative a negotiator can implement if he does not reach an agreement）。最佳替代方案决定了谈判者何时离开谈判桌，结束谈判。它作为谈判的基本分析工具，是衡量谈判结果的标准。谈判者确定其最佳替代方案后，对所有优于它的条款都可以接受，而对相比之下劣于最佳替代方案的条款都应当拒绝。

例如，当您在集市上为买一盏落地灯讨价还价时，您得知可以在附近的摊位上用120元买到一模一样的落地灯，那么去别的摊位用120元买一盏一模一样的落地灯就可以作为您此次谈判的最佳替代方案。又如，一个二手汽车卖家收到汽车经销商的书面报价，对方希望以10万元的价格购买他这辆二手汽车。现在，该卖家正在与另一位潜在买家打交道，那么该卖家的最佳替代方案是与已经正式出价的经销商以10万元的价格达成交易。

在《谈判力》一书中，作者指出："最佳替代方案是衡量谈判中一切拟定协议的标准，与其把所有不符合心理预期的方案拒之门外，不如把谈判协议与自己的最佳替代方案做比较，看它是否能更好地满足自己的利益。"

2. 使用最佳替代方案时的注意事项

（1）最佳替代方案不是由谈判者的主观意愿决定的，而是根据客观事实确定的。

如果不认真考虑谈判失败的可能性以及失败之后的补救措施，那就相当于毫无目的地进行谈判。比如，谈判者往往希望当前的谈判取得成功，而不愿意考虑谈判失败的情况，不思考最佳替代方案，从而对谈判失败可能产生的后果过于悲观。当然，谈判者也可能盲目乐观，认为即使谈判失败，自己还有许多别的选择，从而低估了谈判失败的影响。

---

① Fisher, R., Ury, W., and Patton, B. *Getting to Yes*. Penguin, 2011.

一般来说，人们倾向于从总量上来看替代方案，比如认为："如果这次升职加薪不成功，我总能回学校当老师，回家乡当公务员，靠写书养活自己，或者去乡下种田。"[①]但是问题在于，您不能同时拥有所有的替代方案。如果达不成协议，您最终只能选定一个替代方案。

（2）最佳替代方案具有时效性。

汤普森在《谈判者心智》中强调：最佳替代方案是动态的，并不是确定下来了就一成不变。在某一个时间点上，它可能变得更好了，也可能变得更糟了。所以谈判者确定最佳替代方案之后，要不断地改善它。

改善最佳替代方案的策略之一是广泛地寻找潜在的机会或者可能性，从而获得多种备选方案，并不断改进最佳替代方案。

最佳替代方案不仅为是否接受对方的出价设立了评判标准，还能够帮助谈判者灵活地找到具有创意的解决方案，因为谈判者可以充分发挥自己的想象力，在动态的过程中不断完善最佳替代方案。换句话说，与固定的底线相比，最佳替代方案可以帮助谈判者在评估对方的建议时更加灵活地考虑这些建议是否能更好地实现他的利益。

现在，我们已经了解了最佳替代方案的基本概念。在之后的章节中，我们还将继续为您介绍改善最佳替代方案的技巧，帮助您更好地运用它们来为谈判做准备和分析。

（二）保留价格

1. 保留价格的概念

保留价格（reservation point/price，RP）的概念类似于我们常说的底线，是对谈判者当前谈判的最佳替代方案的一种量化。例如，在前文中提到的去集市买落地灯的例子中，购买者当前谈判的最佳替代方案是去附近的摊位上用 120 元买一盏一模一样的落地灯，因此，他在当前谈判中的保留价格就是 120 元。

保留价格对于谈判者做出最后的决定有重要意义，当谈判者可获取三种类型的信息即市场价格（market price）、保留价格（reservation price）和理想价格（aspiration price）时，只有保留价格能够推动谈判者做出最后的决定。[②]

汤普森提出，对保留价格的错误估计可能会导致两种不好的结果：谈判者可能接受逊于其当前谈判的最佳替代方案的结果，或有可能拒绝优于其当前谈判的最佳替代

---

① Fisher，R.，Ury，W.，and Patton，B. *Getting to Yes*. Penguin，2011.

② Blount-White，S.，Vally，K.，Bazerman，M.，Neale，M.，and Peck，S. "Alternative models of price behavior in dyadic negotiations：Market prices，reservation prices，and negotiator aspirations." *Organizational Behavior and Human Decision Processes*，1994，57（3），pp. 430－447.

方案的结果。“尽管这听起来十分不可思议，但这两种情况发生的概率是相当高的，”汤普森如是说。

2. 保留价格的确定

为了尽量避免以上两种情况的发生，汤普森提出了能够优化并准确估计保留价格的四个步骤：

首先，思考并列举出您能想到的所有替代方案。在这一步，您要想出尽可能多的替代方案，但有一个前提——这些替代方案必须都是可实现的，是基于现实情况考虑的。它们都是基于您所做的调研得出的结果。

其次，对各个替代方案进行评估。基于上述替代方案对您的吸引程度或价值衡量，您需要对所有替代方案进行排序，并选择您认为最好的、最有价值的替代方案作为当期谈判的最佳替代方案。值得注意的是，在考量某些替代方案时，要基于一定程度的客观评估，而不是谈判者单纯且主观的“期望”。

再次，尝试改善您当期谈判的最佳替代方案。在确定当期谈判的最佳替代方案后，您应当尽可能地想办法完善它，提升该方案的吸引力，增强该方案的可行性。这样能够大大提高您的谈判地位。

最后，确定您的保留价格。一旦您确定了最有吸引力的最佳替代方案，您就可以确定您当期所能接受的保留价格或者底线了。同样，在确定保留价格时不能一味主观地乱猜，而要基于对实际情况的客观衡量。

下面，我们通过一个卖车的案例，熟悉一下最佳替代方案和保留价格的具体确定过程。

假设您现在准备出国学习一段时间，于是打算在一个月内出售自己九成新的、市场售价为 85 000 元的小汽车。您已经安排在本周五与一个潜在买家进行谈判。现在，您需要确定自己的最佳替代方案和保留价格，您可以遵循以下步骤：

（1）对可能的替代方案进行头脑风暴（brainstorm possible alternatives）。

请考虑如果您在即将到来的谈判中未能与潜在买方达成任何协议，您的替代方案是什么。是去二手车市场卖掉这款车，或是去车辆出租平台长期出租这辆车，还是把这辆车长期停在车库？不管怎么样，您都需要尽可能地列出所有可能的替代方案，并且这些方案必须是可行的、现实的。

（2）评估各个替代方案（evaluate each alternative）。

在列出了所有替代方案之后，您需要根据各种替代方案对您的相对吸引力或价值对其进行排序，并从中选择最好的、最有价值的方案作为您的最佳替代方案。如果其中某一替代方案的结果不确定，则应该评估其各个结果出现的概率。比如在去二手车市场卖掉这辆车这一备选方案中，您需要通过市场调查和历次交易信息估计不同价格下您成功出售这款车的概率。

（3）尝试优化最佳替代方案（try to optimize your BATNA）。

我们知道，一个可行且有吸引力的最佳替代方案会大大提升谈判者的谈判地位，故在确定最佳替代方案之后，我们应该尽可能地对其进行优化。如在卖车这一例子中，如果您的最佳替代方案是某位买者或某二手车平台的正式报价，那么您可以通过联系二手车市场并洽谈价格来优化您的最佳替代方案，或是通过其他方式（如车辆清洁）提升车辆品质，从而获得更高报价。

（4）确定保留价格（determine the reservation price）。

如果您已经通过上述步骤确定了一个最具竞争力的替代方案，那么您就可以以事实为基础对其进行评估，并确定您的保留价格。假设您选择了“在二手车市场出售汽车”作为您的最佳替代方案。比如通过市场调查和历次交易信息，您估计：若价格为82 000元，那么在一个月内成功出售这辆车的概率为70%；若将价格提高到84 000元，那么在一个月内成功出售这辆车的概率为30%。

因此，您的保留价格为：

$$82\,000\times70\%+84\,000\times30\%=57\,400+25\,200=82\,600(\text{元})$$

这意味着，在星期五的谈判中，如果买者给出的报价为82 600元及以下的话，您将毫不犹豫地拒绝出售该辆车；如果高于82 600元，您将接受报价并出售该辆车。当然，保留价格可以随着实际情况改变，即可以被新出现的最优价格替代。例如，如果一个朋友突然打电话给您，并出价90 000元购买您的汽车，那么新的报价（即90 000元）将成为您新的保留价格。

（三）可达成协议的谈判区间

1. 可达成协议的谈判区间的概念

通常来说，买方和卖方的标价是不会重叠的，也就是说，卖方想要的通常要比买方愿意支付的多。然而，买方和卖方的保留价格经常是重叠的，即买方所能支付的最高价格经常比卖方所能接受的最低价格要高，二者之差的范围我们称作**可达成协议的谈判区间**（zone of possible agreements，ZOPA），即买卖双方保留价格之间的范围[①]（range between the buyer's and the seller's reservation prices）。而上述这种买方所能支付的最高价格比卖方所能接受的最低价格要高的情况，我们称之为正谈判区间（反

① Lax，D. A. and Sebenius，J. K. *The Manager as Negotiator*. Free Press，1986.

之则称为负谈判区间)，在这种情况下，谈判的最终结果总是会落在这个区域中，即最终价格总是会比买方所能支付的最高价格要低，比卖方所能接受的最低价格要高[①]，这种情况下买卖双方均能获利。图 1-1 和图 1-2 分别是正谈判区间和负谈判区间的示意图。

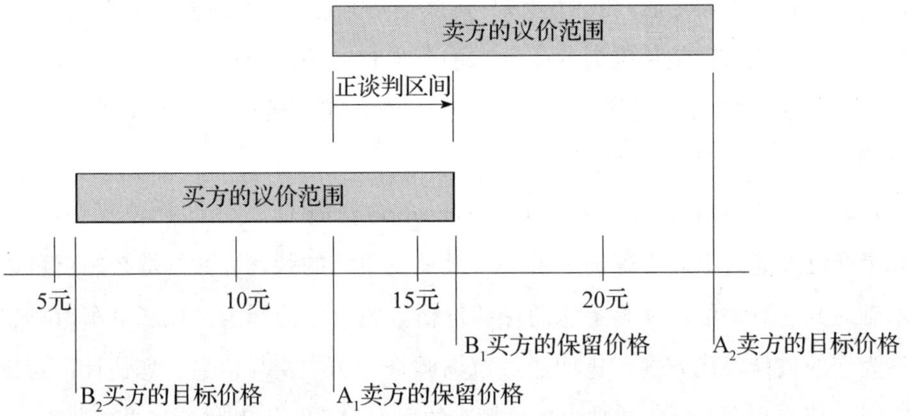

图 1-1　正谈判区间示意图

资料来源：利·L. 汤普森. 谈判者心智（第 2 版）. 北京：中国人民大学出版社，2005.

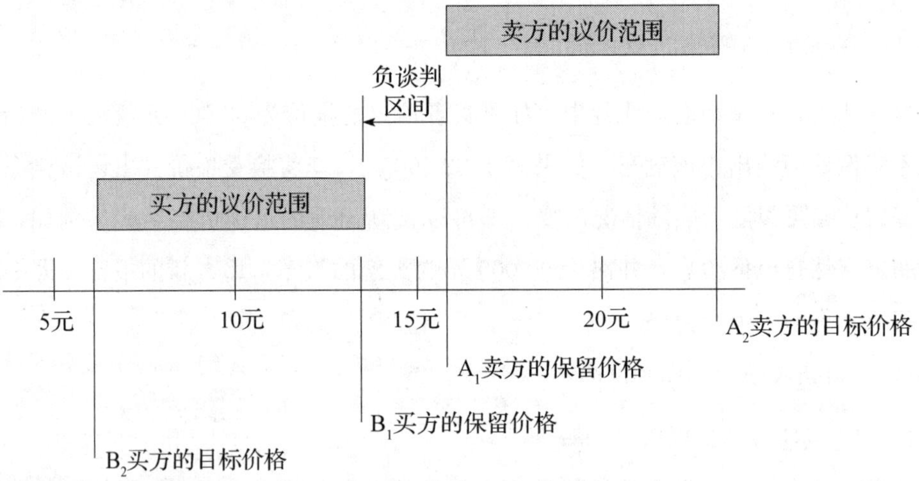

图 1-2　负谈判区间示意图

资料来源：利·L. 汤普森. 谈判者心智（第 2 版）. 北京：中国人民大学出版社，2005.

在很多谈判区间为正、双方谈判地位相差不大的情况下，双方会为了如何分到更大的“一杯羹”而“绞尽脑汁”。汤普森在《谈判者心智》中这样说道：“关于谈判，最常见的问题是：怎样才能为自己获取更大的利益？例如，如果你是一位潜在的购房

---

① Raiffa, H. *The Art and Science of Negotiation*. Harvard University Press, 1982.

者，你发现卖家的保留价格是25.1万美元，假设你的保留价格要高得多，那么这是一个理想的报价。然而，你如何才能获得关于对方保留价格的信息？毕竟，大多数谈判者不会透露他们的保留价格。”

汤普森在书中引用了一个幽默的故事。谈判一方直接要求对方提供有关其保留价格的信息：“告诉我你能接受的最低价格，我看看我能不能增加一点。”对手则打趣道：“你为什么不告诉我你愿意支付的最高价格，我看看我能不能减少一点？”这句调侃阐述了谈判中的一个主要挑战：如果可达成协议的谈判区间是存在的，但同时又想尽可能多地分取“蛋糕”，那么人们如何确保他们达成协议？

于是，另一个问题也出现了：即使对方透露了他的保留价格，己方也无法证实他的信息的有效性，很难判断他说的是不是真话。汤普森在《谈判者心智》中这样说道：“谈判中总是缺乏信息，因为另一方的保留价格通常不可验证。毕竟，如果您永远不知道对方是否在说真话，那么沟通就是徒劳的（经济学家称这种沟通为“廉价谈判”）。然而，廉价谈判有时也是有意义的，因为还是有很多情况下保留价格的可信度会提高。例如，卖方当着买方的面给自己的竞争对手打电话，这会使得买方相信自己的价格确实是更低的。”

2. 议价剩余与谈判者剩余

议价剩余（bargaining surplus）是指买卖双方保留价格的差（difference between the buyers' and the sellers' reservation prices）。这也是衡量可达成协议的谈判区间大小的一种方式。汤普森在《谈判者心智》中说道：“议价剩余是衡量谈判达成的协议给双方提供的价值，而不是协议本身的价值。熟练的谈判者知道如何达成协议，即使讨价还价的空间很小。”

我们在前文中提到，在买方所能支付的最高价格比卖方所能接受的最低价格要高的情况下，谈判的最终结果总是会落在可达成协议的谈判区间之中。但我们知道，落在可达成协议的谈判区间中的不同位置，对于买卖双方而言是不同的：买方总是想让最终价格尽可能地低，即尽可能地接近卖方的保留价格，而卖方的想法则完全相反。如果将可达成协议的谈判区间比作一块蛋糕，那么买卖双方都会尽可能地获得更大份额的蛋糕，从而使自己的利益最大化。

因此我们引入谈判者剩余（negotiator's surplus）这一概念，来具体衡量谈判双方所分得的蛋糕大小。我们把最终结果和谈判者保留价格之间的正差异称为谈判者剩余。谈判双方的谈判者剩余之和为总的议价剩余，即总的可达成协议的谈判区间的大小。图1-3为议价范围与议价剩余示意图。

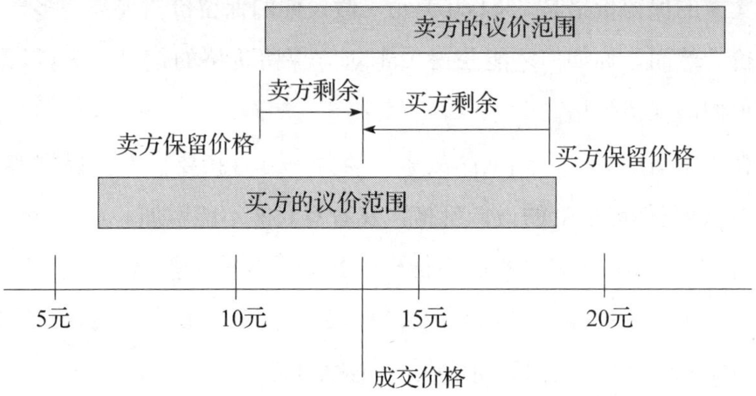

图 1-3 议价范围与议价剩余示意图

资料来源：利·L. 汤普森. 谈判者心智（第 2 版）. 北京：中国人民大学出版社，2005.

(四) 利益

在谈判中，区分利益和立场是很重要的。如果说立场（position）是一方希望做或已做的决定，那么利益（interest）就是导致其做出这一决定的原因。① 换句话说，在立场的背后，是利益在驱动。谈判中的立场是指处理谈判中的问题时所持的态度。是什么驱动了一方的立场，让一方做出或希望做出某个决定呢？这就是核心利益。罗杰·费希尔等在《谈判力》一书中指出："谈判的核心在于双方的利益诉求，如各自的需求、期望乃至恐惧等。"利益与需求、期望紧密联系，既包括眼前利益，也包括长远利益和潜在利益，是谈判者希望在谈判过程中达成的目标。因此，在谈判中不仅需要考虑自身的利益与立场，还要考虑、理解对方的利益与立场。对于利益或立场的关注，将会影响谈判的风格甚至最终结果。

在谈判过程中，需要着眼于利益，而不是立场。双方立场的冲突不是谈判的根本问题，双方各自的利益才是。一旦了解了利益与立场的关系，便可以发现：对立的立场背后并不总是冲突的利益，也会存在潜在的共同或可调和的利益。着眼于利益而不是立场，能够尽可能减少双方因一味坚持自己的立场而使谈判陷入僵局的现象发生。时常问问自己为什么想要提出这个谈判立场，能够让您了解自己真正的、核心的利益诉求，从而实现更好的谈判结果。确定双方各自的利益及需求，协调双方的不同利益，寻求双方的共同利益，有助于提出建设性的选择方案或解决方法，最终达成双赢的谈判结果。这就鼓励谈判者在双方的利益发生冲突时不仅要坚持客观的标准，而且要尽量相互理解和加强沟通，积极寻找共赢的方案，避免个人之间的攻击和基于立场的对抗。

---

① Fisher，R.，Ury，W.，and Patton，B. *Getting to Yes*. Penguin，2011.

但谈判者在谈判过程中极易陷入对自己立场的讨价还价，这往往是因为谈判者认为遇到的问题是非此即彼的二维选择（two-sided affair），只考虑使自己利益最大化的解决方案，认为解决问题的方案只有一个，难以寻找到其他的建设性替代方案。此处也体现了最佳替代方案与利益的相辅相成：最佳替代方案帮助谈判者充分明确谈判的核心利益。谈判者只有认清自身的核心利益，才能够转换思路，摆脱一成不变的思维，找到合理、客观的最佳替代方案，这也是检验谈判成果的标准之一。

现在，您已经初步了解了谈判的概念、谈判者应当具备的能力和谈判的基本分析工具。谈判是一门沟通的艺术，每一次成功的谈判都能让谈判者在实现自己目标的同时积累解决问题的经验。为了取得最优的谈判结果，您首先需要学会利用上述核心知识对实际谈判进行分析和准备。在本章第二部分中，我们将展示中国天楹与西班牙乌尔巴赛尔公司的谈判实例，希望通过对该案例的分析来帮助您理解和运用谈判的基本分析工具，进一步感受谈判的魅力。

第二部分　【通过案例学谈判】

中国天楹与西班牙乌尔巴赛尔公司的收购谈判

在本章的第一部分中，我们介绍了谈判的基本分析工具以及谈判者需要具备的几种能力，那么现在就让我们运用所学，尝试从本章案例的背景知识中筛选出关键信息，从而更好地拟订谈判方案；在谈判进程中合理地运用本章介绍的基本分析工具，总结这次谈判中的亮点，反思这次谈判中的不足。

我们将下面的案例分成了“背景与准备”和“进程与协议达成”两个阶段进行介绍，在每个阶段的内容介绍后分别设置了问题与任务，便于您结合本章的有关知识进行思考与讨论。您可以带着这些问题阅读本部分内容，从而更好地理解和掌握本章知识。

一、背景与准备

（一）案例背景

1. 谈判双方简介

中国天楹股份有限公司

中国天楹股份有限公司（下称“中国天楹”）于 2014 年上市，是一家世界领先的城市环境服务和环保新能源服务商，环保装备制造能力位居全球首位，在全球 34 个国家和地区开展环境服务，在亚太、欧洲、南美、北非市场具有独特优势。

中国天楹的业务包括产业技术研发、城市环境服务、废弃物处置与利用、水循环综合管理、环保装备制造以及智慧环境管理云平台开发应用。公司在全球拥有超过 73 000 名员工；拥有 400 余处固废处理设施，垃圾日处理量超过 8 万吨；拥有 207 个水污染处理厂，管理超过 4 500 公里下水道系统；为地球年均减排二氧化碳超 220 万吨。

中国天楹拥有世界一流的技术团队，在布鲁塞尔、巴塞罗那、上海、渥太华等地设有多个研发平台，拥有专利授权 512 项，创新成果获得中国和欧洲多项殊荣。

西班牙乌尔巴赛尔公司

西班牙乌尔巴赛尔公司（下称“Urbaser”）于 1990 年成立，总部位于西班牙，是全球领先的全产业链综合环境服务商，作为欧洲领先的综合固废管理平台，其在智慧环卫领域积累了丰富的行业经验和客户资源，业务广泛分布在位于欧洲、南美、北美、亚洲和非洲等地的 20 个国家，员工规模超过 4 万人。

Urbaser 在法国、英国、意大利和葡萄牙等欧洲国家都有着重要的市场地位。此外，Urbaser 还是拉丁美洲的标杆运营商，其在阿根廷、智利、墨西哥、巴西、秘鲁和委内瑞拉的市场渗透尤其突出。在亚洲市场，Urbaser 在阿拉伯联合酋长国、印度、阿曼和巴林都有项目。在非洲市场，Urbaser 在摩洛哥、佛得角、安哥拉和莫桑比克也有业务经营。

2. 谈判背景

了解谈判时（即 2016 年前后）收购对象国的基本情况和相关行业信息，有助于谈判者综合分析此次谈判的策略与目标。我们在本部分将提供相关的关键信息，如果您想了解关于本章谈判案例所涉及的区域国别与行业的更多知识，请见本章附录。

西班牙的商业环境与环保行业

西班牙在 1992 年实现金融投资和贷款自由化后，国外企业在西班牙投资变得更加自由。2015 年，西班牙的经济自由度指数在全世界排名第 38 位。西班牙对 Urbaser 等环保企业的激励措施完善，不仅提供高额补助，还优先提供政府贷款和免费咨询服务，并减免某些税赋。值得一提的是，与中国企业相比，西班牙的企业普遍融资门槛低，但资产负债率高。

中国的商业环境与环保行业

2016 年左右，我国政府出台了大量法规和产业政策，全力支持固废管理行业的快速发展。总的来看，我国政府对生态保护问题也越来越重视，相关行业的市场前景良好。习近平总书记也在多次会议中反复强调“绿水青山就是金山银山”，指出保护生态环境才是我们国家经济永续发展的重大前提。另外，我国政府还采取了一系列不断完善垃圾处理系统的举措，力争完成对垃圾投放分类、收集分类、运输分类等环节的建设。

随着国家密集出台垃圾分类、固废管理等方面的政策，固废管理行业也日益成为我国战略发展重点支持和鼓励的领域，更是我国“十三五”期间的发展重点之一。固废管理行业的发展重心也逐渐从末端垃圾处理领域向上游垃圾分类投放、分类收运延伸。鉴于此时我国部分城市垃圾分类意识薄弱，垃圾处理等技术难题也尚未得到很好的解决，在我国大力推进生态环境建设的过程中，建立高效、智能的垃圾投放、收集和处理体系，实现垃圾处理的清洁化、高效化、信息化，已成为行业亟待解决的技术与运营难题。

与此同时，在2000—2014年间，我国的环保投资绝对量稳步提升。环保市场大部分的产值和利润都来自规模超过1亿元的大型集团。2013年我国环保行业并购热潮启动，符合环保行业的龙头企业发挥规模效应、扩充技术储备的需求。2014—2016年，我国环保行业的市场规模不断增大，迎来了快速发展的关键阶段。可以说，此时的环保行业正在向市场全领域拓展，出现了一体化的趋势，所以具备更强的资本实力、运营管理及资源整合能力的公司未来将更占优势。

收购背景

Urbaser作为欧洲领先的综合环境管理服务商，是全球固废管理领域技术最先进的企业之一。其依托自身的固废管理技术和管理运营优势，为政府和客户提供高质量的城市环卫管理服务。凭借成熟、先进的固废处理工艺，Urbaser的经营收益和现金流入稳健，品牌已经深入人心，对欧洲甚至全球环保行业都有深远的影响。2016年，Urbaser的母公司ACS为了快速获得大量现金以解决财务问题并深化主业，选择出售“现金奶牛”Urbaser并公开招标。Urbaser不仅希望通过此次招标为母公司筹集资金，还希望能与其他公司一同交流技术，实现持续发展。

随着政府不断推进生态文明建设，我国环保行业正步入黄金时代，但是由于国内环保行业仍存在治理技术较为落后、全产业链综合处理能力弱、行业布局小而散等问题，环保行业未能培育出强有力的大型品牌，无法与世界大型环保企业竞争。中国天楹清楚地意识到了这一点，于是很早就开始战略布局，并于2014年末开始进行资本运营，成立海外事业部，积极进行跨国并购，推动企业国际化，以学习先进技术，打通整条产业链。对于中国天楹而言，收购Urbaser是在符合国家政策导向的前提下，开拓海外市场、加快完成全产业链布局的重要机会。如果收购成功，那么不仅有利于企业自身发展，而且对于全面快速提升我国固废管理技术水平和运营经验具有重要意义。

因此，2016 年 Urbaser 的母公司 ACS 放出并购消息后，中国天楹就积极投递了标书，表达了强烈的合作意愿，力图依托 Urbaser 的海外市场基础与经营经验，助推中国天楹海外扩张。

（二）问题与任务

阅读以上背景资料，思考和讨论以下问题：

（1）您认为双方的核心利益诉求分别是什么？

（2）您认为如果谈判失败，中方的最佳谈判替代方案是什么？

（3）基于您对双方核心利益诉求和最佳谈判替代方案的分析，您认为中方应采用哪些谈判策略？

在对以上问题有了自己的答案之后，请阅读以下案例分析内容，比较以下案例分析是否与您的答案一致。我们的答案或许会对您有所启发。

（三）案例分析

1. 双方的核心利益诉求

在分析谈判背景时，优秀的谈判者需要尽快从大量信息中找到影响本次谈判的关键因素。影响谈判的关键因素往往来源于双方的核心利益诉求（core interest），而能否找到满足双方的核心利益诉求的方案就是决定谈判协议能否达成的关键因素。我们可以通过了解国家、国际的大背景以及企业的小背景，来深入地了解双方的立场、挖掘双方的深层次利益诉求，进而制定谈判策略。在整个谈判过程中，所有的策略都会围绕双方的核心利益诉求来展开。己方可以将对方的核心利益诉求作为自己手中最大的筹码（bargaining chip），利用得当可以为自己谋取更多的利益。与此同时，己方也要让自己成为对方难以替代的选择。

在本案例中，我们通过谈判背景了解到：中国天楹的核心利益诉求是学习 Urbaser 的全产业链（whole industry chain）等先进技术，完成自身的全产业链布局，与此同时，也希望借 Urbaser 的平台开拓海外市场，进一步提高中国天楹的知名度，而 Urbaser 的核心利益诉求则是为其母公司争取到大笔现金以应对其债务问题，同时互通技术，实现持续发展。

在了解了双方的核心利益诉求之后，己方要联系自己的现状与实力，进一步分析自己在整个谈判过程中的谈判力（bargaining power），评估自己与对方的优势和劣势，从而确定自己的策略、预测对方的策略以及最佳替代方案和底线等。

在中国天楹收购 Urbaser 的案例中，我们可以看出，Urbaser 的核心利益诉求在于获得经济收益，即它需要大笔现金来帮助其母公司回笼资金（recoup the funds），所以中国天楹是否有实力和诚意及时拿出足额的现金来满足对方的需求是 Urbaser 最看重的一点，换言之，这也是影响这场谈判成败的最重要的因素之一。中国天楹最看重的条件是 Urbaser 是否愿意与己方交换技术并配合己方开拓海外市场。所以对于中国天楹的谈判者来说，不仅需要拿出一个完备的方案来解决支付问题，还需要通过与对方洽谈，争取到技术交流、开拓市场等方面的利益。

2. 当前协议的最佳替代方案

在确定各自的核心利益诉求后，谈判者应该广泛地寻求替代方案。然而在实际谈判中，由于各种替代方案的相继出现很有可能干扰谈判者的思维，许多谈判者并不能确定自己的最佳替代方案。需要强调的是，最佳替代方案是根据客观事实来确定的。对谈判中细分出的每一个议题都给出可能的替代方案，然后加以综合后确定的最佳替代方案，往往代表着另外一条途径，可以帮助谈判者迂回地达成目标。由此我们可以认识到，如果谈判者对谈判失败或破裂带来的后果能够做出充分的考虑以及准备，就能减少潜在的损失，为谈判者提供更大的谈判区间和选择余地。因此，谈判者应该谨慎仔细地选择自己的最佳替代方案，而不是将最佳替代方案视作一种可有可无的、次等的选择。

在本案例中，中国天楹的利益诉求在于学习和获得对方公司的先进技术，提升自己在环保企业中的核心竞争力。那么，它在进行谈判前准备时，就应该仔细考虑和评估在谈判失败、破裂的情况下可以选择的最佳替代方案。最佳替代方案成为衡量这场谈判的结果的标准，在一定程度上还能增强谈判时的灵活性。谈判者可以充分发挥自己的想象力，寻求富有新意的解决方案，而不必拘泥于某条既定底线，而与对方僵持不下。例如，如果这次收购失败，中国天楹可以考虑寻找其他同类型的企业进行洽谈，并对成功收购这些企业的可能性进行评估。在确定谈判结果的时候，中国天楹就应该衡量是另寻别的公司进行收购还是以最终价格达成此次交易，看哪一种选择对己方最为有利。

以最佳替代方案评估谈判形势和结果，能有效帮助谈判者拒绝不利的协议、接受具有足够吸引力的协议。罗杰·费希尔等在《谈判力》一书中说道："最佳替代方案越理想，你的谈判力就越强。对谈判者来说，拥有最佳方案就意味着在此次谈判中拥有较大的选择余地。最佳替代方案受对方影响的程度越小，说明谈判者为谈判失败所做的准备越充分，对谈判越有信心，越有利于谈判者的发挥。"[①]

我们可以思考一下：在本案例中，中国天楹是否能较容易地在短期内找到其他同

---

① Fisher，R.，Ury W.，and Patton B. *Getting to Yes*. Penguin，2011.

类型企业并成功进行收购，以获得所需的先进技术和资源呢？最佳替代方案的强与弱会如何影响中国天楹的谈判策略呢？

3. 谈判准备

基于对双方核心利益诉求和最佳谈判替代方案的分析，可以完成收购谈判的准备文案（见表 1-1），制定谈判的主要策略。

表 1-1　收购谈判的准备文案

<table>
<tr><th></th><th>中国天楹</th><th>Urbaser</th></tr>
<tr><td>谈判事项
(issues)</td><td colspan="2">• 收购价格（acquisition price）（包括股权与现金支付比例）
• 收购后的技术和资源共享
• 收购后的管理模式</td></tr>
<tr><td>最佳替代方案
(BATNA)</td><td>与其他同类型企业进行合作/并购</td><td>与其他有意向收购的公司达成交易（strike deals）</td></tr>
<tr><td>核心利益诉求
(interests)</td><td>• 学习先进技术，完成全产业链布局；
• 开拓国际市场</td><td>• 回笼资金，应对母公司债务问题；
• 互通技术，实现持续发展</td></tr>
<tr><td>双方关系分析
(relationship)</td><td colspan="2">• 双方在环卫领域都已深耕多年，皆为业内翘楚
• 由于二者体量差距较大，Urbaser 对中国天楹是否有实力完成收购仍存有些许疑虑，同时对于收购后未来公司的管理模式存在担忧，双方有待建立信任关系</td></tr>
<tr><td>中方的谈判方案与策略
(strategies)</td><td colspan="2">• 获得现金以应对债务问题是对方出售公司的首要利益诉求，因此中方应给予足够的关注
• 积极寻找机会与对方公司的重要决策者进行洽谈协商，展现中方诚意与实力，建立信任以促成合作
• 通过一揽子协议满足对方的首要利益诉求，同时要求对方满足中方在技术和资源方面的利益诉求</td></tr>
</table>

二、谈判进程与协议达成

（一）谈判进程与协议达成简介

在中国天楹与 Urbaser 的谈判过程中，双方并没有在收购价格上过多地讨价还价。为顺利推进谈判，中国天楹做出了以下努力：

（1）截至 2016 年底，中国天楹的资产仅有 60 亿元，收入仅有 9.8 亿元，而同期 Urbaser 的资产规模超过 200 亿元，收入达 128 亿元，二者的体量相差悬殊。为确保拥有充足的资金完成对 Urbaser 的并购，2016 年 6 月中国天楹联合华禹基金、中节能资本控股、江苏大港股份、锦江高新创投、安信乾盛财富管理成立了华禹并购基金，完成了并购资金的准备。

（2）中国天楹紧跟政府“打好污染防治攻坚战，抓好生态文明建设”的道路指引，强调收购 Urbaser 对我国城市环卫、垃圾处理的有益之处，积极与国家发改委、商务部、国家外汇管理局等政府部门洽谈沟通，得到了政府部门的大力支持。

（3）中国天楹选择了一个处于合理估值范围内且略高于其他竞标公司的价格，形成了相对于其他竞标者的价格优势。

（4）在支付条款方面，在股份支付和现金支付相结合的基础上，中国天楹增大了现金支付的比例，便利了 Urbaser 通过回笼现金流助其母公司应对债务问题、恢复活力。

（5）邀请 Urbaser 公司总裁弗洛伦蒂至位于江苏南通的中国天楹总部参观，向其展示中国天楹在业内的实力并交流未来发展愿景，打消了弗洛伦蒂的疑虑，为接下来的谈判奠定了坚实的基础。

（6）针对 Urbaser 对未来收购后公司的管理模式的疑虑，中国天楹承诺公司核心团队人员构成保持原样且并购后业务不变，尊重 Urbaser 原先的企业文化与经营发展计划，并且保持对核心人员的现有激励政策，尽量减少核心人员流失，继续发挥专业管理团队的核心竞争力，完善公司管理架构体系，提升并购后的综合管理效率。

（7）在谈判中强调双方的资源共享和整合，实现双方企业的优势互补和协同整合效应。例如，在固废处理全产业链上，双方公司可以实现上下游业务领域的合作、渗透和融合；在智慧环卫领域，双方可以交流经验，利用信息技术搭建物联网，打通完整的固废管理和城市环境服务全产业链运营模式，亦可以发挥中国天楹环保设备成本低的优势，充分放大固废处理产业板块的价值，实现并购双方的优势互补。

最终，双方达成协议，通过成立并购基金江苏德展收购标的公司（target company）的方式，中国天楹以 88.82 亿元人民币的价格，成功完成了对 Urbaser 的收购。

2016 年 12 月完成 Urbaser 的境外交割后，中国天楹引进了 Urbaser 全球最先进的智慧环卫技术及管理体系，并在此基础上进行提升，完成了技术成果的国内转化。同时，中国天楹也完成了覆盖智慧分类、环卫、分拣以及资源化利用和末端处置的全产业链布局，其服务能力、技术水平和综合竞争力获得极大提升。这些都促进了公司在境内外的迅速发展：公司的境内智慧分类及环卫业务得到进一步拓展，业务遍布近 30 个省（自治区、直辖市），合同金额超过百亿元。中国天楹凭借 Urbaser 的国际品牌影响力打开了国际市场，有效提升了“中国天楹”整体的品牌形象和国际知名度。公司也先后在越南、新加坡等市场取得了重大突破，越南河内项目、富寿项目、清化项目合计日处理规模达 6 000 吨。其中仅越南河内项目日处理规模就达 4 000 吨。中国天楹的市场业绩已得到各界认可，国际化战略得以落实，其品牌也晋升为国际品牌。

（二）问题与任务

（1）结合“固定蛋糕”“立场”“核心利益诉求”的概念，您认为中方在谈判中取得成功的原因是什么？

（2）针对 Urbaser 对中国天楹的实力的顾虑，中国天楹是如何应对的？

在对以上问题有了自己的答案之后，请阅读以下案例分析的内容，比较以下案例分析是否与您的答案一致。我们的答案或许会对您有所启发。

（三）案例分析

1. 避免“固定蛋糕”认知，着眼于核心利益诉求，而不是立场

当一场谈判中双方的立场看似对立时，我们可以从不同的角度思考问题，寻找能够实现“双赢”的途径。即便是表面上一方获利、另一方必定失利的局面，也可能存在可以满足双方需求的最优解，尤其是在需要与对方长期合作的情况下，双赢的结果是人们最乐意看见的。

在本案例中，中国天楹作为买方，其立场可能是希望尽量压低收购价格。但是，中国天楹也应该考虑到，Urbaser 的经营范围包括垃圾分类、收运和清处全过程，符合中国天楹对固废处理行业前端技术支持的需求。通过分析中国天楹的收购目的与所处的市场环境，我们可以得知其核心利益诉求是在完成收购后学习 Urbaser 的先进技术，完成全产业链布局，同时借助 Urbaser 的国际影响力和知名度开拓国际市场等。而 Urbaser 作为卖方，其立场可能是希望尽量抬高成交价格。因为从前期的背景调查可以得知，它的核心利益也确实是借此机会回笼资金，为其母公司解决债务问题。但在关注成交价格的同时，Urbaser 也关注并购后原有的企业文化和核心团队是否会得到保留，企业的核心竞争力是否可以得到提升。

因此，着眼于双方的利益进行谈判分析时，中国天楹应该明确自己的核心利益诉求，而非就价格持续讨价还价，僵持不下。为了打消 Urbaser 的疑虑，中国天楹甚至还愿意在合理的估值区间内做出一定的退让，给出比其他竞争者更具吸引力的价格，以价格上的一定退让换取技术和市场方面的资源。

由此我们可以认识到，在谈判前明确并且坚持己方的核心利益诉求，能够帮助己方直指目标，减少立场造成的影响，做到有的放矢，但也不能忽视对方的核心利益诉求，因为对方也同样是基于自己的利益进行谈判。因此，谈判双方应该不断协商，寻求共同利益，化冲突为合作，打破谈判中僵持不下的局面。

2. 避免“话术至上”的认知，积极建立信任

我们看到，Urbaser 的核心利益诉求是回笼资金，而中国天楹虽然在国内跻身行业龙头，但在体量上仍与 Urbaser 有较大差距，因此 Urbaser 对中国天楹的并购能力存有疑虑。

针对这一点，仅靠谈判桌上的言语说服对方显然是行不通的，必须通过实际行动让对方看到中国天楹的资金变现能力，这就好比现金相比欠条更能取信于对方。实际上，中国天楹也的确在谈判前做了大量工作，包括但不限于：（1）通过成立并购基金、争取政府支持等来向 Urbaser 证明自己具备并购的实力；（2）邀请 Urbaser 公司总裁到位于江苏南通的中国天楹总部参观，实地走访和交流让 Urbaser 公司总裁获得了许多真实的信息，看到了中国天楹的诚意，为双方建立较为牢固的信任关系打下了良好的基础；（3）承诺不过多干涉原公司内部业务，充分展现了收购诚意。

当外方对中方持怀疑态度的时候，中国天楹以真诚的态度适当缩减自己的谈判者剩余，展现了己方的诚意与实力，使对方对己方产生了足够的信任，从而促成了双方的合作。中方在谈判中的最终胜利很大程度上取决于正式谈判前所做的种种努力。

关于“信任关系”的相关理论知识我们会在第六章为大家介绍。

本章小结

谈判在生活中无处不在。它们往往在正式谈判前就已经开始了：时间、场合、谈判者、衣着等因素都可能对谈判结果造成影响。系统地认识谈判并学习相关技巧可以帮助我们规避常见的谈判误区，更好地表达自身诉求，维护和争取自身利益。

最佳替代方案、保留价格、可达成协议的谈判区间、利益等是谈判的基本分析工具，能够帮助谈判者在谈判前进行合理分析并做好充分的准备，有助于取得最优的谈判结果。可以说，所有谈判都需要提前明确当前协议的最佳替代方案，评估双方可达成协议的谈判区间。替代方案越好，谈判者的主动权就越大；可谈判区间越大，谈判的压力就越小。当谈判看似陷入僵局时，我们也要善于寻求创新的解决方案。

在本章的案例中，中国天楹与西班牙 Urbaser 公司双方的最佳替代方案都是“另觅知音”，且双方存在可谈判区间。双方基于共同利益，通过建立信任关系，最终取得了谈判的成功。Urbaser 被收购后，母公司的资金问题得到解决，中国天楹也充分吸收 Urbaser 的先进经验与管理模式，成功打入国际市场，带动了中国环保行业的发展。

习题

1. 您以每月2 000元的价格租了一套不错的公寓。租约到期了，您想续租，但房东想把租金提高到每月2 200元。您上网进行了一下市场调研，发现附近同类型公寓的租金基本在每个月2 000元左右。现在你准备与房东就租金进行谈判。

(1) 您此次谈判的最佳替代方案是什么?

(2) 虽然您可以搬家，但对您来说搬家很麻烦，您宁愿花1 200元找人帮您搬家。如果您只打算在新公寓中再住12个月，那么在这次谈判中您应该设定什么样的保留价格?

2. 小王在一家公司工作，年收入为6.5万元。最近公司想调派他到位于另一个城市的公司分部去。小王打算跟公司老板就加薪进行谈判。

在谈判前，小王了解到一位同事几年前曾拒绝过公司调派，随后失去了公司的重用，其工资下降到原有工资的约85%。同时，小王的一位猎头朋友为他提供了一组本地同类型公司的员工年薪数据。数据显示，以小王的背景，他有70%的可能性可以在本地找到一份类似的工作，年薪也是65 000元；有15%的可能性在新工作中得到更高的工资（年薪为70 000元）；有15%的可能性在新工作中得到较低的工资（年薪为55 000元）。

请问小王应该如何确定与公司老板谈判的最佳替代方案和保留价格?

3. 在阅读完下述材料之后，请您尝试用核心利益诉求和最佳替代方案来分析宋、辽签订澶渊之盟的原因。

中国古代谈判智慧——澶渊之盟

北宋时期签订的澶渊之盟，是结束了长达百年的宋辽军事冲突的著名协议。

历史上，宋、辽两方在北宋边境摩擦不断，宋真宗景德元年（公元1004年），辽萧太后与辽圣宗率大军深入宋境，先后俘虏宋将王先知与云州观察使王继忠。彼时朝野皆惊，宋真宗欲迁都南逃，而以宰相寇准为代表的主战派则希望宋真宗御驾亲征，以鼓舞士气。彼时宋、辽两军在澶州城对峙，宋真宗亲临澶州，登上北城门楼以示督战，宋军士气大振，宋真宗也因此放下心来。而辽军因大将萧挞凛中弩身死，士气受挫，又由于战线过长补给困难，萧太后见取胜概率不大，决定听从降将王继忠的劝谏，派人向宋朝转达了议和的愿望。按照局势分析，宋军胜率更大，寇准也极力向宋真宗进谏，称辽军兵马困乏，应趁此时一举攻下。但宋真宗畏敌，不欲继续交战，在回信中表示愿与辽达成和解，并派遣曹利用前往谈判。

最终两方达成如下协议：

（1）宋、辽以兄弟之国相称，宋为兄长。

（2）宋、辽以白沟河为界，双方撤兵。此后凡有越界的盗贼逃犯，彼此不得停匿。两朝沿边城池一切如常，不得创筑城隍。

（3）宋每年向辽提供“助军旅之费”银十万两，绢二十万匹，至雄州交割。

（4）双方于边境设置榷场，开展互市贸易。

因澶州在宋朝亦称澶渊郡，故历史上称这份协议为“澶渊之盟”。

附录

一、谈判案例中涉及的区域国别知识：西班牙

学习完本章的核心知识与相关案例之后，您可以阅读下面有趣的区域国别知识。考虑到本章的案例发生于2016年左右，所以我们选用的也是该时间段的相关信息。希望这些信息能帮助您更好地理解本章案例。

（一）西班牙的政治和社会文化简介

1. 政治环境

西班牙实行三权分立的政体，政府（government）、议会（parliament）和法院（court）之间相互影响、相互协调、相互制约。中国企业要在西班牙建立积极和谐的公共关系，应与上述公权机构建立起良好的关系，如适时参加政府组织的各种论坛和官方的会议；定期拜访相关的政府部门；通过中国驻西班牙大使馆经商处引见，和西班牙商会、经贸组织建立联系；关注西班牙政府及议会选举，尤其是政府最新的经济政策走向，抓住可能出现的商机。这些都对中国企业进一步开拓西班牙市场有积极作用。例如，2016年2月，华为西班牙公司与西班牙国家网络安全局签署了谅解备忘录。根据协议，双方将开展合作，共同推动网络安全（cyber-security）保护措施和其他最佳实践的共享和经验交流。

西班牙各地区都有不同的政治组织，这些政治组织在地方议会和国家议会中都有自己的代表，西班牙商人里也有许多人加入了这些组织或支持其中某个组织，所以与他们进行商务谈判时要注意避免卷入其政治纠纷。

2. 民族

西班牙有20多个民族，其中卡斯蒂利亚人（即西班牙人，约占总人口的73%）、

加泰罗尼亚人（约占总人口的15%）、加利西亚人（约占总人口的7%）和巴斯克人（约占总人口的5%）几乎占了绝大多数，其他民族人口非常少。

3. 语言

西班牙的官方语言和全国通用语言为西班牙语。少数民族语言中的加泰罗尼亚语、加利西亚语以及巴斯克语在本地区亦为官方语言。

西班牙人在经贸往来中一般使用本国官方语言。从事对外事务的政府官员和商人一般会讲英语和法语。

4. 宗教

西班牙属于基督教文化圈，西班牙人以信奉天主教为主，许多禁忌与欧美基督教国家相同。

5. 民风习俗

【主要禁忌】

注重个人隐私权，一般不能询问别人年龄、收入、婚否、宗教信仰、政治派别。基督教文化圈认为大丽花和菊花与死亡有关，因此忌讳送大丽花和菊花，送朋友以玫瑰花为宜，送花时间应避开每月的13日。

【社交礼仪】

见面问候一般采取握手、贴面和拥抱三种方式。初次相识一般是握手问候。在正式社交场合与客人相见时，行握手礼，女士之间亲吻面颊。与熟人相见时，男性朋友之间常拥抱。西班牙人的姓名由“名字—父姓—母姓”三节组成，日常生活中互相称呼时，通常只称呼名字，许多人的名字由双名组成。

【饮食习惯】

西班牙菜肴融合了地中海和东方烹饪的精华，独具特色。最具代表性的是火腿、海鲜饭、卡斯蒂利亚汤，中部地区的烤乳猪、烤乳羊，西北部地区的海鲜汤等。

（二）西班牙的贸易关系

【主要贸易伙伴】

西班牙是世界贸易组织成员，也是欧盟成员，其商品、资本和人员可以在欧盟各成员的市场自由流动。西班牙还参加了欧盟对外签署的全部区域贸易协定。其主要贸易伙伴是欧盟国家，包括法国、德国、意大利、葡萄牙等。2015年，中国是西班牙第六大贸易伙伴，也是西班牙除欧盟国家外的第一大贸易伙伴。拉美地区与西班牙有传统贸易关系，2015年与拉美地区的贸易量占西班牙外贸总量的6.2%，其中墨西哥是西班牙在拉美地区最大的贸易伙伴。西班牙的主要服务贸易伙伴有德国、比利时、荷兰、法国等欧盟国家及拉美国家。

【贸易总量】

根据我国商务部的数据，2015 年西班牙货物进出口总额为 5 954.1 亿美元。其中出口为 2 833.3 亿美元，进口为 3 120.8 亿美元，贸易逆差为 287.5 亿美元。

【贸易结构】

西班牙的主要出口商品为机器设备、食品、汽车、化工产品及钢铁等非化工半制成品；主要进口商品为能源、机器设备、化工产品、汽车及零配件、消费品。服务贸易参与者主要有保险、金融、电子信息、个人及政府服务等部门。

【吸收外资】

2014 年西班牙共吸引外资 176 亿欧元，同比增长 9.3%。目前西班牙共有外国企业约 11 万家，最大投资来源国为美国，来自美国的投资占西班牙吸引的全部外资的 18.4%，其次为英国和法国，分别占 17.6%和 16.8%。从 2012—2014 年来看，美国在西班牙的累计投资（cumulative investment）最高，其次是卢森堡、荷兰和英国。中国（含香港特别行政区）合计投资流量排在第九位。

联合国贸发会议发布的《世界投资报告（2016 年）》显示，2015 年西班牙吸收外资流量为 92.43 亿美元；截至 2015 年底，西班牙吸收外资存量为 5 333.06 亿美元。

外国对西班牙的投资主要分布在汽车、化工、医药、食品饮料、机电等领域。近年来，服务行业的兼并和收购迅速增长。

西班牙吸引外资的优势主要包括以下几个方面：

（1）地理位置优越。西班牙与法国、安道尔和葡萄牙接壤，与北非隔海相望，与拉美地区各国联系密切，可辐射较大市场。

（2）宏观经济形势趋稳。西班牙传统旅游业、地中海特色农业的竞争力较强；现代工业发展较快；有一批实力强的跨国企业，可作为全球合作伙伴。

（3）优势产业独特。西班牙在风力发电、太阳能利用、机械装备制造、特色农业、航空航天、生物技术、农产品等领域都拥有较强的技术优势和品牌优势。

（4）法律体系健全。西班牙有关外国投资的法律体系健全，政策透明度较高。

（三）西班牙的贸易政策

【合作与合资经营、参股或收购】

合作与合资经营是两家或两家以上企业为完成共同的项目或实现共同的经济目的而进行合作、共同承担风险的一种投资形式。参与合作的公司不进行合并操作，一般通过设立有限责任公司或股份有限公司的形式实现合作，在投资项目资金数额较大或者需要某方的专有技术时，利用该模式投资可以快速进入外国市场，降低了风险。参股是通过向目标公司增资或者购买目标公司转让的股权进行投资。收购主要有股权交易收购和资产买卖收购两种方式。前者是完全收购，即通过成为目标公司的新股东实现对该公司所有债权债务的完全继承；后者则是购买目标公司的所有或部分经营产业，投资者并不成为目标公司的股东，而是针对性地实现对某些产业的所有和控制。购买或转让有限责任公司的股份时必须有公证员参与公证文件的制作，费用按股权交易价格的一定比例计算；购买或转让股份有限公司的股票时，无须公证员参与。

【企业并购】

当购买或兼并营业中的西班牙公司时，交易可能会被合并管制部门要求接受审批，审批期间须暂停交易。2004年公布的第139/2004号欧盟理事会条例《欧盟合并管理法规》规定，超过一定规模的交易，交易双方有义务向欧委会书面报告。欧委会对达到欧盟规模的并购行为拥有排他性管辖权，西班牙关于合并管制的法律法规不适用于此类合并行为。如果合并行为并未达到欧盟规模，那么该行为将适用西班牙关于合并管制的法律法规。根据西班牙关于合并管制的法律法规，交易涉及下列情形的，须向西班牙主管部门书面报告：（1）该交易会使所有合并公司的综合全国市场占有率达到或超过30%，或者在某特定商品或服务市场取得较高的占有率。但市场份额低于50%且被收购公司在西班牙的总营业额不足1 000万欧元的，不负有报告义务。（2）合并中的所有公司（包括收购公司所属的集团）上年度在西班牙的营业额合计超过2.4亿欧元，其中至少有两家公司同一年度在西班牙的营业额超过6 000万欧元。

西班牙关于合并管制所依据的法律为《西班牙竞争保护法》，其实施规则是《西班牙竞争保护法实施规则》。负责执行的部门是西班牙竞争委员会。

对于应当接受合并管制审批的交易，在审批期间交易双方均有暂停该交易的义务，直到主管部门批准该交易。违反该义务的公司可能会被处以数额较大的罚款。向欧委会报告无须缴纳任何费用，向西班牙竞争保护部门报告则必须缴纳相关的行政费用。

收购的主要流程为：（1）资格预选。卖方可准备一份销售说明书，在说明书上列示公司的实际状况、资产和负债等。该说明书可以方便买方对公司进行财务评估，确定其真正的价值并按照公平的价格投标。在资格预选阶段，买方需要对有关卖方的机密信息进行评估，因此双方应签署保密协议。在该阶段，双方可签署谅解备忘录（memorandum of understanding）。（2）尽职调查。这是指买方对潜在标的在财务、法律、税务及劳动力方面的状况进行审查。尽职调查结果可让买方在收购协议的谈判中获得有利地位（尽职调查结果可能会影响收购价格付款条件或卖方所要求的担保）。此外，该过程有助于确定收购协议的声明和担保范围。（3）签订收购协议。收购某公司（其股份或资产）时需要考虑的主要方面包括价格及支付条款、卖方的负债、声明和担保范围等。在某些情况下，各方可签署收购协议，但交易（收购标的公司的所有权并支付收购价格）可能要待各方之前所同意的条件均已履行（例如，获得政府当局的授权或遵守收购协议中载明的具体责任）之后才算完成。

（四）推动中国与西班牙双边经贸的有利条件

2016 年 5 月，中国驻西班牙大使馆经商处参赞陈玉明这样分析中国与西班牙双边经贸的有利条件：

（1）两国关系总体平稳。中西建交 40 年来，始终本着平等相待、相互支持的原则处理双边关系，推动务实合作。特别是 2005 年建立全面战略伙伴关系后，中西关系发展更加成熟稳健。良好的政治关系为经贸合作营造了稳定的发展环境。西班牙政府继续确定中国为其发展亚太经贸关系的优先目标。西班牙投资促进局及各地方政府重视吸引中国企业投资，西班牙社会对华友好。

（2）法律体系健全。西班牙有健全的外国投资法律体系，政策透明度较高。

（3）经济增长模式转型。西班牙正在转向新经济增长模式，大力发展国际化经济，主要包括改善营商环境、简化市场准入流程、提供融资便利、促进贸易、支持企业、培养国际化文化和人力资源、促进创新等。

（4）两国经济互补性较强。西班牙人均 GDP 超过 2 万欧元，是世界主要对外投资国之一，在金融、电信、旅游、可再生能源、工程承包、机械制造等领域均拥有世界领先的企业。西班牙政府在应对金融危机的过程中不断加大改革力度，表现出推进经济结构调整、改善投资环境的决心。中国的电信、环保等高新技术产品在西班牙的知名度迅速上升，电动汽车等以节能环保为主题的新兴行业商机值得关注。

（5）经贸合作平台广阔。双边经贸混委会和“中西论坛”在两国轮流召开。中国的广交会、厦洽会以及西班牙举办的对华投资洽谈会等活动成为双方定期交流的平台。双方地方政府推动的经贸互访越来越频繁。

截至 2016 年 5 月，中国与西班牙投资合作发展顺利。西班牙已有约 600 家企业和机构进驻中国，中国在西班牙的投资项目达 40 个左右，总体运营状况良好，鼓舞了更多企业加入中西经贸合作行列。

二、谈判案例中涉及的行业知识：环保行业

环保行业广义上是指在国民经济结构中以防治环境污染、改善生态环境、保护自然资源为目的所进行的技术开发、产品生产、商业流通、资源利用、信息服务、工程承包、自然保护开发等活动的总称，主要包括环保机械设备制造、自然保护开发经营、环境工程建设、环境保护服务等方面；狭义上是指为环境污染控制与减排、污染清理以及废弃物处理等提供设备和服务的行业，可以从污染防治的角度划分为大气治理行

业、水处理行业和固体废弃物处理行业等，这三者也是环保行业中的主导行业。

受国家加快推动生态文明建设、多个循环经济领域示范试点创建实施（节能减排综合示范城市、"城市矿产"示范基地、园区循环化改造示范试点、海绵城市等）、社会公众环保意识提高等多因素的推动，中国环保行业快速增长，环保行业市场规模不断扩大，迎来快速发展时期。

（一）我国环保行业投资情况介绍

环保投资是改善环境质量的有效手段。环保投资的多少在一定程度上反映了一国对环境保护的重视程度。

2014 年，我国环境污染治理投资总额为 9 575.5 亿元，同比增长 6%，占国内生产总值（GDP）的 1.50%。图 1-4 显示，从绝对规模来看，2006—2014 年我国的环保投资绝对量稳步提升，由 2006 年的 2 000 多亿元上升至 2014 年的 9 575.5 亿元，其中 2007 年、2008 年、2010 年增速较快，尤其是 2010 年较 2009 年绝对量增长了 2 353.8 亿元，这种趋势的变化与经济发展观念的转变有很大关系。2016 年是我国"十三五"的开局之年，当时的环境保护部（现为生态环境部）为推进环境要素管理成立了水、气、土三司，以环境质量改善为核心，努力强化环境风险管控，加快推进环境管理方式和工作方式的转型。[①]

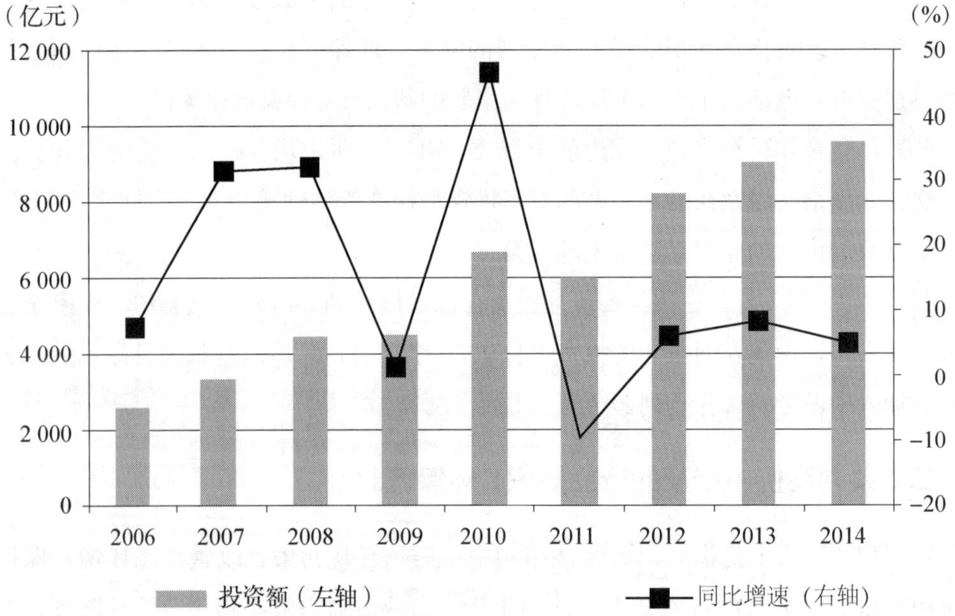

图 1－4　2006—2014 年全国环境污染治理投资额及同比增速

资料来源：我国环境保护部.

① 刘来红，等. 2016 年中国环境保护产业发展状况分析. 中国环保产业，2017，228（6）：8－13.

如图 1－5 所示，2016 年环保行业头部企业占 2.2%，数量上超过百家，但占比较上年下降了 0.2 个百分点。具体来看，环保行业的大部分产值和利润都来自规模超过 1 亿元的大型集团。由于公用事业的特性，环保行业天然具有规模效应。可以预见，未来我国环保行业利用并购重组进行规模扩张、行业集中、领域细分的趋势还将不断深化。

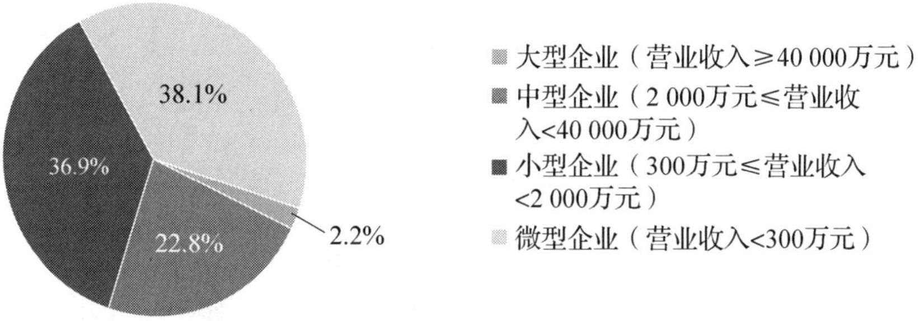

图 1－5　2016 年不同规模的环保企业数量占比

资料来源：刘来红，等．2016 年中国环境保护产业发展状况分析．中国环保产业，2017，228（6）：8-13.

（二）我国环保行业并购情况介绍

随着环保需求的升级，加快产业并购重组成为龙头企业拓展业务领域、扩充技术储备、抢占市场先机的重要手段。2012 年，我国环保行业并购交易额还不到 100 亿元；2013 年，我国环保行业并购热潮启动，该年并购交易额达 250 亿元，2014 年小幅下降至 225 亿元后开始加速增长，并在 2015 年首次超过 400 亿元，达到一个新的高位，此后直到 2017 年，环保行业的并购交易额已连续三年稳定在 400 亿元的规模。

我国环保行业结构逐渐调整，“小而散”的格局正逐步改善，但与产业规划目标及国外市场依然存在较大差距，这说明我国环保行业的规模尚有很大的增长空间，未来我国环保行业并购重组潮还将持续较长时间。

／延伸阅读／

BATNA Examples and What You Can Learn from Them

第二章 谈判的准备

学习目标

通过本章的学习， 您将：

- 了解谈判准备中如何做到知己知彼
- 知晓影响谈判的环境因素
- 了解谈判的类型及谈判准备中的注意事项
- 掌握谈判准备工具的应用

引言

通过前面的学习，我们已经知道谈判是一项复杂的工作，因此在谈判前我们必须做好充足的准备。本章的前半部分介绍如何进行谈判准备，主要包括针对己方的准备、针对对方的准备和针对谈判类型的准备。在本章的后半部分，我们将结合中国 LC 公司与埃塞俄比亚咖啡处理厂的收购谈判案例进行学习，分析中国企业如何通过充分的前期准备，制定出有针对性的谈判策略，从而推动谈判顺利进行。

第一部分 【核心知识】 国际商务谈判的准备

一、谈判准备中的知己知彼

(一) 知己知彼之“知己”

1. 制定谈判目标

The target is the outcome of a negotiation set by a negotiator. That is, before a negotiation, the negotiator should make clear what he wishes to achieve through the negotiation.

在任何谈判开始之前，谈判者均需确定己方的谈判目标（target）。**谈判目标是谈判者对谈判所要达到的结果的设定，即在谈判开始前谈判者就应明确己方希望通过谈判获得什么。**制定谈判目标听起来很简单，但实际操作中却容易出现以下三个问题[①]：

(1) 目标过低。这常常会导致**赢家诅咒**（winner's curse）的发生，即由于制定的目标太低，谈判对手立即接受了己方出价，以致己方丧失本可能获得的更多利益。

(2) 目标过高。将谈判目标设置得很高，并且拒绝做出任何让步，会使谈判难以进行。

(3) 不知道己方想要什么，总觉得得不到的才是最好的。这类谈判者对于对方愿意提供的东西不感兴趣，总想要对方不愿意提供的东西，显然这种情况下也难以取得理想的谈判结果。

由此可见，只有真正知道己方想要什么，并据此制定合理的谈判目标的谈判者才能在谈判中掌握一定的主动权，避免被对方牵着鼻子走，保证谈判的顺利进行。

在制定谈判目标时，谈判者必须遵循实用性、合理性、合法性三大原则，即保证所制定的目标可实现、可接受，且符合相关的法律法规。根据谈判的期望水平及目标实现的可能性，我们可以将谈判目标分为以下四个层次：理想目标（ideal target）、实际需求目标（actual target）、可接受目标（acceptable target）和保底目标（reservation target）。

理想目标是对己方最有利的目标，其在满足己方的基本需求的情况下还附加了多个有利条件，是己方在商务谈判中的最高追求。理想目标往往会触碰对方的底线，有时甚至有引起谈判破裂的风险，故在实践中实现的可能性很小。但理想目标的提出有

① 利·L. 汤普森. 谈判者心智（第2版）. 北京：中国人民大学出版社，2005.

利于扩大己方的谈判空间，让己方处于一定的优势地位。

实际需求目标是充分考虑谈判双方核心利益与主客观因素的影响后，经过科学论证、预测核算而制定的目标。实际需求目标由于相对公平，在较大程度上符合谈判双方的利益，因而在实践中实现的可能性较大，也是谈判者在谈判中积极使用各种谈判手段想要达成的目标。

可接受目标是在保证己方根本利益的前提下在谈判中可争取或做出让步的目标，其能够满足己方的部分需求，实现己方的部分经济利益。通常来说，可接受目标是实际需求目标和最低目标之间的一个随机值，在谈判中可根据实际情况灵活调整。

保底目标是在谈判中做出让步后必须保证实现的最基本目标，是谈判的最低要求。若不能保证该目标的实现，那么即便谈判破裂也不存在妥协让步的可能。己方的保底目标通常是对方的理想目标。

2. 制订最佳替代方案

在上一章中我们了解到，最佳替代方案是衡量谈判结果的唯一标准。因此，在谈判准备过程中，事先确定最佳替代方案无疑是相当重要的。如果谈判者在谈判之前没有仔细思考过己方的最佳替代方案，那么其在谈判过程中将找不到支点，无法做到有的放矢，难以正确衡量谈判结果的好坏，甚至可能陷入过于乐观或悲观的极端情绪。

此外，谈判对手有充足的动机提供与己方的最佳替代方案相对应的负面信息，以降低己方的最佳替代方案的吸引力。然而，我们知道，最佳替代方案只应该根据客观事实和证据做出改变，而不应受到对方的劝说技巧的影响。故谈判者需要在谈判开始前制订最佳替代方案，并在谈判过程中坚持它。

除了帮助谈判者衡量谈判结果以外，一个可行且有吸引力的最佳替代方案也会大大提高谈判者的谈判地位。换句话说，谈判双方的相对谈判地位很大程度上取决于双方的最佳替代方案对双方的吸引力。设想一下，您已经获得了愿意为您提供 12 000 元月薪的 A 公司的入职邀请，那么当您与 B 公司就月薪进行谈判时，A 公司的入职邀请就是您的最佳替代方案。如果除了您之外，B 公司也还有一个候选人（假设你们两个人的能力相当）作为其最佳替代方案，且该候选人要求的月薪为 13 000 元，则在这一谈判中，无疑您的优势将比 B 公司大，因为对于 B 公司来说，达成这一谈判的吸引力将明显大于其最佳替代方案的吸引力，因此也更可能为了达成协议而妥协。但若该候选人的意向月薪为 11 500 元，则 B 公司在这一谈判中将处于有利地位，因为其最佳替代方案的吸引力增强了。因此，谈判者不应在谈判中轻易透露己方的最佳替代方案，除非它确实非常有利或者谈判已经处在破裂边缘。

正如第一章所说，最佳替代方案是由客观事实决定的，同时具有时效性，所以最佳替代方案不是一成不变的。像上边提到的例子中，假设 A 公司突然破产，那么原先应承您的入职邀请自然也就失效了，您的最佳替代方案也就不存在了。故谈判者需要不断尝试改善其最佳替代方案，比如多争取几份入职邀请等。

3. 确定保留价格

前文提到，最佳替代方案是谈判者衡量谈判结果的唯一标准，但在具体实践中是如何衡量的呢？如果只有一个衡量指标，比如上边提到的例子中的月薪，那么衡量起来是比较直观的，您只需要看 B 公司愿意提供的月薪是否高于 12 000 元即可。但如果 A 公司向您提供的除了 12 000 元的月薪外，还有交通补贴、住房补贴和带薪假期的话，在衡量与 B 公司的谈判结果时就不能只看月薪了，那么在这种情况下又如何衡量与 B 公司的谈判结果的好坏呢？

这就涉及我们之前介绍过的保留价格，即谈判者的最佳替代方案的量化。在上述例子中即：B 公司向您提供多少月薪、多少交通补贴、多少住房补贴与多少带薪假期才会让您觉得 B 公司的吸引力与 A 公司的吸引力相当呢？对这些问题的回答将决定您与 B 公司谈判时的底线。保留价格对于谈判者十分重要，不事先确定保留价格的话，谈判者即便有了最佳替代方案也很难直观比较其与谈判结果孰优孰劣，从而容易做出错误的决策。

需要强调的是，保留价格与目标价格是不一样的。很多谈判者在谈判时常常将二者混淆，这将不利于其获得理想的谈判结果。谈判时将保留价格当成目标价格往往会导致谈判者获得较少利益或付出较大代价；而将目标价格当成保留价格则很可能导致原先有利可图的交易无法达成。在现实生活中，就有很多卖方不愿意接受高于其保留价格的报价，因此不得不在后来的某个时刻以更低的价格成交。

4. 准备具有同等效益的多事项提案

谈判（当然，不包括确实只有单一事项的谈判）中专注于单一事项是严重的错误，因为针对单一事项的谈判在某种程度上是固定利益的分配（distribution of fixed interests）问题。通过分解单一事项，或者在单一事项之外再识别和增加其他事项，谈判者能够挖掘整合的潜力，促进谈判协议的达成。

举例来说，在工作面试中，若只关注薪资问题，那么留给谈判双方的谈判空间就会比较小，但如果将公司福利（如带薪假期、补贴等）纳入谈判范畴，谈判双方的谈判空间与灵活性就会增加。一旦谈判者确定了谈判中涉及的事项，那就最好为每个事项都确定备选方案，并为多个事项的组合确定具有同等价值或吸引力的一系列报价，以确保这些报价组合均能实现谈判目标。比如对于工作面试谈判中的求职方而言，6 000 元的月薪、双休、1 000 元的住房及交通补贴的吸引力或许与 8 000 元的月薪、单休、800元的住房及交通补贴的吸引力是相当的。

值得强调的是，谈判者所准备的每一个提案或报价都应该以确定的口吻提出，而不应只是陈述一个报价范围，比如8 000元的薪资要求不要陈述为“薪资要求为6 000～8 000元”，因为这相当于让出了己方的谈判空间，默认己方可以接受6 000元的薪资，让对方觉得己方已经做出让步。

通过识别谈判事项并准备多个具有同等效益的提案，不仅有助于谈判者实现谈判目标，还能扩大谈判者自身的选择，同时避免给对方留下己方是一个不会在任何问题上做出让步的谈判者的印象。

（二）知己知彼之“知彼”

在谈判前准备的第一步“知己”完成后，接下来的一步就是“知彼”，即了解与己方谈判的人。我们通过“知彼”获得的信息是我们确定谈判目标、选择谈判人员、制订谈判计划的重要依据。了解对方可以从以下四个方面入手：对方的实力与声誉、对方的利益诉求与最佳替代方案、己方与对方的关系，以及对方的人员构成。

1. 对方的实力与声誉

谈判前需要考量**对方的经济实力**（economic strength of the counterparty），比如对方的市场地位、经营状况等。对方在行业中处于领先地位和落后地位时，我们采取的策略应当是不同的。同时，对于部分经营状况不好的企业，我们还要考虑对方是否具有持续经营能力。经营状况也会影响对方的谈判目标。对于某些急需资金的卖方来说，它们的谈判目标往往是在最快的时间内获得资金，因此在价格上可能会做出让步，买方比较容易占据主动。所以对于买方来说，获取到卖方是否急需资金等信息是极为重要的。

除了对方的经济实力外，我们还要考察**对方的资信状况**（credit standing of the other party），资信状况会直接影响到对方是否有能力以及是否愿意履行合约。尤其是在涉及分期付款或者欠款的谈判中，要密切关注对方的资信情况，可以通过对方的年报或者银行以及其他权威资信机构出具的报告来了解对方的资信状况。

同时，在做谈判前准备时，我们也要调查对方的声誉，可以参考该公司之前的谈判案例以及欠款支付情况。当己方为卖方时，对于声誉好的公司，可以同意对方延期付款的要求，但对于声誉不佳的公司，就要考虑适当缩短对方的付款时限；当己方为买方时，对于声誉不佳的公司，要加强对于对方产品的质量检查并在谈判时要求对方尽快交货。

2. 对方的利益诉求与最佳替代方案

接下来的重要一步就是**确定对方的利益诉求**，包括对方是否重视本次谈判、对对方来说最重要的问题是什么等。在企业并购的案例中，有的被并购企业希望保持自己的独立性，那么谈判的一个重点就是如何保留该企业的独立性。

在确定对方的基本利益诉求后，接下来就要**估测对方的最佳替代方案**，这是谈判前准备最重要的工作之一。由于对方通常不会轻易透露自己的最佳替代方案，因此谈判者需要在做谈判前准备时投入时间和精力来研究对方可能的最佳替代方案，可以通过类似的谈判案例和该行业的市场数据来猜测。设想以下场景：你想以 100 万元购买对方的一项专利，对方在谈判中说 B 公司已经表示愿意以 120 万元的价格购买，因此要求你给出的价格也不能低于 120 万元，但实际上 B 公司的报价仅为 90 万元。如果你在做谈判前准备时没有获得 B 公司的真实报价信息的话，那么你很可能被对方迷惑，从而抬高己方的价格，造成不必要的损失。

我们在"知己"部分中提到，要确定己方的理想目标、可接受目标、实际需求目标、保底目标等，在做谈判前准备时，我们同样要弄清楚对方的这些**目标和底线**。一般来说，低于对方保底目标的要求是很难被对方接受的，一味坚持很容易导致谈判破裂。

3. 己方与对方的关系

己方与对方的关系是影响谈判策略的重要因素。与政治背景中提到的两国外交关系不同，在这里，双方关系指己方与谈判方之间的**经济合作关系**。双方关系是友好还是敌对、双方之前是否有过合作、未来想要与对方建立何种关系等都是在做谈判前准备时要考虑的内容。

通常，当双方已有长时间的合作关系时，在谈判中需要关注长期关系的维护。当谈判中存在竞争关系，比如，己方与 B 公司都想购买 A 公司的一款产品时，如果己方与 A 公司已合作多年，双方关系良好，那么相比 B 公司，己方在谈判中就占据优势，在谈判中与 A 公司打感情牌也是己方可以选择的策略之一。

除去已有关系，在谈判中我们还需要考虑**未来想要与对方建立的关系**。如果未来想与对方继续合作，那么己方就要考虑在本次谈判中的态度，不宜太咄咄逼人，以便为双方的长期合作打下良好的基础。

4. 对方的人员构成

汤普森在他的著作《谈判者心智》中提到，**谈判方是带有诉求偏好的个人或群体**。[①] 同时，并非所有谈判方都会直接出现在谈判桌上。所以，在做谈判前的准备时，**弄清楚是否有其他利益相关方在幕后影响谈判也是至关重要的**。同时，我们也应调查清楚不直接参与谈判的利益相关方对于谈判的态度，并且积极争取利益相关方对己方的支持。比如，汤普森在《谈判者心智》中举了一个例子：如果一家公司的招聘人员向应聘者许诺的职位和薪水需要得到公司人力资源部门或总经理的批准，那么该公司

---

① 利・L. 汤普森．谈判者心智（第 2 版）．北京：中国人民大学出版社，2005.

人力资源部门和总经理就属于此次谈判的利益相关方。[1]

在确定对方直接参加谈判和能够影响谈判的人员之后，接下来，谈判者应当着手厘清**对方团队的内部关系**。一个很重要的判断标准就是对方团队内部是否达成一致。通常来说，谈判中同一方的成员基本立场相同，但对具体谈判方案的偏好不一定相同。**团队的信任程度、成员间的关系**（比如是否有矛盾等）也是影响谈判的重要因素。如果对方团队成员之间存在较大的意见分歧，那么我们可以根据对方团队成员的不同利益诉求考虑是否有可以争取的成员。

同时，还需要研究对方谈判团队的**决策方式**（decision-making mode）。例如，团队中成员是否平等，最终决策是由团队成员协商得出，还是由团队领导者裁定，或者是由更高级别的领导者决定等，比如一些分公司的谈判团队在做决策时可能需要请示总部。

除了团队成员间的相互关系外，我们还要关注**谈判代表的个人情况**。谈判代表（尤其是团队的领导者）的个人经历、谈判风格、性格特征、与己方以往的关系等都是己方制定谈判策略时的重要参考。

二、影响谈判的环境因素

（一）政治背景

在跨国谈判中，政治因素，比如两国外交关系也会影响谈判的进程。两国外交关系友好时，比较容易达成合作关系。外交关系相对恶劣就会给谈判增加难度。由于政府的政治导向会影响企业的态度，因此在两国政治关系紧张时，双方企业谈判和合作的意愿可能会减弱。

（二）法律背景

在国际商务谈判中，一场谈判往往涉及两国乃至多国谈判方。各国涉外商务相关法律法规有所不同。尤其是在涉及特殊法律法规的谈判（如涉及贸易保护政策、反垄断政策、反倾销政策等的谈判）中，如果事先不了解合作方所在国的法律法规，谈判过程中就会面临极大的困难和风险。因此，谈判者在做谈判前准备的过程中，应详细调查与了解谈判对手国家的涉外商务相关法律。

我国对外商务谈判必须遵从我国相关法律法规或条例等的规定。

此外，谈判还应遵循以下原则：

（1）遵守国家法律，维护国家主权。涉外商务谈判不得为了追求经济利益而做出

---

① 利·L. 汤普森．谈判者心智（第2版）．北京：中国人民大学出版社，2005.

损害国家利益、危害国家主权的行为，否则不仅谈判无效，谈判者或相关企业还会受到法律制裁。

（2）平等互利，民主协商。国际商务谈判双方具有平等的地位和相同的权益，应当平等友好地进行协商，在互利的情况下签订相关协议。

（3）遵守国际惯例。国际商务谈判中存在许多国际惯例，这些国际惯例常被用作相关法律尚不完备时的补充依据，但使用国际惯例的情况往往较为复杂，面临较大不确定性，需要灵活把握。

（三）文化背景

文化背景是影响谈判进程以及谈判策略的重要因素。文化背景的差异表现为语言与非语言沟通、高语境文化与低语境文化、禁忌与习俗等方面的差异，它会给谈判带来多方面的挑战，因此需要谈判者做更加充分的准备。

1. 语言沟通与非语言沟通

语言差异是跨文化谈判面临的首要挑战。如果谈判者因为语言差异无法与对方沟通，那么就需要在谈判前安排翻译人员。在理解谈判对象的语言的基础上，谈判者还需要关注非语言沟通，如手势、面部表情等身体语言都会传达重要信息。但在不同的文化背景下，不同身体语言所代表的含义是不同的。例如，在中国，人们在交谈时会注视对方的眼睛以表示专心与尊重，而日本人在交谈时会避免目光接触，通常会适当低头或转移视线，盯着对方会被认为是一种不礼貌的行为。因此，谈判者在做谈判前的准备时应了解谈判对象国的基本社交礼仪，同时在谈判中注意观察，避免因文化差异造成的误解。

2. 高语境文化与低语境文化

跨文化沟通领域的研究者们提出了很多不同的维度来分析文化背景的差异。这里以高语境文化与低语境文化为例进行介绍。

爱德华·T. 霍尔（Edward T. Hall）在《超越文化》（*Beyond Culture*）一书中提出了**高语境文化**（high context）与**低语境文化**（low context）的概念。[①] 在高语境文化中，人们注重人际关系的和谐，通常不会直接表达己方的诉求，而采取较为委婉的方法，即话语本身只包含很少的信息，真正的信息藏在表达的语境与文化中，这就是中国老话常说的要听懂“言外之意”“弦外之音”。高语境文化的交谈特征表现为：（1）避免直接传达信息（avoiding sending messages directly）；（2）将关键信息如时间、地点、人际关系等包含在交谈者所处情景中（containing core information in the context

---

① 爱德华·T. 霍尔. 超越文化. 上海：上海文化出版社，1988.

of the speakers，such as time，place，and interpersonal relationships)；(3) 为避免直接发生冲突，交谈者会采用模棱两可、迂回的语言，有时会有保持沉默的倾向（using ambiguous and circuitous language or being silent to avoid conflict)。常见的高语境文化国家有日本、中国、沙特阿拉伯等。而在低语境文化中，人们倾向于直接表达自己的诉求，说话较为直接，而不会有过多的顾虑。大多数信息包含在表达本身中，以弥补语境的缺失。低语境文化的交谈特征表现为：(1) 直接传达信息（communicating directly)；(2) 将关键信息包含在话语本身中（containing core information in the discourse itself)；(3) 试图直接说服别人接受自己的观点（attempting to persuade others to accept one's point of view directly)。常见的低语境文化国家有德国、英国、美国等。

丁允珠（Stella Ting-Toomey）在《跨文化交际》（*Communicating Across Cultures*）中举了一个例子来说明高语境文化与低语境文化不同的沟通特点。对于晚上邻居家孩子弹钢琴影响自己休息这件事，美国人会直接表达自己的不满："已经 11 点了，你们这么大音量的音乐打扰了我的睡眠。请立即把音乐停掉。明天我有一个重要的工作面试，我需要睡个好觉，因为我非常需要这份工作来交房租。"而日本人则会采取非常委婉的说法："你的女儿开始上钢琴课了吧？我很羡慕，因为你可以为她的才能感到自豪。你一定期望她未来成为一个钢琴家。她的热情给我留下了很深的印象。她每天练习得这么努力，不停地练习，一直到深夜。"对方也立即明白了话中之意："不是，一点也不是。她只是个初学者，我们还不知道未来怎么样。我们没有意识到您听到了她弹琴的声音。真对不起，噪声打扰您了。"[①] 这个例子启示我们，在进行跨文化谈判时，要充分了解谈判对象国的沟通和交流方式，并适当调整自己的交谈方式，以免引起不必要的误会而影响到整个谈判。

3. 禁忌与习俗

不同国家的禁忌与习俗往往都不同。在一个国家很正常的事情在另一个国家可能被视为冒犯。所以，如果无意当中触犯到对方国家的禁忌，将使对方感到不被尊重，从而不利于谈判的顺利推进。比如在与中东一家公司谈判时，某企业在准备宴请时忘记嘱咐厨师不要使用猪油等食材，结果厨师在菜品中使用了猪油，从而触犯了该公司穆斯林的习俗，导致对方代表心生不满，也为后续的谈判带来了麻烦。

尊重对方的禁忌与习俗有利于推进谈判进程。比如，阿拉伯人喜欢夜聊，所以可以将与阿拉伯人的谈判安排在晚上进行。在谈判中展示一些对方喜欢的文化元素、表达对对方文化的兴趣和尊重，将有利于双方建立友好关系。有一次，周恩来总理在与

① Ting-Toomey，S. *Communicating Across Cultures*. Guilford，1999.

一个访华的墨西哥代表团谈话时，提及了大量墨西哥文化，墨西哥代表团团长认为周总理对墨西哥文化非常了解，觉得“上了一堂大课”，之后对墨西哥贸促会的会长说“总理平易近人，知识广博”。这为中国与墨西哥的贸易往来打下了良好的基础。

正确理解对方的文化习惯有助于我们准确把握对方的情绪、理解对方的行为。比如，西班牙语语速过快，可能给人造成他们情绪激动的错觉。如果不了解西班牙文化，就可能产生误会。不同文化对于时间的态度也不尽相同。例如，西班牙人和拉美人往往比较随性，时间观念比较淡薄，所以迟到在西班牙文化和拉美文化中并非不尊重的表现。

鉴于文化的影响涉及方方面面，在进行跨文化商务谈判，尤其是对对象国的文化不太熟悉时，在短时间内完全了解并理解对方的文化背景是不现实的。因此，我们主张，在谈判前的准备阶段，要了解对象国的基本文化，包括禁忌与习俗等，必要时邀请熟悉对方文化的专业人员参与谈判；在谈判中，要时刻保持文化敏感度，正确认识并尊重文化差异，及时总结，以实现跨文化谈判的成功。

三、谈判的类型

1. 个体谈判与团队谈判

根据谈判双方人数，我们可将谈判分为**个体谈判**和**团队谈判**。

个体谈判（one-to-one negotiation）指双方都只有一人参加的谈判；**团队谈判**（team-based negotiation）指双方都有两个或两个以上的人参加的谈判。个体谈判的优势在于：谈判者可以随时把想法贯彻到谈判行为中，从而可以减少很多协商的时间。但是，个体谈判要求选择一个全能型人才，因为整个谈判都是以这个人为核心展开的，他必须具有多项谈判能力，能够独立、快速地做出决策。而团队谈判的优势在于谈判人员可以发挥出各自的优势，但这对于人员之间的配合、协调具有较高的要求。

One-to-one negotiation refers to the type of negotiation in which only one person from each side participates, while team-based negotiation refers to the negotiation in which two or more people from each side participate.

2. 双边谈判与多边谈判

根据参加谈判的主体的数量，我们可将谈判分为**双边谈判**和**多边谈判**。

双边谈判（bi-party negotiation）只有两个谈判主体；**多边谈判**（multi-party negotiation）的谈判主体有三个或三个以上，各个谈判主体均以正式的利益主体的身份参与谈判。一般来说，双边谈判的利益关系相对明确。对于多边谈判，因为不同主体之间的利益关系比较复杂，需要顾及的方面较多，因此协商起来

Bi-party negotiations have only two parties involved in the negotiation, while multi-party negotiations have three or more parties.

会更加困难，需要谈判者提前做好相应准备。例如，为减少贸易壁垒，多个国家或地区之间都进行了关税与贸易总协定（General Agreement on Tariffs and Trade，GATT）中的各轮关税减让谈判。

3. 主场谈判与客场谈判

根据谈判所在地，我们可将谈判分为**主场谈判**（home-court negotiation）和**客场谈判**（guest-court negotiation）。**主场谈判**是指在己方熟悉的场所进行的谈判，**客场谈判**即在对方熟悉的场所进行的谈判。

在主场谈判中，谈判者对所处环境高度熟悉，在心理上就具有一定的优势，在查找资料、请示上级等方面也可节省一定的时间和精力。同时，谈判者的饮食作息等生活习惯不会出现较大变动，易产生积极的心理暗示，即处在一个相对轻松的氛围。但在客场谈判中，谈判者易受到环境变动带来的不确定性的影响，出现紧张情绪，甚至难免会有受到东道主压制之感，从而在行为上也受到一定限制。因此，我们通常认为，主场谈判比客场谈判更具有优势。但在客场谈判中，己方来到对方的主场也展现了想要达成合作的诚意，还可以实地考察和证实东道主公司的经营状况。因此，对于主场谈判和客场谈判的优势及劣势，还应该辩证地看待。

对于主场谈判，东道主应准备一应接待事宜，而对于客场谈判，谈判者应提前做好心理建设，在谈判过程中随机应变。为公平起见，谈判双方也可以主客场谈判轮流进行或在第三地谈判。

4. 正式谈判与非正式谈判

根据谈判的形式，我们可将谈判分为**正式谈判**和**非正式谈判**。

正式谈判（formal negotiation）是指参与谈判的各方代表有相应的身份与级别，事前对谈判的议题和内容有较充分的准备，对谈判所涉及的内容持积极的关切态度，能积极主动地寻找解决问题的途径的谈判。正式谈判一般遵循固定的程序。

Formal negotiation refers to the negotiation in which the representatives of the parties involved in the negotiation have corresponding status and rank.

非正式谈判（informal negotiation）的形式较为多样，双方在比较随意、自由的环境下进行广泛的讨论、交换意见，表现出时间有限、没有准备、难度较小等特点。非正式谈判包括偶发性谈判（episodic negotiation）和意向性谈判（intentional negotiation）。偶发性谈判一般没有谈判前准备，而意向性谈判则一般需要明确此次谈判的目的，从而更好地为正式谈判做准备。

Informal negotiations have various forms. The parties in an informal negotiation exchange views in a casual and free environment. Such negotiations are easier than formal ones and the preparation is usually inadequate due to the limited time.

5. 一次性谈判与长期谈判

根据谈判次数的不同，可将谈判分为**一次性谈判**与**长期谈判**。

> In one-shot negotiations, people negotiate only once.

一次性谈判（one-shot negotiation）是一种短期谈判。就如我们常说的“一锤子买卖”，在一次性谈判中，谈判双方仅进行单次谈判，且未来延续合作的可能性较低，一般不会产生后续交集，双方无须建立长期的信任与合作关系。一次性谈判不会对谈判双方造成长远影响，因此有些谈判者会为了在一次性谈判中取得胜利而采取欺骗等不正当手段，以牺牲未来双方的信任与合作来换取眼前的利益。在一次性谈判中，谈判者面临的不确定性较大，需要准确判断对方信息的真实性，避免己方利益遭受损失。

> In repeated negotiations, people negotiate more than once in a prolonged period.

顾名思义，**长期谈判**（repeated negotiation）是旷日持久的谈判。在长期谈判中，谈判双方将在长期内持续进行多次谈判，所以谈判双方需要在较长时间内保持一种良好的信任与合作关系，并每隔一定时间对原有的部分谈判条款进行修订。因此，长期谈判的目的不仅在于协议的达成，而且在于对双方的信任与合作关系的维系。在长期谈判中，谈判者需要考虑的也不仅仅是利益方面的问题，还包括随着时间的推移如何解决双方的信任危机、如何看待双方未来的合作关系等问题。长期谈判要求谈判者具有一定的战略眼光，不能仅考虑某一次谈判的利益，而要考虑长远利益。

6. 交易型谈判与争议型谈判

按照谈判目的的不同，我们可将谈判分为**交易型谈判**与**争议型谈判**。

> In transactional negotiations, negotiators sometimes adopt a confrontational attitude, which may decrease the efficiency of the negotiations.

交易型谈判（transactional negotiation）是谈判双方通过资源交换以达成交易目的的谈判。交易型谈判是基于双方的利益，双方在谈判中可以达成合作。典型的交易型谈判总是伴随着资源交换展开的，如最简单的买卖交易中买方以金钱交换卖方的商品或服务，双方通过“讨价还价”决定最终的交易价格。在交易型谈判中，谈判者有时会采用对抗态度，但实际上这并不利于谈判顺利、高效地进行。与其在谈判中假装强硬，谈判者更需要在谈判前列出清晰的最佳替代方案与保留价格，以便明确在什么情况下可以接受对方的出价。

争议型谈判（dispute-settling negotiation）是指谈判双方以解决争议为目的展开的谈判。在争议型谈判中，谈判的发生并不是由于双方需要通过谈判来推进交易的进程，而是由于一方的提议遭到了另一方的拒绝，即谈判双方产生了争议。争议的存在使得双方在谈判中通常具有敌对和不信任的关系。争议型谈判的目的是解决争议，但在这种互不信任甚至敌对的谈判氛围中，谈判双方明显更容易陷入僵局。因此，在争议型谈判中，谈判者必须把握明确的证据、谈判底线与谈判原则，厘清责任，做到理性谈判，理智应对。

7. 代理谈判与直接谈判

根据谈判方式的不同，我们可将谈判分为**代理谈判**与**直接谈判**。

代理谈判（agency negotiation）是指谈判者不具有对谈判事项的直接权限，而是受当事人委托参与谈判的谈判形式。代理谈判又可以分为全权代理谈判和无签约权代理谈判两种类型。前者由代理人负责谈判的整个进程，包括最终协议的签订；后者中代理人仅参与谈判，无权签订协议。

> In agency negotiations, agents are entrusted by the parties to participate in the negotiations.

代理谈判中的谈判者不是交易的直接参与者。代理人的谈判地位比当事人更客观，当遇到僵持不下的问题时，代理人的间接身份可以获取对方一定程度的理解，有利于避免或解决冲突。相比直接谈判，代理谈判的谈判者与谈判对手的利益矛盾并不直接，双方更容易避免陷入谈判僵局。谈判者作为代理人在其被授权的范围内进行谈判时，谈判事项相关权力严格受限，谈判更为谨慎，因而在一定程度上保障了被代理人的利益。同时，为表现其能力和取得佣金，代理谈判者的态度往往比较积极和主动，有利于谈判顺利进行。

当代理人作为谈判者参与谈判时，在确定某些谈判事项的过程中往往不具备直接的权力，而需要通过委托人的批准获取权限，即谈判中的授权批准。例如，企业招聘员工时，HR 需要在薪资等方面获得上级批准后与面试者就录用条件进行谈判；在外交谈判中，各国代表在很多谈判事项上也需要获得上级授权。

直接谈判（in-person negotiation）是指参加谈判的双方不需要任何中介组织或代理人的介入，直接进行谈判的谈判形式。直接谈判又包括**买方谈判**（buyers' negotiation）与**卖方谈判**（sellers' negotiation），其中买方谈判是指以购买者身份参与的商务谈判，卖方谈判是指以供应商身份参与的商务谈判。当谈判者作为买方参与谈判时，应当重视信息搜集工作，并采取更为谨慎的谈判态度；而当谈判者作为卖方参与谈判时，应有积极主动的态度，并努力克服买方施加的压力，以实现己方利益最大化。

> In in-person negotiations, the parties participate in the negotiation in person and there are no agents or representatives on behalf of the negotiating parties.

根据不同的标准，谈判还可以划分为很多种类型。谈判者需要针对这些不同的谈判类型的特点，结合"知己知彼"部分的内容，在谈判前进行充分的准备，从而在谈判中获得更好的结果。

四、影响谈判的其他因素

1. 谈判力

当谈判者试图采用威胁或其他方式来强迫对方妥协时，他们通常会使用谈判中的权力，即谈判力。掌握更多的信息、拥有更高的职位等都可以增加谈判力。但首先我们要明确的是，商务谈判中的权力不是绝对压倒性的权力，因为一方的行为选择是可以影响另一方的，否则无谈判可言。

一般来说，我们认为谈判力大的一方在谈判中处于优势地位，他们往往掌握了更多的信息、资源或拥有更多的经验。但是，谈判力大的一方也会因为谈判力产生控制错觉，从而做出一些冒险举动，最终影响谈判结果。根据权力的接近-抑制理论（approach-inhibition theory of power），当人们拥有权力时，其行为接近系统被激活，他们会更关注环境中有关奖励的信息。因此，在面对一个结果不确定的事件时，谈判力大的个体会更加关注该事件的积极结果能带给他的潜在回报。同时，当人们拥有权力时，其行为抑制系统会相对较少被激活，他们会较少关注不确定结果中的消极结果所带来的风险。因此，这会导致谈判力大的一方过多关注回报而缺少风险意识，谈判力在这时反而成了一种负担。这就要求谈判力大的一方在谈判前做好充足的准备，认真分析己方和对方的目标、优势和劣势等，在谈判中保持清醒的头脑，戒骄戒躁。

谈判力小的一方在谈判前可以从三个方面着手做准备。首先，增强己方力量。弱势一方可通过与其他弱势方合作，建立联盟，从而增强己方力量。其次，削弱对方的不可替代性。弱势方需明确己方的核心竞争力，并积极与其他潜在的合作者沟通，让强势方因竞争关系而有所忌惮，这将会成为弱势方在谈判中的一个优势。最后，尽可能控制谈判过程，包括谈判时间、地点、日程等，这会使谈判朝着有利于己方的方向发展。

2. 时间

时间也是影响谈判的一个很重要的因素。1982 年，美国正是趁着墨西哥国内发生经济危机，采取时间压迫战略，迫使墨西哥扩大对美石油出口。在商务谈判中，随着谈判时间的拉长，谈判人员的注意力、精力都会有所下降，而在谈判接近尾声时，谈判人员的注意力、精力又会有所回升。因此，在谈判中要善于利用时间因素。

对于时间充足的一方来说，可以采取打持久战的方式。这就好比路上两辆车堵在一起，当双方的驾驶员都不愿意让步时，最直接的方法就是耗到某一方忍受不了，从而做出让步为止。在谈判中也是如此，在临近截止时间时，时间紧张的一方最有可能为顺利达成协议而做出让步。

己方在谈判前或谈判中都要尽量避免向对方透漏己方的谈判期限。如果对方知道了己方的谈判期限，就极有可能利用时间的制约作用，使己方失去谈判优势。

在谈判前的准备阶段，鉴于谈判中的种种不确定性，己方最好不要给自己设置具体期限，这样会给自己增加无形的压力。在谈判中，即使时间真的紧迫，也不要表现出来，以免给对手可乘之机。

如果能够提前知道对方的最后期限，那么对于己方来说是一个很大的优势。但同最佳替代方案一样，对方不会轻易透露自己的时间，所以这需要己方在做谈判前的准备时认真调查。

当然，还可以营造情景给对方制造时间压力的假象，如给对方下最后通牒——“如果三天内还不能达成协议，我们就会另寻合作伙伴”。但此种做法也存在一定的风险，谈判者需谨慎使用。

3. 非正式接触与安排布置

在完成信息搜集后，要继续把搜集到的信息应用到**实践**中，比如着手与对方建立关系，为谈判打下基础。但这也是因情景而异的。比如，中国人在谈判前习惯进行宴请、邀请对方参观或者参观对方公司等，以建立比较正式的关系，但在美国等西方国家，双方在谈判前往往只需要简单认识。

同时，**我们还要选择谈判的时间、地点，完成谈判现场的布置等**。如果是线上谈判，需注意时差、网络信号稳定性、信息安全等问题；如果是线下谈判，需要安排谈判场所、资料设备、接待流程等，并尽量避开双方比较劳累的时间。

五、谈判准备的工具

最后我们为大家介绍两个谈判准备的工具。它们以图表的形式汇总了谈判前需要做的工作和需要注意的问题。我们可以借助这些工具做谈判前的准备，也可以在准备工作结束后利用它们检查己方的准备工作是否全面。

1. 汤普森谈判准备评估表

表 2-1 是汤普森在《谈判者心智》中总结的一套谈判准备工具，它从**评估己方、评估对方、评估谈判情景**三个方面概括了谈判前的准备工作。[①] 我们可以通过三个方面列出的问题对己方的准备工作进行自查与改进。

① 利·L. 汤普森. 谈判者心智（第 2 版）. 北京：中国人民大学出版社，2005.

表 2－1　汤普森谈判准备评估表

评估己方	评估对方	评估谈判情景
制定谈判目标； 确定达成协议的最佳替代方案； 确定保留价格； 确定焦点问题； 确定谈判事项（包括每个事项的替代方案）； 准备具有同等效益的多事项提案； 评估己方的风险倾向	有哪些利益相关方？ 这些利益相关方的利益是统一的吗？ 对方的利益和立场是什么？ 对方的最佳替代方案是什么？	谈判是一次性的、长期的还是重复多次的？ 谈判中是仅包含稀缺资源问题还是仅包含观念认识问题，还是两者都包含？ 谈判是交易型谈判还是争议型谈判？ 谈判是否存在连锁效应？ 谈判是否必须达成协议？ 谈判是合法的吗？ 谈判需要得到批准吗？ 谈判中时间紧迫吗？或者是否包含其他时间相关的因素？ 合同是正式的还是非正式的？ 谈判是公开的还是私下的？ 谈判中是否可能出现第三方干预？ 谈判过程遵循什么惯例？ 谈判中是否涉及多次报价问题？ 谈判者交谈时较为直白还是隐晦？ 谈判双方间是否存在权力距离？ 在这场谈判中遵循先例重要吗？

2. 七要素谈判准备工作表

表 2－2 是由哈佛大学教授们总结出来的七要素谈判准备工作表，它能够帮助我们就谈判的实质内容和具体进程做准备。[①] 在明确谈判主体及谈判事项的前提下，前四个要素（替代方案、利益诉求、协议提案和标准）可以帮助我们准备谈判过程中的实质内容，即在谈判中我们要说什么、做什么，这也是本章的主要内容。后三个要素（沟通、关系和承诺）则可以帮助我们确定谈判的具体进程，即在谈判中我们应该如何说、如何做，这部分我们将在后面的章节中具体介绍。

表 2－2　七要素谈判准备工作表

谈判主体及谈判事项	替代方案	利益诉求	协议提案
有哪些谈判主体？（列出所有与谈判结果相关的个体或组织。） 谈判涉及哪些事项？	己方有哪些替代方案？ 对方有哪些替代方案？ ＊围绕己方和对方的最佳替代方案，考虑如何改善己方的最佳替代方案	己方的利益诉求是什么？ 对方的利益诉求是什么？ ＊对利益诉求进行优先级别排序，围绕共同利益，分辨不同利益、对立利益	有哪些可能的协议提案？

① President and Fellows of Havard College. Seven Elements Worksheet，2015.

续表

标准	沟通	关系	承诺
以什么客观标准来评估各项协议提案? 当不存在客观标准时，如何建立它? *思考：什么会给谈判过程带来一种公平感?	己方主要想向对方确认什么问题? 己方希望向对方传递什么信息? *思考：己方将就什么进行沟通以及如何沟通?	(A) 目前谈判双方的关系如何? (B) 己方希望谈判双方的关系如何? 在本次谈判中，如何才能让谈判双方的关系由(A) 向 (B) 转变? *注意：不要将谈判关系与谈判事项混为一谈。	在己方做出承诺之前，需要讨论哪些议题? 己方愿意/被授权在此次谈判中做出何种程度的承诺?

通过对以上知识的学习，我们了解到，在做谈判前的准备时，我们要从“知己知彼”和谈判的类型两个方面进行准备。在“知己知彼”部分，我们要明确己方的谈判目标、利益诉求、最佳替代方案等，同时尽可能多地了解对方的人员构成、利益诉求、文化背景和双方关系等。在“谈判的类型”部分，我们要关注不同类型谈判的特征，并学会利用谈判力、时间等因素推进谈判。接下来，我们通过一个案例——中国 LC 公司与埃塞俄比亚咖啡处理厂的收购谈判，来具体看看谈判前需要做哪些准备以及怎样做准备。

第二部分 【通过案例学谈判】

中国 LC 公司与埃塞俄比亚咖啡处理厂的收购谈判

我们在本章的第一部分中介绍了谈判者在谈判前需要做的准备工作，现在就把我们所学运用到本章的案例中，通过在谈判前做充分的准备，并拟定谈判方案与策略，促进谈判的顺利进行。我们将本章第二部分“通过案例学谈判”分为三个小点，在每个小点分别设置了学习任务，便于同学们回顾本章核心知识，并对案例进行更深入的思考。

一、背景与准备

（一）案例背景

1. 谈判双方简介

DW 咖啡种植和出口公司

DW 咖啡种植和出口公司（下称“DW 公司”）于 2015 年根据埃塞俄比亚法律注册成立，主要从事埃塞俄比亚水洗天然阿拉比卡咖啡的贸易活动。公司拥有较强的财力和较好的业绩，与国内多家银行均有过合作。在过去，DW 公司一直主要从事国内咖啡贸易。随着公司的发展壮大，其创始人决定将公司的主要业务转向国际市场。作为埃塞俄比亚咖啡出口商协会（ECEA）的成员，DW 公司的目标是向世界各地供应水洗天然阿拉比卡咖啡。

DW 公司隶属于 Demse 家族，该家族世代种植咖啡，有着悠久的历史和丰富的咖啡种植经验。近年来，Demse 家族不断寻找和收购优质的咖啡产地，并在产地附近建立咖啡处理厂。2015 年，Demse 家族创办了 DW 公司，从事国际咖啡生豆贸易，此举打破了多年来把咖啡豆全部售卖给负责出口的埃塞俄比亚商品交易所（ECL）的做法。Demse 家族秉承着不使用农用化学品的优良传统，致力于生产经过特殊处理的顶级咖啡。目前，该家族的咖啡种植园总面积已达到 117 公顷。

中国 LC 公司

中国 LC 公司是国内一个新兴的知名咖啡品牌商。公司主营线下咖啡门店，凭借精湛的咖啡工艺，加之赶上了精品咖啡的风口，获得了一批忠实的咖啡受众，短短几年间，已成功跻身新零售咖啡行业几大专业运营商行列。LC 公司也因其低价高品质的产品，在一定程度上降低了咖啡对国人的门槛，拓宽了中国咖啡市场。

LC 公司对于优质的产品原料有着极大的需求，一直在积极寻求优质咖啡豆原料供应商。

2. 谈判背景

埃塞俄比亚 Buku Abel 庄园的罕贝拉日晒咖啡

古吉（GUJI）是埃塞俄比亚最大的咖啡产区，其中有一个著名的子产区罕贝拉（Hambella）。据统计，罕贝拉产区内约有 20 家咖啡处理厂，这些咖啡处理厂分布在该产区的不同村落和庄园中，规模大小也不同，其中最有名的是 Buku Abel 庄园。Buku Abel 庄园是一个被群山环绕的小山村，村子后山上生长着枝繁叶茂、郁郁葱葱的原生种咖啡树。这里起初并没有庄园和处理厂，后来才渐渐发展起来，目前主要从事咖啡处理。

2017 年，DW 公司的咖啡豆参加了非洲咖啡协会主办的埃塞俄比亚生豆竞赛（Ethiopia National Taste of Harvest Competition），产自罕贝拉 Buku Abel 庄园的罕贝拉日晒咖啡以其浓浓的草莓和奶油香气一举获得了生豆竞赛的冠军。4 个月以后，在世界咖啡冲煮大赛中国赛区的决赛中，“花魁”日晒咖啡获得亚军，第一次打破了瑰夏咖啡（Geisha）在冲煮比赛上的垄断，成为目前唯一能与之抗衡的咖啡。

在罕贝拉合资建立咖啡处理厂的合作机会

埃塞俄比亚“花魁”日晒咖啡在中国引起强烈反响后，多家中国企业希望进一步扩大与它的合作，在埃塞俄比亚建立咖啡处理厂，利用埃塞俄比亚优越的咖啡生长条件，进行咖啡的批量加工和生产。

面对产自埃塞俄比亚罕贝拉的品质绝佳的“花魁”咖啡，LC 公司率先引进了 DW 公司的咖啡豆，推出了新的产品系列，市场反响颇佳，供不应求。然而，其他咖啡运营商也纷纷试图引进埃塞俄比亚的咖啡豆，LC 公司面临着竞争压力，故而迫切希望与 DW 公司进一步达成合作，尽可能构建与 DW 公司的长期稳定合作关系，稳定推出该产品系列。

而此时的 DW 公司正有意在罕贝拉核心产区 Dimtu 增加咖啡处理厂，希望通过吸引海外投资，加强与外国企业的合作，拓展海外市场，促进 DW 咖啡豆在全球市场上的推广。

面对这一合作机会，LC 公司果断主动联系 DW 公司，提出投资建立咖啡处理厂、合作从事咖啡的生产和处理的意愿。

（二）问题与任务

阅读以上内容后，请思考和讨论以下问题：

作为中方的谈判代表，请您结合本章所学的谈判准备工具（汤普森谈判准备评估表或七要素谈判准备工作表），为此次谈判撰写一份准备文案。

在对以上问题有了自己的答案之后，请阅读以下案例分析内容，看看是否会对您有所启发。

（三）案例分析：谈判准备文案

下面结合核心知识部分提及的七要素谈判准备工作表，给出此次谈判的准备文案作为参考。

本次谈判的主体为中国 LC 公司与埃塞俄比亚 DW 公司。其他利益相关方还包括当地政府、当地居民等。谈判中涉及的事项主要包括投资金额和合作模式。

谈判准备七要素之“替代方案”：一旦谈判破裂，中方的最佳替代方案是寻求与埃塞俄比亚其他咖啡出口商的合作。鉴于只有 Buku Abel 庄园生产和处理的日晒咖啡才是“花魁”，因此要短期内在当地找到其他合作方并非易事。外方的最佳替代方案则是与提出合作意愿的其他企业达成合作。鉴于中国不断扩大的咖啡市场以及 LC 公司在中国的发展势头，LC 公司目前是外方最佳的合作伙伴。

谈判准备七要素之“利益诉求”：中方的核心利益诉求在于与 DW 公司建立长期稳定的合作关系，稳定“花魁”系列产品的货源。外方的核心利益诉求在于吸引海外投资在当地建立咖啡处理厂，促进 DW 咖啡豆在全球市场（尤其是中国市场）上的可持续推广。同时，鉴于合作建厂需要得到当地政府和民众的支持，外方希望找到一个能够满足当地各利益相关者诉求的、值得信赖的长期合作者。

谈判准备七要素之“协议提案”：中方在谈判前应准备几种不同投资金额和合作模式的提案，在提案的细节上关注双方的核心利益诉求。

谈判准备七要素之“标准”：在谈判前，中方应对咖啡豆的种类、价格、质量标准、投资建厂合作模式等进行充分的市场调研，确定行业惯例和当地市场的普遍标准，并基于这些标准，在谈判中强调各个协议提案的合理性和可行性。

谈判准备七要素之“沟通”：在此次谈判中，中方需要向外方传达自己的合作诚意与共赢意识，表达在合作过程中对当地的社会福利、环境保护等方面的关注。同时，在沟通过程中需要注意文化差异对沟通方式的影响。

谈判准备七要素之“关系”：双方曾有过合作关系，同时双方都有意通过此次谈判建立长期稳定的合作关系，这为本次谈判提供了良好的基础。

谈判准备七要素之“承诺”：在保证“花魁”系列产品的货源稳定的前提下，中方可以承诺关注当地政府和民众的诉求，为建立与外方的长期合作关系做出努力。

二、谈判进程

（一）谈判进程概述

在谈判的初始阶段，中方谈判人员向外方强调了自身优势。首先，中国有着广阔的咖啡消费市场，尽管目前中国人均咖啡消费量不高，但随着观念的调整和咖啡文化的普及，越来越多的年轻人倾向于将咖啡作为一种饮品选择。其次，近年来，连锁咖啡店产品的口味和品质已无法满足人们对咖啡日益增长的多元化需求。咖啡作为一种独特的饮品，已然在中国有了一批忠实的客户，所以总的来说，中国咖啡市场存在巨大的潜力。LC 公司依靠在国内领先的市场地位和资金实力，可以很好地帮助外方公司拓展中国市场。外方谈判人员对中方提出的这些优势表示赞同，也表达了强烈的合作意愿。

然而，随着谈判的深入，中方谈判人员发现情况并非预期那样乐观。一方面，尽管中方企业具有现金交付能力和市场优势，战略上也与埃塞俄比亚政府部门保持着高度的一致性，但埃塞俄比亚当地各部门、组织和民众有着不同的利益诉求，如环境保护局根据相关法规格外重视环保问题，土地局更加强调就业和社会治安稳定，当地居民则更在意自身收入和生活水平的提高。如果这些诉求得不到满足，那么就难以实现在当地建厂，进而难以与外方企业达成协议。以下列出了主要利益相关方及其核心诉求。

1. 当地政府

当地政府的利益诉求主要是维持外汇稳定、促进金融科技发展、优化产业规划布局、促进当地经济发展等宏观方面的。实际上，埃塞俄比亚政府非常重视工业园区的开发和扩建，为工业园区的建设和落地提供了大量政策和资金支持。埃塞俄比亚政府于2020年出台了十年发展规划，旨在创造以经济增长为基础的平等；提高生产力和竞争力；发展绿色经济；实施机制转型；确保妇女与年轻人享有公平和平等的机会；确保私营部门推动增长。阿比总理也表示，联邦和地方政府成功实施十年计划的关键在于对项目进行评估，保证投资，促进国内生产总值增长，专注于高质量的项目，将思想从"对抗贫困"向建设全方位繁荣社会转变。

在工业园区拓展过程中，政府主要坚持以下原则：

- 建设专业园区：通过建设行业特定的专业园区，形成规模经济，提高效率。
- 促进出口：政府提供旨在促进出口和提高竞争力的工业园区激励措施。
- 确保可持续发展：通过采用可再生能源和废液零排放技术维持环保高标准，确保社会可持续发展。
- 垂直整合：加强经济活动的前向和后向关联效应。
- 提高工人技能和企业竞争力：不断加强工人的技能培训，以提高工人技能和企业竞争力。

2. 当地居民

埃塞俄比亚是一个具有悠久而丰富的基督教传统的国家，全国多达62.8%的人口信仰基督教，每逢周日和宗教节日到教堂做礼拜。

对于海外投资项目，当地居民通常有着很大担忧。一方面，他们担心外国公司建厂会对当地的文化环境和自然环境造成不利影响，因此希望外国公司能够对当地文化和宗教信仰表现出足够的尊重，同时能够加强对当地自然生态环境的保护。另一方面，他们担心就业问题难以解决，所以往往会通过工会等组织传达自己的诉求，希望海外投资项目带动村落经济发展、拉动就业。

3. 投资委员会

埃塞俄比亚投资委员会（The Ethiopian Investment Commission，EIC）负责促进外国公司在埃塞俄比亚的投资，此外还负责签发建筑承包投资许可、营业执照和投资许可证；签发商业登记证，进行登记证的续展、修改、更换或者注销；在土地和公用事业（水、电和电信服务）征用期间为投资者提供支持服务；等等。

4. 工业园区开发公司

埃塞俄比亚工业园区开发公司（IPDC）负责在不损害工人安全和环境安全的前提下提供公用设施的工业用地、配备各种公用设施的预建工棚，以及符合国际标准的基础设施。工业园区开发公司与埃塞俄比亚投资委员会、埃塞俄比亚税务与海关总局及其他几个机构合作，为进入工业园区的投资者提供全面的服务。①

5. 环境保护局

埃塞俄比亚环境保护局（EPC）原来是埃塞俄比亚自然资源开发和环境保护部的一个机构。从 1995 年起，埃塞俄比亚所有与环境有关的事务均移交该局。该局负责指定环保机构，赋予它们管理、监测和保护环境的责任。同时，埃塞俄比亚还设立了由总理领导的环境保护理事会，由该理事会负责监督环境保护局的所有活动。环境保护局同贸易与工业部一起，负责对为投资项目颁发许可证等事项的管辖和控制。②

6. 土地局

埃塞俄比亚土地局强调就业和社会治安稳定。土地局希望利用海外投资建厂创造更多就业机会，改善当地居民的生活水平。在过去几年中，埃塞俄比亚政府在投入大量资金建设十几个工业园区的同时，吸引了来自中国、印度、韩国和美国等不同国家的跨国公司到这些工业园区落户。这些工业园区共创造了五万多个稳定的工作岗位。

7. 劳动与社会事务部

为了切实保护劳动者，埃塞俄比亚设立了劳动与社会事务部。该部门规定，工业园区运营商应确保园区内员工享有良好的工作环境、同工同酬等权利，所有雇主的法律义务不仅包括为员工提供安全的工作环境，而且包括保存对工人造成伤害的事故记录。此外，劳动与社会事务部还致力于解决工业园区内的法律问题和争端，促进有效的解决机制的建立。

（二）问题与任务

阅读以上内容后，请思考和讨论以下问题：

根据以上信息，您认为影响本谈判的环境因素主要有哪些？

在对以上问题有了自己的答案之后，请阅读以下案例分析内容，看看对您是否有所启发。

（三）案例分析：影响谈判的环境因素

中方企业第一次与外方企业深度合作，前期没有与当地政府和民众相互了解，对

① 中企参与的开发公司与埃塞政府签署工业园建设合作协议．中国—非洲经贸博览会，2022-08-12.
② 资料来源于新华丝路数据库。

当地法律法规也不熟悉。在本案例中，埃塞俄比亚中央政府、地方政府和当地居民三者的利益诉求不尽相同，需要综合考量，尤其要解决外方当地民众对于中方企业承担社会责任不信任的问题。这些都给谈判带来了一定的挑战。为了与当地政府和民众建立长期的友好关系，顺利达成合作，中方企业需要基于外方的政治与文化特征制定相应的谈判策略，推动协议的达成。[①]

（1）处理好与政府和议会的关系。

《埃塞俄比亚联邦民主共和国宪法》（The Constitution of the Federal Democratic Republic of Ethiopia）规定，埃塞俄比亚为联邦制国家，实行三权分立和议会（内阁）制，政教分离。埃塞俄比亚人民的自尊心、自豪感和国家荣誉感非常强。中方企业在与埃塞俄比亚政府部门和官员打交道时，应时刻牢记国无大小、贫富皆平等的原则，态度友好，有理有节，沟通时避免采用教训、说教的方式。

（2）妥善处理与工会的关系。

埃塞俄比亚工会势力强大，一旦决定通过罢工等方式加薪或保护员工权益，就极易使公司陷入相当被动的境地。雇主平时应注意尊重和爱护当地雇员，保持劳资双方沟通渠道的畅通，对工会组织的相关积极活动给予一定支持，维护好与工会的关系，并时刻注意工会主要成员和积极分子的动向。

为妥善处理与工会的关系，中方企业应积极与埃塞俄比亚工会组织开展劳工保护法规方面的交流，并为两国工会组织牵线搭桥，邀请埃方赴中国参观访问，深入交流。

（3）密切与当地居民的关系。

埃塞俄比亚人民性格相对温和、宽容、友善，能够包容外来文化和外国人的不同生活习惯，因此中方企业只要能尊重当地居民，就不难获得当地居民的尊重。

埃塞俄比亚政府财力有限，基层政府为解决当地一些公共事务所需经费问题，可能会经常向驻在地企业募捐。中资企业应积极回应此类请求，并量力而行地提供一定资助，确有困难时亦应婉言拒绝。中资企业若能主动履行社会责任，热心公益事业，为所在社区或部族提供力所能及的帮助，将十分有利于构建和谐的居民关系。

为改善与当地居民的关系，不少中国企业在工程营地周边免费为居民修缮道路、挖井、提供饮用水、支持农村清洁能源项目、为当地贫困居民提供粮食等生活物资。也有企业参与“微笑儿童”项目，为当地贫困儿童免费提供营养餐等。这些做法化解了当地居民的排外情绪，也使中国企业在当地树立起了良好形象。

---

① 参见中国商务部发布的历年《对外投资合作国别（地区）指南：埃塞俄比亚》。

（4）尊重当地的风俗习惯。

埃塞俄比亚人重礼节，中国企业和人员在与埃塞俄比亚人民相处时，应注意礼貌，切忌举动粗暴无礼。埃塞俄比亚的居民有一半以上信奉基督教，40％～45％的人信奉伊斯兰教。埃塞俄比亚东正教和伊斯兰教信众都有斋戒习俗，中方人员在与埃塞俄比亚人一起用餐或安排当地雇员饮食时，应提前考虑宗教信仰和斋日因素，避免因宗教问题产生不愉快。埃塞俄比亚人视驴为神物，绝对不能吃驴肉，以英吉拉为主食，荤菜中大部分埃塞俄比亚人只吃牛羊肉和海鲜，中国企业和人员应尊重埃塞俄比亚人的饮食习惯。埃塞俄比亚人忌讳用左手传递东西或食物，认为左手是极为肮脏的，使用左手是一种不礼貌和不道德的行为；忌讳数字“13”，认为这是个很不吉利的数字；忌讳黄色和淡黄色，认为它们是凶丧之色，故在花束或服装上都忌用这些颜色。

在埃塞俄比亚开展业务的绝大多数中国企业十分注意尊重当地的风俗习惯，比如为当地员工开设专用食堂，免费供应英吉拉等日常食物，并注意不在埃塞俄比亚员工斋戒期间提供肉类食物等。

（5）依法保护生态环境。

虽然目前埃塞俄比亚还未制定生态环保标准和划分重点环保领域，但该国政府已经认识到生态环境对社会和经济可持续发展的重要性，并将提高森林覆盖率和保护生态多样性作为一项重要工作。因此，中国企业在生产和生活中都应采取严格的环保措施，提高生态环境保护意识。

有些中国企业抓住埃塞俄比亚发展环境友好型城市的机遇，积极参与环保项目建设。例如，2017 年 9 月，中国电力工程有限公司承建的莱比垃圾发电厂正式建成运营。建成后的莱比垃圾发电厂日处理垃圾 1 800 吨，远远超出此前所承诺的 1 280 吨，而一吨垃圾又能产生 400 千瓦时电，能够保证亚的斯亚贝巴 1/3 家庭的照明用电。该项目是埃塞俄比亚的第一个垃圾发电厂项目，它的建成不仅能改善埃塞俄比亚的环境，还将对埃塞俄比亚的环保能效产业的发展产生积极影响。

（6）懂得与媒体打交道。

尽管埃塞俄比亚官方媒体较为严谨，但一些小媒体也时常报道不实消息。因此，中国企业应提醒员工在与埃塞俄比亚媒体交往时要保持谨慎，注意言辞，对不了解的问题和不利于中国对外形象的问题应尽量避免发表评论，防止授人以柄。

为在埃塞俄比亚媒体上展示中国企业负责任的社会形象，2016 年，埃塞俄比亚中国商会搜集会员履行社会责任情况，并在部分埃塞俄比亚媒体上刊登相关事迹，取得了较好的社会反响。也有中国企业在遭受地方政府的某些不公平待遇时，通过接受媒体采访赢得当地的理解和支持。

(7) 学会和执法人员打交道。

在警察、检察官、税务官等执法人员执行公务时，应放松心情，尽量配合。紧张只会引起执法人员的好奇心和怀疑。被误解时一定要礼貌解释，或要求向更高一级的官员进行解释。

(8) 传播中国传统文化。

中国传统文化是悠久的中华文明演化而成的一种反映民族特质和风貌的民族文化，是中华民族几千年文明的结晶，具有博大精深、源远流长、兼容并蓄、和而不同的特征。中国企业和人员在埃塞俄比亚投资合作的过程中应注重弘扬中国传统文化，树立文明道德风尚，培养诚实守信意识，提升跨文化管理水平，促进中华文化与当地文化的和谐发展。

很多在埃塞俄比亚开展业务的中国企业在企业文化建设过程中不忘弘扬中国传统文化的做法值得借鉴。例如，有中国企业在员工培训课程中讲授一些国学内容，教育员工勤劳致富、修身齐家；也有部分企业选送一些优秀员工前往埃塞俄比亚孔子学院或中国参加中华传统文化、汉语和企业文化等相关内容的培训；还有企业组织员工观看在埃塞俄比亚举行的中国传统文艺演出和中医文化宣传活动等。

(9) 其他。

在当地构建和谐关系还应注意不要介入当地政治斗争，避免出现企业涉政等行为。此外，如果发生企业人员因车祸等过失行为致当地人伤亡等事件，应第一时间报警，让警方处理并保护涉案人人身安全。否则，如果受害者所属族群民风剽悍，信奉“以牙还牙，以命偿命”等原始复仇信念，那么很可能会对过失行为人采取极端报复行动，导致过失行为人的人身安全得不到保障。

中埃双边经贸关系紧密，埃塞俄比亚在工程承包、金融、电信、电力等基础设施建设领域对中国较为倚重。中国企业在埃塞俄比亚履行社会责任的情况在一定程度上代表了中国和中国人在埃塞俄比亚的形象，会对中国在非企业的长远和可持续发展产生一定的影响。因此，中国企业对应承担的社会责任要具有清醒、客观、全面的认识，最好能制订完善的计划，做到严格遵守当地的劳工、环境、税收相关法律法规以及行业规范和国际惯例，恪守商业道德，尊重所在国的文化和风俗习惯，保证当地员工的工资、福利、安全生产和发展机会，注重对环境的保护，强化与所在社区的和谐关系，并积极开展社会公益、慈善事业，注重与当地政府、慈善机构、非政府组织和研究机构的沟通，大力宣传自己的正面形象等。

目前，在埃塞俄比亚开展业务的中国企业在履行社会责任方面已积累了一些成功经验。例如，埃塞俄比亚中国商会和徐工集团分别在亚的斯亚贝巴科技大学和亚的斯亚贝巴大学机械工程学院设立了奖学金；一些中国企业为当地捐助希望小学，捐助公益教育、卫生和体育项目，协助当地政府运送救灾物资等，获得了好评。

三、协议达成与反思

（一）协议达成

在新一轮谈判当中，中方谈判团队基于对当地政治、经济、文化等因素的分析，调整了谈判方案，提出在进行商业运作的同时，会兼顾当地的环境和社会问题，强调了在收购咖啡处理厂后将对当地社会文化建设予以关注，表现出了强烈的融入当地的欲望和未来长期发展的意向。中方人员表示，埃塞俄比亚是多民族多宗教国家，中方将尊重当地的民风民俗及宗教习俗，积极履行社会责任，在干好项目的同时，积极融入当地社区，在力所能及的范围内为当地民众做出贡献。

在谈判的后期，为进一步获得当地居民的信任，建立良好的企业形象，中国企业在调查了当地民众的诉求与文化特征后，经过多次讨论，决定向当地教堂提供捐助。中方派出了与外方打交道多年的资深高管，向埃方提出了向当地教堂提供捐助的意愿，以此表现出中方对当地社会问题与居民生活的关注，展现承担社会责任的主动性和树立良好的企业形象的积极性，以期满足埃方关注当地民生的诉求，构建中埃双方良好的信任关系。最终，中方向当地教堂投入了大量资金，并帮助当地开展了许多宗教活动。这一行为无疑获得了当地居民的认可，帮助中国企业顺利获得了大多数居民和当地组织的信任与支持。

随后，中方在谈判中进一步明确了己方的利益诉求与埃方是契合的。一是双方都有意愿提高咖啡生产量。考虑到新冠疫情缓和后对咖啡的需求量会逐渐上升，中方将提升咖啡的生产量。二是双方都有意愿扩大咖啡出口量。为了应对新冠疫情缓和后国内外咖啡需求量的增大，更加灵活地使用咖啡处理厂，最大限度地发挥资源的价值，中方将不断加大和国际市场的合作力度，持续扩大咖啡的出口量。

最终，双方达成了一致，签署了投资建厂协议。

（二）问题与任务

阅读以上内容后，请思考和讨论以下问题：

（1）在本案例中，中国企业是如何兼顾自身利益诉求和对方利益诉求的？在此过程中中国企业的前期准备起到了什么作用？

（2）本案例展示了中国企业的哪些能力和特质？中国企业的前期准备是如何帮助自身更好地彰显这些能力和特质的？

在对以上问题有了自己的答案之后，您可以带着问题再次回顾核心知识并阅读以下案例分析内容，看看是否对您有所启发。

（三）案例分析

1. 三角洽谈模式

中方企业在做谈判前准备时准确地分析了对方的利益诉求，并发现了双方利益诉求中的多个共同点，因而能够在谈判中通过强调这些共同点来顺利推进协议达成。

商务谈判是双方为了协调彼此之间的商务关系，满足各自的商务需求，通过协商对话达成商务交易的行为和过程。传统的谈判模式是基于立场的谈判，双方在坚定维护己方立场的基础上，最终要么通过必要的让步达成一致，要么谈判破裂。这种谈判模式至少有三个缺点：第一，难以达成谈判目标。因为越澄清立场，谈判者就越倾向于认同及维护该立场，致使“认同及维护立场”成为原定目标以外的另一个有待达成的目标，导致原定目标往往被忽略。第二，效率低下。衡量谈判成功与否的标准之一就是效率，但传统的谈判模式却既费时又费力。第三，有碍和谐的人际关系的建立。传统的谈判模式无异于一种恶化双方关系的“意志竞赛”。

而三角洽谈模式（又称互惠谈判模式）则走出了解决冲突的另一条道路。在三角洽谈模式下，基于立场的谈判被转换为基于利益的谈判，谈判双方均需对自身需求及对方需求有清晰的认知，然后共同探寻可以满足双方需求的各种可行途径，最后决定是否接受其中一条或几条途径。这种谈判模式要比传统的谈判模式更富有成效，因为它可以在很大程度上避免谈判陷入僵局。这种谈判模式的基础是要明确己方的目标，这样才能更好地倾听对方的需求，让对方知道己方已经了解了他的需求，从而找到共同基础（见图 2-1）。①

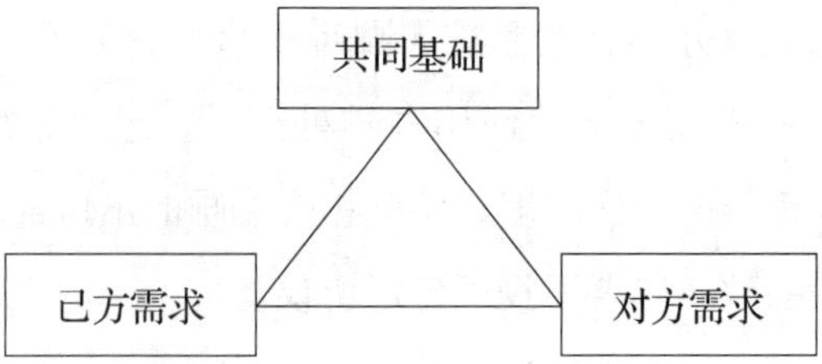

图 2－1　三角洽谈模式示意图

大多数人畏惧冲突，面对冲突的本能反应是“反击”或者逃避。而中方在本次谈判中所采取的三角洽谈模式则提供了第三种选择，即在坚持己方立场、把握己方需求、

① 陈丽清．三角洽谈模式：一种“双赢”的谈判方式．商业研究，2001（10）．

达到己方目标的同时，不把别人踩在脚下——这为我们提出了一条全新的思路和一个独特的优势组合。本书第三章会对基于立场的传统谈判模式和基于利益的三角洽谈模式进行更为深入的介绍。

2. 文化适应[①]

文化适应是指在来自不同文化的人相互接触和交流的过程中，来自一种文化的个人或群体开始采用另一种文化的做法和价值观，同时仍保留自己独特的文化。

文化可以表现得非常具体，如食物、信仰、价值观、语言、宗教、服饰等都被称为文化特征。这些特征非常普遍，为一个国家或地区的全体人口所熟知并由许多代人传承下去。

在企业层面，文化适应可以表现为广泛采用另一种文化的价值观、实践、艺术形式和技术，强调思想、信仰和意识形态，或是服装以及语言交流。有时，管理者出于效率和商务目的方面的原因，会有意识地决定采用另一种语言或技术。

从商业角度来看，正在寻找新市场的公司必须理解消费者文化，重视外国人的购买行为与当地文化特征的关系。

在本章案例中，中方对于埃塞俄比亚当地的风俗习惯、宗教信仰、食物喜好等文化特征都进行了详尽的调查，并积极借鉴了一些在埃塞俄比亚开展业务的中国企业的成功经验。正是因为前期做了充分准备，所以中方才能更快更好地找到解决中埃双方文化差异的方法，这对于中方成功树立良好的企业形象与构建中埃双方良好的信任关系有重大的意义。正是基于前期充分的准备工作，中方才能在一众竞争者中脱颖而出，成功拿下项目。

3. 企业社会责任

在本章所讲述的跨文化谈判案例中，涉及一个重要的概念——企业社会责任（corporate social responsibility，CSR）。

企业社会责任指的是在商业运营过程中，企业在追求利益最大化的同时，对环境、消费者和社区承担的责任，是企业在直接利益和法律要求之外做出的贡献。

根据戴维斯（K. Davis，1960）的模型，企业所拥有的社会权力（social power）赋予了它对社会就业、环境保护等问题的重大影响力。企业的决策与行为极大地影响了利益相关者。因此，企业作为一个双向开放的系统，在接受社会的资源和信息的同时，必须考虑对社会造成的长期和短期影响，关注社会成本和社会效益。

从利益相关者的角度出发，企业社会责任可以分为对股东、职工、政府、供应商、

---

① 资料来源于 ThoughtCo 网站。

消费者、社区、环境、竞争者等多方的责任。其中，对股东的责任包括对股息的分配，对职工的责任包括提高他们的收入水平和改善他们的工作环境，对政府的责任包括遵守法律法规和支持政府政策，对社区的责任包括创造就业、贡献税收等。

研究和实践经验都表明，企业社会责任在企业经营和商务谈判中都起到了重要的作用。积极履行企业社会责任可以帮助企业树立良好的形象，与对方建立良好的信任关系，而良好的信任关系能够使双方在沟通方面事半功倍。

涉及跨国经营的企业在企业社会责任的承担方面面临更大的挑战。这主要是因为：对于企业社会责任的界定，目前国际上并没有形成普遍采用的标准，故存在较强的主观性和文化差异性。

在本章案例中，中方和埃方的谈判和合作就是一个展示了企业社会责任的典型例子。在谈判前期，中方就积极认真地调查了埃方当地的文化特征与相关法律法规，了解到埃方对于企业社会责任的关注并认识到企业社会责任的履行对于构建双方信任关系的重要性。为了进一步获得当地居民的信任，树立良好的企业形象，中方经过多次思考和讨论，最终创造性地找到了宗教习惯这一突破口，通过向当地捐赠教堂这一方式积极履行企业社会责任。中方尊重当地的宗教文化，并帮助当地开展了许多宗教活动。这些做法满足了埃方当地居民的诉求，也帮助企业树立了良好的形象，使企业最终顺利获得了大多数居民和组织的认同与支持，为接下来的谈判进程奠定了强有力的信任基础。

本章小结

谈判并不是等大家坐到谈判桌前才正式开始，优秀的谈判者往往在谈判前就已经做好了充分的准备。在本章的核心知识部分，我们向大家介绍了谈判前准备需要做好的各项工作。首先，要对己方、谈判对方、谈判的类型进行详尽细致的分析；其次，要研判可能会影响谈判的各类因素；最后，要完成谈判时间和地点的选择以及现场布置。此外，我们还介绍了两种具体的谈判准备工具，二者均可以在谈判实践中使用。

在本章的案例中，中国 LC 公司在谈判前仔细分析了谈判背景，对己方和对方的利益诉求、优势和劣势等做了客观详尽的分析，同时对对方所在国埃塞俄比亚的经济、政治、文化都做了详细的调查，总结了各个利益相关者的关注点。LC 公司正是基于这些准备，制定了有针对性的谈判策略，从而为谈判的顺利进行打下了坚实的基础。

习题

1. 假设一辆山地自行车的平均使用寿命为两年，目前市场价格为700元。一年前您购入了一辆山地自行车，但该车的部分零件已经磨损。因为工作原因，一年后您将不再需要自行车。

现在，您有意卖掉这辆旧车，并购买一辆新山地车在未来一年使用。已知二手车代理商欲以总计300元的价格对您目前持有的旧车及一年后您将不再使用的车进行收购。当然您也可以继续使用这辆旧车，不过每月要花30元护理费对其进行护理，且一年后该车将直接报废，无回收价值。

假设新车与旧车对您而言效用是一样的，在与二手车代理商谈判前，您需要为谈判进行准备，尤其是明确己方谈判的最佳替代方案和保留价格。

（1）您的最佳替代方案是什么？

（2）在这次谈判中您应该设定什么样的保留价格？

2. 中国桂林的风情旅行社邀请马来西亚一家旅行社洽谈一笔国际旅游业务，双方约定于某日上午十点在桂林榕湖饭店进行洽谈。风情旅行社派车接马来西亚旅行社代表来榕湖饭店进行洽谈。由于马方代表是第一次到桂林，对桂林的美景流连忘返，所以在路上耽搁了时间，晚到了一个小时。后在商讨价格时，因对方提出的交易条件与中方预期相差较大，中方代表有些不悦，在谈判中失去耐心，说话声音过高，且在条件与价格方面不肯做出让步。而马方代表因为年纪较大，认为中方代表的举动是不尊重他的体现。在享用午宴的过程中，中方代表为增进双方感情拿出接待贵宾专用的茅台酒，并极力劝说马方代表饮用。由于中方代表忘了马方代表是穆斯林，在午宴中点了用猪油炒的青菜，马方代表认为中方没有诚意，生气地离开了，于是谈判陷入了僵局。

通过阅读以上案例，您认为中方代表在谈判准备中很可能忽视了哪些因素？

3. 假如您在国内的一家石油公司（下称A公司）工作，现在A公司想要收购伊朗的一家石油公司（下称B公司），并指派您为谈判代表，那么在谈判前准备“知彼”的环节，您都需要了解哪些信息？

4. 中国A公司的代理商B公司到韩国与C公司就某产品原材料的交易进行谈判。B公司是生产该原材料的知名公司，早在2019年就开始向C公司出口原材料。由于成本提高，今年国际市场上该原材料的价格普遍上涨了4%左右，中方（A公司）经过调查发现：市场上该产品出现一定短缺，韩方急需此原材料。因此，中方（A公司）提出希望上调报价5%，并建议韩方综合考虑原材料短缺、韩国该产品的市场需求，接受提价。该代理商（B）做了一番解释后，C公司同意接受价格上调，但由于成本问题C公司坚持涨幅不超过4%。于是中方又指出C公司对生产该产品的时间要求，并表明中方可以立即提供原材料，而此时寻找其他方采购必然耽搁时间，对韩方更不利，于是C公司无奈同意原材料采购价格上调5%。

阅读以上材料，回答下列问题：

（1）此次谈判属于何种类型？

（2）影响此类型谈判的因素有哪些？

（3）试解释谈判前准备对于A公司顺利完成谈判的作用。

5. 在阅读完以下材料后，您联想到了谈判前准备的哪些知识？

古代谈判智慧——烛之武退秦师

晋文公联合秦穆公包围郑国，因为郑文公曾对晋文公无礼，而且在依附晋国的同时还依附楚国。晋军驻扎在函陵，秦军驻扎在氾水之南。

佚之狐对郑文公说："国家危险了，如果派烛之武去见秦君，秦国军队一定退走。"郑文公听了他的意见。

夜里，有人用绳子将烛之武从城楼上放到地面。见到秦穆公后，烛之武说："秦、晋围攻郑国，郑国已经可预见地要灭亡了！如果郑国灭亡对您有好处，怎敢冒昧地拿这件事情来麻烦您呢？越过其他国家而在远方设置边邑，您知道这不好办，哪能用灭郑来加强邻国的实力呢？邻国实力增强，就等于您的力量削弱了。如果不灭郑国而使它成为您东方道路上招待过客的主人，贵国使臣经过，郑国供应他们的食宿、给养，这对您也无坏处。再说您也曾经有恩于晋惠公，他答应给您焦、瑕两地，可是晋惠公早晨刚刚渡过黄河回国，晚上就在那里筑城防御，这您也是知道的。晋国怎么会有满足的时候呢？它既以郑国作为东边的疆界，又要扩张它西边的疆界，如果不损害秦国，它到哪里去夺取土地？损害秦国，晋国就得利，所以希望您还是多多考虑这件事。"秦伯听后很高兴，于是与郑国结盟，派杞子、逢孙、杨孙戍守郑国，然后就回国了。

附录

一、埃塞俄比亚概况[①]

（1）基本情况。

埃塞俄比亚是非洲东北部内陆国，位于非洲之角的中心，东与吉布提和索马里相邻，南与肯尼亚交界，西与苏丹和南苏丹接壤，北与厄立特里亚交界。国土面积为110.36万平方公里，地处非洲高原，高原占全国总面积的2/3，平均海拔近3 000米，最高处达4 620米，素有“非洲屋脊”之称。

埃塞俄比亚全国分为包括首都亚的斯亚贝巴市和商业城市迪雷达瓦在内的2个自治行政区和9个民族州。埃塞俄比亚是非洲第二大人口国。2017年，埃塞俄比亚人口约为9 340万（埃塞俄比亚中央银行2016/2017财年官方数据），人口自然增长率为2.31％。其中，城市人口占20.3％，其余为农村人口。总人口中，工作年龄人口约为5 360万人，劳动力丰富。

截至2019年，埃塞俄比亚约有4万名华人，主要是工程承包项目的管理人员和技术人员，以及在当地开展投资合作的中国企业家和工人。华人主要集中在首都亚的斯亚贝巴、奥罗米亚州及全国大城市，在埃塞俄比亚普遍受到尊重。

（2）政治。

埃塞俄比亚人民革命民主阵线（简称埃革阵）执政以来，创建了以民族区域自治为基础的联邦政体，实行民族区域自治基础上的联邦制和三权分立制下的议会内阁制，以发展经济为重点，注重协调稳定、发展和民族团结三者间关系。联邦议会由人民代表院和联邦院组成，系国家最高立法机构，联邦最高法院为联邦最高司法机构，总统为国家元首，由人民代表院提名。

（3）民族。

埃塞俄比亚有80多个民族，主要有奥罗莫族（占总人口的40％）、阿姆哈拉族（占总人口的30％）、提格雷族（占总人口的8％）、索马里族（占总人口的6％）、锡达莫族（占总人口的4％）等。

（4）语言。

埃塞俄比亚有83种语言和200多种方言，主要民族语言为阿姆哈拉语、奥罗莫语及提格雷语。阿姆哈拉语为联邦政府的官方工作语言。常用的外国语言有英语、意大

① 参见我国商务部发布的《对外投资合作国别（地区）指南：埃塞俄比亚》。

利语、法语、阿拉伯语等，在政治和经济活动中通用英语。

（5）宗教。

埃塞俄比亚居民中有45%信奉埃塞俄比亚正教（基督教一性论派），40%～45%信奉伊斯兰教，5%信奉新教，其余信奉原始宗教。

（6）习俗。

埃塞俄比亚属多民族国家，人民十分友善，习惯通过靠肩及贴脸等方式互致敬意，逢年过节习惯跳民族舞蹈。大多数人信仰宗教，喜欢披白纱布，每逢周日和宗教节日到教堂做礼拜。他们用手抓方式进食，喜食牛羊肉，不吃野生动物和猪肉，主食为英吉拉，爱好喝咖啡。

（7）劳动力。

埃塞俄比亚是非洲第二大人口国，人口数量约为1亿。据统计，从年龄结构上看，35周岁及以下的人口占比超过70%，适龄劳动力充足。2018年6月，埃塞俄比亚中央统计局失业调查结果显示，其城市失业率为19.1%，较2016年4月上升了2.2个百分点，因此潜在劳动力资源丰富。埃塞俄比亚工人薪资水平较低，普通劳动者月工资为1 000～2 000比尔（约合36～72美元），熟练技术人员月工资为2 000～5 000比尔（约合72～180美元），高级管理人员月工资为5 000～15 000比尔（约合190～540美元）。

埃塞俄比亚所需的外籍劳务人员主要是各类专业人员和高级技术人员。近年来，埃塞俄比亚政府为保护本国劳动力市场、促进就业，鼓励企业雇用本国劳务人员并加强了对外籍劳务人员的管理和限制，要求外资企业原则上不聘用一般非技术性外籍劳务人员，技术性外籍劳务人员必须出具相关的学历证明和职业技术资格证书并办理相关公证及认证。

（8）对外贸易。

据埃塞俄比亚海关和税务总局（Ethiopian Customs and Revenue Authority）公布的统计数据，2017/2018财年，埃塞俄比亚共出口28.40亿美元，较上年同期下降2.3%；进口总额约为152.53亿美元，较上年同期下降3.5%；逆差近124.13亿美元，同比收窄3.7%。

埃塞俄比亚的主要贸易伙伴为亚洲的中国、沙特阿拉伯、阿联酋、印度，欧洲的瑞士、荷兰、德国、土耳其和非洲的索马里、吉布提、苏丹、摩洛哥等国家。主要出口目的地为美国、中国、索马里、荷兰、沙特阿拉伯、德国。主要进口来源地为中国、科威特、美国、印度、土耳其、阿联酋。近年来，中国已成为埃塞俄比亚最大的贸易伙伴。

目前，埃塞俄比亚的平均进口税率为50%。近年出口回升较快，但因进口需求增加，逆差较大。埃塞俄比亚出口商品主要有咖啡、油籽、皮革和皮革制品等，进口商品主要有机械、汽车、石油产品、化肥、化学品等。2017/2018 财年，埃塞俄比亚的咖啡出口额达 8.39 亿美元、油籽出口额达 4.24 亿美元、皮革和皮革制品出口额达 1.32 亿美元。其他重要的出口产品包括：肉类及肉类制品（出口额达 1.02 亿美元）、黄金（出口额达 1.00 亿美元）、电力（出口额达 8 430 万美元）、果蔬（出口额达 6 140 万美元）、活畜（出口额达 6 110 万美元）。

中埃双边贸易自 1996 年以来快速发展，2002 年双边贸易额突破 1 亿美元，2008 年双边贸易额突破 10 亿美元大关，2013 年突破 20 亿美元大关，2014 年突破 30 亿美元大关。根据中国海关的统计数据，2018 年中埃双边贸易额为 28.77 亿美元，同比下降 4.8%。其中，中国向埃塞俄比亚出口 25.32 亿美元，同比下降 5.0%；中国自埃塞俄比亚进口 3.45 亿美元，同比下降 3.4%。

中国向埃塞俄比亚出口的大类商品主要有飞机零配件、金属以及金属制品、电气材料、汽车、施工设备以及纺织品和服装等。中国自埃塞俄比亚进口的商品主要包括芝麻、皮革及皮革制品、咖啡、天然胶以及纺织产品等。

二、霍夫斯泰德的文化维度理论下的中埃文化比较

霍夫斯泰德的文化维度理论（Hofstede's cultural dimensions theory）是指导跨文化研究的权威理论观点，由荷兰心理学家吉尔特·霍夫斯泰德提出，用于衡量不同国家的文化差异。在该理论的框架中，不同文化间的差异被归纳为六个基本的文化价值维度，即权力距离、个人主义、男性化、不确定性规避、长期取向、自身放纵。该理论对人们认识各国文化差异具有重要意义。图 2-2 列示了中埃两国各个维度的得分。

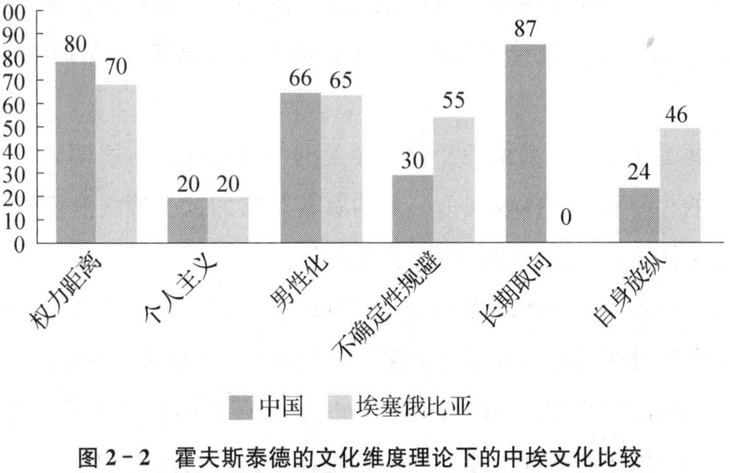

图 2－2　霍夫斯泰德的文化维度理论下的中埃文化比较

资料来源：https://www.hofstede-insights.com/country-comparison/china，ethiopia/.

（1）权力距离（power distance）。

中埃两国权力距离维度上的得分都较高，这意味着社会等级制度严格、权力分配不平等；在企业中，严格的等级制度表现为上下级关系的两极化。

（2）个人主义（individualism）。

中埃两国在个人主义维度上的得分相同，说明两国都呈现出强烈的集体主义倾向，人们为集体利益而行动，认为忠诚非常重要，每个人都会为团队负责。

（3）男性化（masculinity）。

中埃两国在男性化维度上的得分均较高且相近，说明两国都是男性化倾向明显的社会，其文化中竞争性、独断性等特征表现突出；在工作中体现为以成功为导向和驱动力，许多人会为了工作而牺牲家庭和休闲时间，且管理者强调公平、竞争和绩效。

（4）不确定性规避（uncertainty avoidance）。

埃塞俄比亚在该维度上的得分高于中国，这说明在埃塞俄比亚，人们被要求严格遵循规则，他们不会轻易接受改变和挑战；而在中国，规则相对灵活，可以根据实际情况改变。这同时反映出中国人适应力较强，富有创业精神，这一点从中国的中小企业数量较多这一事实中也可以看出。

（5）长期取向（long-term orientation）。

中国在这个维度上的得分高达 87 分，这意味着中国的社会文化是务实的。社会成员对延迟满足的接受度较高，具体表现为节俭以及对储蓄和投资的强烈倾向。埃塞俄比亚在这一维度的得分暂时缺失。

（6）自身放纵（self-indulgence）。

中国在该维度上的得分较低，说明中国社会是一个相对内敛的社会，社会成员不太重视休闲时间，更倾向于抑制自身欲望，接受社会规范的约束。埃塞俄比亚在这一维度上的得分为 46 分，无法确定埃塞俄比亚人在自身放纵和抑制自身欲望方面的明显偏好。

根据中埃两国在霍夫斯泰德各文化维度上的得分可知，中埃两国在三个文化维度上均有着较高的相似度，具体表现为二者均有着严格的社会等级制度和不平等的权力分配、强烈的集体主义倾向、明显的男性化倾向。

两国文化的差异性主要体现在不确定性规避上，埃塞俄比亚人存在强烈的不确定性规避，喜欢严格遵循现有的规章与制度，而中国人更容易接受改变、挑战和创新。

因此，在两国的谈判中，应基于埃塞俄比亚人存在强烈的不确定性规避的特点，考虑如何建立高度信任的长期关系、如何制定详尽完善的规则和程序、如何降低潜在的风险等。

三、阅读材料——中国与埃塞俄比亚的外交关系[①]

埃塞俄比亚奉行全方位外交政策，主张在平等互利、相互尊重、互不干涉内政的基础上与各国发展关系。埃方强调外交为经济建设服务，重视加强与周边国家的友好合作，努力建立与西方和阿拉伯国家的友好外交关系，争取经济援助，注重学习借鉴中国等亚洲国家的发展经验；努力推动非洲政治、经济转型，重视在非洲特别是东非发挥地区大国的作用，积极参与苏丹、索马里等地区热点问题，是非洲联盟、（东非）政府间发展组织、东部和南部非洲共同市场等组织的成员。

自 1970 年 11 月 24 日中国和埃塞俄比亚正式建立外交关系以来，两国的政治互信不断加强，埃塞俄比亚政府坚持一个中国立场，重视对华关系，愿学习和借鉴中国改革开放和经济建设的经验，两国高层互访频繁，经贸合作不断加强，两国政府之间签署了一系列双边合作协议，内容涉及经济、技术、教育和投资等多个领域。

自 2006 年中非合作论坛召开以来，两国的经贸关系发展迅速，未来合作前景较好。2017 年 6 月 20 日至 21 日，时任外交部部长王毅对埃塞俄比亚进行正式访问，埃塞俄比亚总理在会见王毅外长时表示，欢迎中国企业来埃塞俄比亚投资，愿同中方加强治国理政经验交流，拓展两国在经济、安全、基础设施、航空等领域的互利合作，加强在国际地区事务中的沟通协调。

2018 年 9 月，埃塞俄比亚总理阿比赴北京参加中非合作论坛北京峰会，与习近平主席会谈，并表示中国是埃塞俄比亚国家发展进程中可靠的朋友，中方一直以来的宝贵帮助对埃塞俄比亚实现经济转型并取得今天这样的经济成就至关重要。饮水思源，阿比感谢中国给予的巨大支持。埃塞俄比亚珍视两国间的平等互利合作，愿学习中国的治国理政经验，致力于深化两国关系，积极参与共建“一带一路”，拓展双边交流与合作，密切在国际事务中的协调。2019 年 4 月，埃塞俄比亚总理阿比赴北京参加“一带一路”国际合作高峰论坛，与中国签署了多项双边合作协议。阿比在与习近平主席会谈时表示，中国是埃塞俄比亚最可靠的朋友，最值得珍惜的伙伴。埃塞俄比亚人民祝贺中华人民共和国成立 70 周年，永远不会忘记中国给予的宝贵帮助和支持，愿以 2020 年两国建交 50 周年为契机，不断推进两国友好关系，积极参与共建“一带一路”。

中埃的经济技术合作始于 1971 年，两国签有贸易、经济技术合作等协定，迄今中国已为埃塞俄比亚建成了公路、兽医站、发电站和供水工程等 30 余个成套项目。2020

---

① 参见我国商务部发布的《对外投资合作国别（地区）指南：埃塞俄比亚》。

年，中埃双边贸易额达25.7亿美元，同比下降3.9%；其中中方出口额达22.3亿美元，进口额达3.4亿美元。中方主要出口轻工产品、高新技术产品、机器设备、纺织品和医药化工产品等，进口芝麻、乳香、没药（一种植物药材）、皮革、棉花和咖啡等。埃塞俄比亚系中国第一大芝麻进口来源国，中国同样是埃塞俄比亚第一大贸易伙伴、第一大投资来源国和第一大工程承包方。新冠疫情发生后，双方积极开展抗疫合作，中方曾向埃塞俄比亚提供大量抗疫物资。

四、埃塞俄比亚对外国投资合作的法规和政策[①]

埃塞俄比亚贸易和工业部（The Ministry of Trade and Industry of Ethiopia）为该国主管贸易的政府部门，其主要职责包括：促进和扩大贸易，为促进和发展国家出口创造条件，加强国家对外贸易关系，谈判并实施贸易协定，维护有效的市场体系和公平贸易措施以促进和发展本国国内贸易，鼓励建立和加强商会及产业联合会。

埃塞俄比亚投资委员会为埃塞俄比亚的投资管理和促进机构，是具有法人地位的自治性公共机构。埃塞俄比亚投资委员会的主任和副主任由政府任命。埃塞俄比亚投资委员会的职能包括：向政府呈报并实施对本国和外国投资者有利的投资政策，检查和落实投资政策的执行情况；搜集、编纂和宣传有关埃塞俄比亚资源潜力和投资机会的资料；向投资者提供咨询支持，联络和协调投资者、政府部门、地区政府和其他有关机构之间的关系，为投资者牵线搭桥；根据投资需要，组织国内外展览、会议、培训和研讨等活动；办理投资注册手续，发放投资许可证，颁发贸易和营业执照，办理外商居留证和工作证，监督投资项目的实施；批准与投资有关的技术转让协定并为之注册；洽谈促进和保护投资的双边协定；行使可能对促进和增加投资有帮助的其他职能。

根据埃塞俄比亚2012年颁布的《投资公告》（Investment Proclamation No. 769/2012），除限定仅由本国政府经营、专供与本国政府合资经营、仅由埃塞俄比亚国内投资者经营以及仅允许埃塞俄比亚公民经营的行业以外的所有投资领域，均对外国投资者开放。

近年来，埃塞俄比亚政府积极推动工业化进程，不断放宽投资政策，改善投资环境，加强投资服务和管理，鼓励外国投资者到埃塞俄比亚投资，实施的主要优惠政策包括关税减免、所得税减免、出口鼓励政策、外汇管制下的资本汇出等。

---

① 参见我国商务部发布的《对外投资合作国别（地区）指南：埃塞俄比亚》。

五、中国与埃塞俄比亚的咖啡贸易[①]

埃塞俄比亚以农业为主导产业，是咖啡生产大国，其有机咖啡闻名于世。埃塞俄比亚是阿拉比卡咖啡的起源地和多样化的中心，咖啡出口是其重要经济支柱。目前，埃塞俄比亚的所有出口商品免征出口税，但咖啡被排除在外。据埃塞俄比亚咖啡和茶叶管理局（ECTA）称，在2020/2021财年，埃塞俄比亚通过出口24.8万吨咖啡赚取了9.06亿美元。根据埃塞俄比亚2012年颁布的《投资公告》，生产咖啡的贸易仅由埃塞俄比亚国内投资者经营，但鼓励外资进行投资。

中国是埃塞俄比亚咖啡出口市场中增长最快的市场。中国作为世界第二大经济体，经济稳步增长，国民收入水平不断提高，新兴中产阶级的规模日益扩大，咖啡消费需求与日俱增。根据统计，2019年中国咖啡市场收入高达82.1亿美元，其中速溶咖啡市场收入为74.6亿美元，预计在未来四年将增长10%以上。

得益于中埃两国双边贸易合作的不断深化，咖啡的贸易规模逐渐扩大，埃塞俄比亚咖啡生产商和出口商抓住时机，瞄准中国市场的咖啡需求缺口，打入中国的咖啡市场。埃塞俄比亚咖啡和茶叶管理局表示，即将举行的第四届中国国际进口博览会将成为进一步推动埃塞俄比亚咖啡的中国市场不断增长的良好平台，将促进埃塞俄比亚出口商与东非国家咖啡的中国潜在买家之间的互动，进一步扩大对中国的咖啡出口。

六、中国企业到埃塞俄比亚开展投资合作应该注意的事项[②]

【投资方面】

（1）选择适合企业的投资行业。

埃塞俄比亚外汇短缺，中国企业在埃塞俄比亚投资时应尽量选择利用当地原材料或较少用到外汇进口原材料的行业，所投资的企业最好能够做到进出口平衡。埃塞俄比亚从2016/2017财年开始对新的投资项目审批做出了强制出口要求，如果不能逐步开展出口业务，项目将无法获得批准。

（2）谨慎选择合作伙伴。

中国企业在与当地人创办合资企业时，应选择信用好、经济实力强且具备经营管理经验的合作方，且应尽量成为大股东，以加强对企业的管理并规避风险。

---

① 资料来源于中国环球电视网和搜狐网。

② 参见我国商务部发布的《对外投资合作国别（地区）指南：埃塞俄比亚》。

（3）守法经营、诚实纳税。

埃塞俄比亚政府和法律对纳税的管理非常严格，对企业的偷税漏税行为的惩罚相当严厉。近年来，埃塞俄比亚海关加强了对进口货物的监管和检查力度，个别试图通过少报数量和价格等手段规避进口税收的企业已被埃塞俄比亚海关发现并予以处罚，相关企业负责人甚至因此被拘留。因此，中国企业一定要按照埃塞俄比亚的法律法规守法经营、诚实纳税，特别是在进口生产原料、设备和其他货物时，要严格按照埃塞俄比亚的相关规定进行申报并缴纳税金。

（4）尊重当地民俗及宗教习俗，履行企业社会责任。

埃塞俄比亚是多民族多宗教国家，中国企业人员要尊重当地的民俗及宗教习俗，同时积极履行企业社会责任，在干好项目的同时，积极融入当地社区，在力所能及的范围内为当地做出贡献。

（5）遵守知识产权保护和环保法规。

埃塞俄比亚在法律体系和政府治理方面沿袭了西方模式，虽然目前在知识产权保护和环境保护方面的立法尚不健全，执法也不严格，但目前埃塞俄比亚正申请加入世界贸易组织，有可能加快知识产权保护和环保法规的立法和制度建设。中国企业在埃塞俄比亚投资和经营的过程中，应切实遵守当地的相关法规，尊重知识产权，提前建立健全相关环保制度，避免给日后的经营带来不必要的麻烦和损失。

【贸易方面】

埃塞俄比亚贸易领域尚未对外开放，外国人不得在埃塞俄比亚从事商品批发和零售贸易，出口至埃塞俄比亚的商品只能通过当地代理商进行销售。

埃塞俄比亚规定，超过 5 000 美元的一般贸易进口必须通过信用证或现金赎单方式结算。进口企业申请开立信用证时，必须交存足额的本国货币或有相当金额的资产作为抵押。同时，埃塞俄比亚银行虽然规模普遍较小，但信用相对较好，且其信用证有西方大银行的担保，因此信用程度较高。因埃塞俄比亚进口商大多为中小私营企业，资金实力较弱，存在支付风险，建议中国出口商在严格把握信用证结算方式和流程的情况下开展贸易，掌握贸易的主动权。

由于埃塞俄比亚对进口商品征收较高关税，个别埃塞俄比亚商人为降低税收成本，要求中国出口企业低报货值或通过非法方式支付部分货款，一些出口商为保持市场份额和挽留客户，被迫答应进口商的不合理条件。近年来，中国驻埃塞俄比亚大使馆经商处已收到多起中国企业被埃塞俄比亚进口商拖欠货款的投诉，但此类交易因为属于非法交易，所以不受埃塞俄比亚法律保护。因此，中国企业在向埃塞俄比亚出口时应采用合法、正规的贸易方式，以免蒙受不必要的损失。

近几年来，美元等外币汇率波动剧烈，而埃塞俄比亚因地处内陆，外汇短缺，物流效率低，开立信用证、安排船期等环节耗时长，所以进口合同执行周期较其他国家长，汇率风险大，极易引发贸易纠纷。中国出口企业应充分考虑埃塞俄比亚的特殊情况，在供货协议中订立保值条款，以规避汇率风险。

【防范投资合作风险方面】

在埃塞俄比亚开展投资、贸易、工程承包和劳务合作的过程中，要特别注意事前调查、分析、评估相关风险，事中做好风险规避和管理工作，切实保障自身利益。包括对项目或贸易客户及相关方的资信进行调查和评估，对项目所在地的政治风险和商业风险进行分析和规避，对项目本身的可行性进行分析等。企业应积极利用保险、担保、银行等金融机构和其他专业风险管理机构提供的相关服务保障自身利益，包括贸易、投资、承包工程和劳务类信用保险、财产保险、人身安全保险等，以及银行的保理业务，各类担保业务（政府担保、商业担保、保函）等。

建议企业在埃塞俄比亚开展对外投资合作的过程中使用中国政策性保险机构——中国出口信用保险公司——提供的包含政治风险、商业风险在内的信用风险保障服务或者中国进出口银行等政策性银行提供的商业担保服务。

中国出口信用保险公司是由国家出资设立、支持中国对外经济贸易发展与合作、具有独立法人地位的国有政策性保险公司，是中国唯一承办政策性出口信用保险业务的金融机构。公司支持企业对外投资合作的保险产品包括短期出口信用保险、中长期出口信用保险、海外投资保险和融资担保等，为投资所在国（地区）发生国有化征收、汇兑限制、战争及政治暴乱、违约等政治风险造成的经济损失提供保障。

如果在没有有效规避风险的情况下发生了风险损失，也要根据损失情况尽快采用相关手段追偿损失。例如，对于购买了信用保险的业务，由信用保险机构定损核赔、补偿风险损失，相关机构协助信用保险机构追偿。

/ 延伸阅读 /

A Negotiation Preparation Checklist

第三章 谈判中的分配与双赢

学习目标

通过本章的学习，您将：

- 理解分配式谈判与整合式谈判的基本概念
- 了解分配式谈判与整合式谈判的常用策略
- 掌握分配式谈判与整合式谈判策略的运用

引言

在谈判中，如何达成自己的预设目标，争取利益最大化，永远是谈判者的最终诉求。谈判者可以在有限的利润空间（profit margin）里据理力争，也可以开拓更大的谈判空间，实现双赢。本章第一部分将介绍两种基本的谈判类型——分配式谈判与整合式谈判，第二部分将结合中国国化集团与阿联酋默德石油公司的原油贸易利润分成谈判（profit-sharing negotiation）实例[①]，展示现实谈判中中方企业是如何通过聚焦彼此利益，加入更多谈判事项等方式达到重构谈判利益并实现双赢的目标的。

① 本案例根据真实谈判案例编写，案例中的公司名称为化名。

第一部分 【核心知识】 分配式谈判与整合式谈判

一、分配式谈判

在生活中，人们经常会就一份固定利益（a fixed sum of interests）应该如何分配这一问题进行协商，因为每一位参与者都想获得比其他参与者更多的利益。这种利益分配一般是谈判中的核心议题。尽管大多数谈判都存在“把蛋糕做大”的可能，但最终仍需要分配这块“蛋糕”。本章将会告诉您如何运用分配式谈判（distributive negotiation）的策略，在谈判中为己方争取到更多的利益。

（一）分配式谈判的定义

分配式谈判是谈判双方就固定利益进行协商，以确定其分配方式的谈判类型。当双方之间存在正谈判区间（positive bargaining zone）时，双方会在谈判盈余的范围内为自己争取最大的利益。与整合式谈判相反，分配式谈判更关注对目前利益的分配，即如何分好手里的这块蛋糕，并不关心是否还能把蛋糕做大。但从另一方面来说，分配式谈判也是整合式谈判的基础与最终归途，因为即使把蛋糕做大，最终也仍涉及分配问题。

Distributive negotiation refers to a type of negotiation in which both parties negotiate about fixed interests and determine the way of its distribution.

（二）分配式谈判的原则

在谈判中，利益分配是不可避免的。梅勒斯和巴伦（Mellers and Baron，1993）[①]建议在分配式谈判中遵守一致性、简单性、高效性与公平性的原则。

（1）一致性（consistency）。这是指谈判要关注地点、时间、沟通的一致性，避免环境带来的谈判偏差（negotiation deviation）。

（2）简单性（simplicity）。这是指要使每一位参与谈判的工作人员都能够明确谈判的整个程序，以确保谈判的顺利进行与最终协议的达成。

（3）高效性（efficiency）。这是指谈判程序要有明确的目标和方向，以便于谈判进程的推进。

① Mellers，B. and Baron，J. *Psychological Perspectives on Justice*：*Theory and Applications*. Cambridge University Press，1993，pp. 11－31.

（4）公平性（fairness）。这是指谈判对双方应该是公平的，这种公平包含谈判内容的公平与谈判程序的公平。

（三）分配式谈判的策略

在分配式谈判中，谈判双方在整个谈判过程中互相角逐，都想要找到对方的底线，实现自己的利益最大化。然而，因为谈判本身的多样化，所以没有哪一种技巧能保证谈判者得到最令其满意的谈判结果。但了解和掌握分配式谈判的一些策略，能帮助谈判者在谈判中明确自己的目的，守住自己的底线，把握谈判的节奏。

策略一：设定己方的保留价格与谈判协议的最佳替代方案

在前两章中我们已经了解到，设定最佳替代方案和保留价格是谈判准备阶段的重要工作，也学习了确定最佳替代方案和保留价格的步骤。但在实际谈判中，最佳替代方案往往被谈判者轻视甚至忽略。当谈判难以达成协议时，谈判者会感到焦虑彷徨，不知所措。重视并设定一个好的最佳替代方案，会让谈判者在谈判中更有信心，从而更容易坚守自己的保留价格。

当明确了己方的保留价格与谈判协议的最佳替代方案后，是否应该为了争取最后的谈判成功或为了表示己方诚意而向对方透露这两个信息呢？在大多数情况下，这样做是不明智的。在谈判中，双方为了实现自己的利益最大化，都在反复试探对方的底线在哪里。当一方透露了保留价格后，对方将会尽他所能将谈判成交价格控制在该保留价格附近，以实现其利益的最大化。这样看来，提前透露己方的底线往往不是明智之举。

那是否可以谎报或者夸大己方的保留价格呢？这也是不可取的。一方面，在保留价格上撒谎、不诚信，极可能影响个人信誉（personal reputation）和公司商誉（goodwill of the company）。列维奇（Lewicki）和斯塔克（Stark）① 总结了五种在谈判中被认为不道德的行为：（1）传统的竞价方式（traditional bidding），例如试图夸大初始报价或需求；（2）攻击对方的网络（attack the opponent's network），例如试图使对方被解雇或恐吓他们，使他们看起来很愚蠢；（3）误报或撒谎（misrepresenting or lying），例如当对方掌握了会削弱己方的谈判地位的信息时，即使信息是有效的，也否认其有效性；（4）滥用信息（misuse of information），例如以不恰当的方式搜集信息；（5）虚假承诺（false promise），例如明明知道己方以后可能不会让步，却做出让步承诺，虽然知道客户不会赞成某项解决方案，却保证他们会赞成。显然，若谎言被拆穿，那么必定会影响谈判双方建立的信任关系与合作意向。另一方面，谎报或者夸大保留价格

---

① Lewicki, R. J., and Stark, N. "What's Ethically Appropriate in Negotiations: An Empirical Examination of Bargaining Tactics." *Social Justice Research*, 1996, 9 (1), pp. 69 - 95.

不利于谈判的进行。正如前文所述，只有当谈判双方有正谈判区间时，他们才会有合作空间。夸大保留价格会缩小谈判区间，甚至导致谈判区间从正变成负，使得对方被激怒甚至退出谈判，这明显是得不偿失的。

策略二：找出对方的保留价格与谈判协议的最佳替代方案

所谓“知己知彼，百战不殆”。在谈判中，我们要尽可能利用可获取的信息与谈判细节找出对方的保留价格与谈判协议的最佳替代方案，为自己争取最大的利益。谈判是一场信息战。在谈判过程中，双方会不断释放出自己的谈判筹码，不断对成交平衡点（deal balance point）进行评估。在这个过程中，要利用一切可得信息推敲对方的保留价格与最佳替代方案。值得注意的是，当对方透露出自己的保留价格与最佳替代方案时，我们要先识别其真实性，再进行分析。同时，不要基于对方的保留价格与最佳替代方案改变己方的保留价格。

策略三：设定一个可行的高目标点

谈判中的目标点是谈判者心中最理想的谈判结果，它往往意味着谈判结果的上限。在谈判中，谈判者将会紧紧围绕己方的目标点进行谈判，为自己争取更多的利益。相对于低目标点，设置一个高目标点会使谈判者有更高的行动标准与更多的调整空间。当然，这并不意味着应该向对方开出一个离谱的报价（outrageous offer），因为这会造成双方关系的恶化，不利于谈判的顺利进行。设定一个可行的高目标点，并在谈判过程中紧紧围绕这一目标点进行谈判，将会为己方争取到更大的利益。

> The target in a negotiation is the most desirable negotiation outcome in the negotiator's mind, which often means the upper limit of the negotiation outcome.

策略四：先发制人，首先开价

在谈判中先发制人，即首先提出自己的报价，可以设置一个强有力的锚点，将对方拉入己方的价格环境。在现实中，当人们需要对某个人或者某件事情做出一个定量预估时，人们一定会被第一印象或者第一信息支配，这就是“锚定效应”（anchoring effect）。所以，在谈判一开始就抛出一个目标价，会在很大程度上影响对方的信念。但这个目标价不应该过于离谱，因为如果这个目标价过于离谱，以至于让对方认为彼此之间不存在正谈判区间，就会影响双方的谈判进程与合作意向。

> A preemptive strike in a negotiation, that is, making the first offer, can set a strong anchor to pull the other party into your price environment.

策略五：重新锚定，紧跟其上

若对方先抛出报价，则谈判者需要扭转主动权，给出己方的目标点，并尽可能突出该目标点的重要性与可行性。在对方报价后给出己方目标点，一方面可以表达己方的谈判意愿与合作意向，另一方面可以削弱对方给出的谈判锚点的突出地位，表明己方的立场。谈判者尤其需要注意两点：一是在对方抛出锚点后，即使认为这个报价是可以接受的，也不要立即答应，因为己方还可以争取更多的利益。设想一下，您打算买一台二手游戏机，预算为850元。当看到网上的二手游戏机报价只有800元时，您可以不立刻下单，而是提出更多条件或者新的报价（如700元），从而为自己争取更多的利益。更重要的一点是，无论对方开出什么样的报价，谈判者都需要坚定己方的保留价格，不能因受对方的锚点影响而轻易改变自己的底线。

策略六：运用让步技巧

谈判是妥协的艺术，对谈判双方来说，让步是其达成有效协议所必须采取的策略。谈判者必须注意让步过程中的技巧运用，即关注谈判让步的原则、方式以及时间。

1. 让步的原则

（1）把握己方利益，有效适度让步。在商务谈判中，每一次让步都应该谨慎有序，需在坚守底线、多方面权衡的情况下进行适度让步。

（2）双方让步，共同努力。从让步的对象来看，让步主要可以分为双边让步（bilateral concession）和单边让步（unilateral concession）。双边让步即谈判双方共同做出让步，而单边让步指谈判中的一方做出让步。在谈判过程中，每个人都想分得更多的蛋糕，所以让步应该是双方共同的行为。在对方做出相应让步之前，一般不应该轻易单方让步。

> Bilateral concessions mean that both parties of the negotiation make concessions, while unilateral concessions mean that one party of the negotiation makes concessions.

（3）把握时机，谨慎有序。己方应避免在对方提出要求时立刻妥协，因为这可能会过分助长对方的欲望；也不要一步不让，因为这可能会使谈判无法进行。

2. 让步的方式

在谈判中能分得更大“蛋糕”的人总是那些能够控制自己的让步幅度的人。下面列举几种常见的让步方式：（1）最后一次性让步（last one-time concession），即在谈判的前期，无论对方做何表示，己方始终坚持初始报价，绝不退让，在谈判的后期，一次性做出大幅让步。值得注意的是，这种让步方式很可能会使谈判陷入僵局。（2）均衡让步（balanced concession），即每次以近乎相同的幅度让步，这种让步方式很可能激励对方不断试探己方底线，一次次要求让步。（3）递增让步（incremental concession）。这是一种让步幅度逐轮增大的让步方式，在谈判中应该尽可能地避免采用这种让步方式，因为

> The last one-time concession implies that in the early stage of negotiation, no matter what the other party says, your party always insists on the first offer and never gives in, and in the later stage of negotiation, your party makes a one-time substantial concession.

对方的期望值会越来越高，从而要求己方做出越来越大的让步，最终可能会造成己方的巨大损失。(4) 递减让步 (decreasing concession)。这是一种让步幅度逐轮递减的让步方式。这种让步方式不仅表明了己方诚意，也表明己方的立场越来越强硬，继续让步的余地越来越小。(5) 一次性让步 (one-time concession)，即在谈判初期就做出最大让步，不给己方留出余地。这是一种比较低劣的让步方式。

在谈判中，每一次做出让步时不仅要权衡自己的利益得失，还要考虑对方的感受，故而选择合适的让步方式是至关重要的。在谈判中，递减让步的方式比较值得提倡。

Balanced concessions refer to concessions that are made by almost the same margin each time, which is likely to make the other party constantly test your bottom line and ask for concessions again and again.

Incremental concessions refer to concessions whose range will be increasing round by round. It should be avoided as far as possible in negotiations because the other party will get higher and higher expectations and demand more and more significant concessions from your party, which may cause considerable losses to your party.

Decreasing concessions are opposite to incremental concessions.

One-time concessions are a relatively inferior way of making concessions, which makes the maximum concessions at the beginning of the negotiation without leaving room for your party.

3. 让步的时间

在何时做出让步，也是谈判者需要考虑的问题。在对方提出要求时，谈判者不要立即做出让步，因为这会向对方传递可以继续要求让步的信号。谈判者一般应该逐渐进行让步，这样做既表明了己方合作的诚意，又表明了己方坚定的立场。

策略七：用事实增强报价依据

谈判是一场心理战，也是一场信息战。谈判者需要为自己的报价提供依据，证明自己并不是漫天要价。例如在二手车交易中，汽车的品牌、里程数、外观、内饰磨损程度以及是否为水泡车、事故车，都会影响一辆二手车的价值。如果卖家能提供车况良好的种种证据，那么其报价就更容易被买家接受。

（四）谈判中的公平问题

在谈判中，双方激烈角逐。在你来我往 (back-and-forth) 中，谈判者以公平原则为基础进行利益的分配。那么谈判双方到底如何进行利益的分配才算公平？双方在谈判中除了要求谈判结果公平外，是否也要求谈判程序公平呢？

在现实世界中，常用的公平原则主要分为三种：一是平等原则 (principle of equality)，即平分，每个人都被无差别对待。例如，法律面前人人平等。二是公平原则 (principle of equity)，即根据个人贡献进行分配。例如在学校里，课程掌握得好的学生将会获得高分。三是基于需求的公平原则

The principle of equality means that everyone will be treated without distinction.

The principle of equity means that distribution is based on individual contributions.

(principle of fairness based on needs)，即根据每个人的实际需求进行分配。各国的福利制度常采用这种公平原则。

> The principle of fairness based on needs means that distribution is based on needs.

在谈判中，在不同的场景中应使用不同的原则。例如，若谈判双方想要建立长期的合作关系，那么他们在利益分配中可能会采用平等原则，即平分；若存在一些负担性条款（burdensome term），那么双方也许会采用公平原则。例如，一个投资项目会产生500吨的废料，投资方甲和乙就废料处理费进行磋商，那么他们极有可能会按出资比例分担废料处理费。

在谈判中，公平只是相对概念。由于立场对立，谈判双方心中可能存在不同的公平原则，故而谈判者可能会就使用哪种公平原则展开争论。通常来说，行业内通用的标准、与谈判情景最契合的公平原则更容易为谈判双方所接受。

除了要求谈判结果公平外，谈判者同样应该关注谈判程序的公平，例如谈判进程是否顾及了双方的时间安排、谈判双方是否有同样充足的机会表达自己的观点等，因为这往往会影响谈判者对最终结果的满意度。

二、整合式谈判

（一）整合式谈判的定义与基本特征

整合式谈判，也称为“基于利益的谈判”（interest-based negotiation）或“双赢谈判”（win-win negotiation）。与分配式谈判不同，整合式谈判的目的是扩大可供分配的蛋糕。

整合式谈判意味着在谈判中双方相互协作，共同解决问题，共同分享利益。与分配式谈判相比，整合式谈判中各方的目标并不是相互排斥的。一方实现目标并不排斥另一方也实现目标；同样，一方目标的实现也不会损害另一方的利益。整合式谈判的基本理念就是允许谈判各方都实现自己的目标。

> Integrative negotiation implies that both parties cooperate and collaborate with each other in the negotiation to achieve a win-win situation and share interests together and solve problems together.

双赢并不等同于折中（compromise）、平均分配（even-split）、结果满意（feeling good）或建立关系（build a relationship），双赢的真正意义在于基于双方的利益诉求，利用所有创造性方法，将谈判蛋糕做到最大。

为了实现整合式谈判，谈判者可以在评估谈判潜质（assess negotiation potential）的时候提出下面两个问题：第一，在这场谈判中是否存在多个事项？实际上，大多数谈判都是从单一事项谈判开始的。如果我们能引入其他事项，我们就有可能使之成为一次整合式谈判。第二，谈判各方的利益诉求是什么？谈判中各事项的优先级存在差异吗？如果我们能够了解各方利益，并找出这些利益在偏好和优先顺序方面的差异，我们就可以做出权衡，创造更多的利益。

在整合式谈判中，由于有多个谈判事项，并且这些事项对于谈判各方来说有着不同程度的重要性和优先级，因此谈判者可以在谈判中对这些事项进行权衡。谈判者往往可以通过对不重要问题的让步来换取高优先级问题（high-priority issue）上的利益，从而获得更多的价值，并达成双赢的整合协议。也就是说，整合式谈判往往能够达成对谈判各方都有利的结果，使谈判各方都能够充分调动可利用的资源，满足自己的期望，以实现更加稳定而持久的双赢。

双赢的谈判解决方案也称为整合式谈判协议，是指谈判各方在充分考虑到彼此利益的基础上达成的最优协议（optimal agreement）。由此可见，整合式谈判是指基于利益的、关注做大蛋糕（enlarge/expand the cake）的谈判。

（二）整合式谈判的常用策略

如何才能达成双赢的协议呢？双赢的核心是做大蛋糕。整合式谈判依赖于协作与信息交流来创造并获得价值，因此，整合式谈判的常用策略包括：避免固定蛋糕认知、聚焦利益、引入更多谈判事项、利用差异来权衡、建立信任以确保双边信息交流。

策略一：避免固定蛋糕认知（avoiding fixed-cake perception）

在《谈判力》一书中，研究者们给我们举了这样一个例子：两个学生在图书馆吵架，原因是一个学生想开窗，而另一个学生想关窗。那么他们是该把窗户微微开着，还是半开着，抑或是完全打开呢？[①]

如果我们只是简单地讨论窗口是否应该打开或者打开多大，那么我们依然是从固定蛋糕视角看问题，把窗户当成了一块固定的蛋糕并试图划分它。如果我们最终决定把这扇窗户打开，那么一个学生会很高兴，而另一个学生会觉得在这场争执中失利了。

为了达成一个双赢的协议，我们应该避免固定蛋糕认知，并探索学生需求背后的利益诉求：实际上，第一个学生只是希望房间里有新鲜的空气，而第二个学生只是不想坐在迎风口。所以，我们可以在离第二个学生很远的角落打开一扇窗户，从而解决这个问题。

也就是说，如果我们抛开这种固定蛋糕认知，去关注双方的利益诉求，就会发现其实我们有可能找到更好的解决方案，让双方的核心利益诉求都得到满足。

策略二：聚焦利益（focusing on interests）

要达成双赢的协议，关键是要聚焦利益。成功的整合式谈判要求谈判者不仅实现自己的利益诉求，而且要关注对方的利益诉求。但我们如何才能得知对方的利益诉求呢？

首先，在谈判之前，应搜集信息，努力了解对方的真实需求和目的，比如，对方

---

① Fisher, R., Ury, W., Patton, B. *Getting to Yes*. Penguin, 2011.

公司可能存在的机会、面临的危机、谈判动机和利益诉求等。接下来，在谈判过程中，可以通过多种方式询问对方关于利益和优先考虑事项的问题，并确定其是否愿意用某事物进行交换。例如，询问“你为什么想要 X?”“对你而言，A 和 B 哪一个更重要?”在对方做出回答时，要仔细倾听对方说的话，因为其中可能包含了很多有价值的信息。谈判者必须加强双方之间的信息交流，透过对方的表面立场去探析对方深层次的需求和核心诉求，判断对方的优先事项和自己的是否存在不同。

与此同时，需要对己方的需求、利益诉求和关注点保持一定程度的坦率，向对方提供关于己方情况的重要信息，解释为何想进行交易，谈论实际的利益、对问题或方案的优先选择以及业务局限，将己方具有的任何可能符合对方利益并可以附加到交易中的技能或资源展示出来。

另外，还可以同时提出多个等效的报价组合，观察对方的反应。例如，在薪资谈判中，一个经纪人试图弄清一位棒球明星重视的利益及其优先级。经纪人给了明星长期但薪酬不高的合同、薪酬高但短期的合同、基于比赛结果的浮动薪酬合同三个选择，并观察他的反应。如果球员更喜欢第一个选择，那么这可能意味着他最希望得到一份长期合同；如果他更喜欢第二种选择，那就说明他希望短期得到更高的薪水；如果他更喜欢第三种选择，那就说明他对自己很有信心，并且会努力做出出色的表现。

策略三：引入更多谈判事项（bringing in more issues）

如果谈判中有且只有一个谈判事项，那么我们最终很可能会陷入分蛋糕模式（cake-sharing mode）。要打破僵局，实现双赢，我们可以尝试引入更多谈判事项。事实上，当我们提出更多谈判事项，即提出一揽子交易而不是单议题报价时，我们有可能更好地解决利益问题，避免谈判陷入僵局。

同时，要注意谈判时不要急于求成。不要让交易结束得过快，尤其是在已有可接受的提议但几乎未曾进行信息交流的时候，应当舍得花更多时间来寻求一个对双方更有利的交易。可以暗示目前的提议值得考虑，但同时指出可以通过增进对彼此的利益诉求与关注点的了解来对这一提议进行改进。

策略四：利用差异来权衡（using differences to make trade-offs）

整合式谈判与差异有紧密联系，因为谈判双方的差异可以创造更大的价值。这里的关键策略是“权衡”（trade-off），而不是“让步”（concession）。那么什么是“权衡”呢?

假设一个学院要搬入一幢新教学楼，这时面临给教授分配办公室的难题，一些教授可能会为了新办公室的分配而争执。在这种情况下，院长会询问不同教授的偏好。如果一位教授喜欢窗外怡人的景致，那么他可能会选择一间视野很好的小办公室；如果一位教授重视空间，那么他可能会得到一间没有窗户的宽敞办公室。也就是说，一方可以在一个对自己相对不重要但对其他同伴更重要的问题上做出让步，以换取在一个对自己更重要但对其他同伴不那么重要的问题上的优势。

与此类似，谈判双方了解了彼此的需求和利益诉求后，离达成双方满意的结果就更近了一步。有时，满意结果的达成可能源于彼此间的差异。根据差异进行交易，可以创造出任何一方都无法单独实现的价值。当我们注意到谈判双方对待风险的态度有差异时，我们可以将风险转移给更愿意承担风险的一方，并在其他地方补偿风险承担者。基于双方的利益差异，我们也许可以找到权衡的方案，使双方的核心利益诉求都获得满足。

例如，小敏拥有一个零售商店和一个餐馆，她正和一名室内设计师就餐馆的重新装修进行谈判。她愿意为餐馆设计付出比计划更高一点的价格，而作为回报，设计师则在他的折扣清单上加上零售商店用的设备和家具。要不是设计师主动提供，小敏是没法获得这些折扣的，但提供这些折扣也不需要设计师付出什么，也就是说，通过利用差异，双方都获得了价值。

策略五：建立信任以确保双边信息交流（building trust to ensure bilateral information exchange）

为了应对单方面信息交流所带来的风险，谈判者在分享信息之前应先建立信任。谈判前所有的商务安排，如招待会、非正式会议、商务晚宴、闲谈、礼物交换等，都是为了在谈判前尽可能多地了解对方，与对方建立信任和联系。

假如您在一次闲谈中告诉对方你们是毕业于同一所大学的校友，那么你俩之间就可以形成一种潜在的联系。出于同样的原因，在多轮谈判中，也倾向于派出同一位谈判者。

所以，整合式谈判需要双方有一定的信任，愿意就彼此的利益诉求进行沟通（communication of demands），谈判者必须营造一个自由、开放地谈论所有问题和顾虑的氛围。为了保证信息交流的有效性，谈判者必须做到愿意披露己方的真实目的和认真倾听，同时创建有效的信息交流渠道，使各方都能了解并分享他们的备选方案。但是，谈判者也应当避免由于轻易地相信对方而过早地把己方的利益诉求和盘托出。因此，在谈判中，最好的做法是“谨慎地合作”。

综上所述，整合式谈判的基本过程和分配式谈判截然不同。在整合式谈判中，谈判者必须建立畅通的信息沟通渠道，透过对方的表面立场去探析对方的深层次利益诉求；必须以满足双方的利益诉求为宗旨，构建己方与对方之间的关系。

也就是说，分配式谈判针对单一事项，对既有的蛋糕进行分割，得到赢-输的结果；而整合式谈判针对多个事项，为了建立长期的合作关系，努力做大蛋糕，得到双赢的结果。

在真实的商业世界中，一个成功的谈判者既要学习分配式谈判，又要学习整合式谈判。只着眼于做大蛋糕，并不是有效的谈判策略。一个明智的谈判者应该既掌握做大蛋糕的策略，又会争取资源；在关注对方利益的同时，也能捍卫己方的利益。

第二部分 【通过案例学谈判】

中国国化集团与阿联酋默德石油公司的原油贸易利润分成谈判

我们在本章的第一部分介绍了分配式谈判与整合式谈判的基本概念与谈判策略，接下来我们将以中国国化集团与阿联酋默德石油公司的原油贸易利润分成谈判为例，看看如何通过聚焦双方利益、加入更多谈判事项等方式，达成此次利润分成谈判的最终协议，实现双赢。

我们将下面的案例分成了背景与准备、进程与策略、协议达成与反思三个阶段，在介绍完每个阶段的内容后都设置了问题与任务，便于您结合本章的有关知识进行思考与讨论。带着问题，您可以阅读“案例分析”的内容，从而更好地理解和掌握本章的核心知识。

一、背景与准备

（一）案例背景

1. 谈判双方简介

中国国化集团

中国国化集团（下称“国化集团”）是中国一家重要的国有骨干企业。公司主营业务包括：石油贸易、炼制；石化仓储；成品油储存、运输、批发和零售。国化集团在国内外都有稳定的下游客户，在中国和世界能源市场中发挥着重要的作用。

作为专注于石油贸易的大型国有企业，国化集团致力于提供石油贸易相关业务，在全国拥有重庆基地、武汉基地等六大基地，有 8 万多名员工，拥有石油和能源领域的2 000多项专利。国化集团在能源基础设施方面的战略投资涵盖炼油厂、输油管道、油库、码头、采矿和上游业务，在全球超过 30 个国家进行原油和成品油的采购活动，资产总额超过 20 万亿美元。

阿联酋默德石油公司

阿联酋默德石油公司（下称“默德公司”）位于迪拜，距离拉希德港大约 3 公里。默德公司的业务包括油气勘探和生产、上游海上钻井、油气提炼、国内及国外的天然气产品销售，拥有产能超过 1 000 万吨/年的炼化一体化项目。随着新项目的开展，默德公司的年产能未来将达到 1 100 万吨/年。此外，默德公司在乙烯、聚乙烯等的工艺技术和生产方面也有专长，其乙烯、聚乙烯生产能力在世界排名靠前。

默德公司提供三种质量标准的原油，在行业内有较大影响力，其产量、出口、油价调整等数据对于国际油价走势有一定影响。其每月产量基本固定，客户量基本稳定在 5～8 个。

2. 谈判背景

2020 年，受新冠疫情影响，全球经济遭到重创，国际原油市场见证了 OPEC＋①减产协议谈判破裂（breakdown of negotiations）、超规模减产、“负油价”等诸多历史时刻，原油价格也跌宕起伏。如图 3－1 所示，2020 年上半年，新冠疫情的冲击导致全球原油需求急剧下降，市场剧烈波动，油价迅速进入下行通道；下半年，随着全球疫情得到一定控制，原油需求开始逐步恢复，与此同时 OPEC＋减产计划持续执行，油价出现反弹，呈缓慢稳定上升态势。

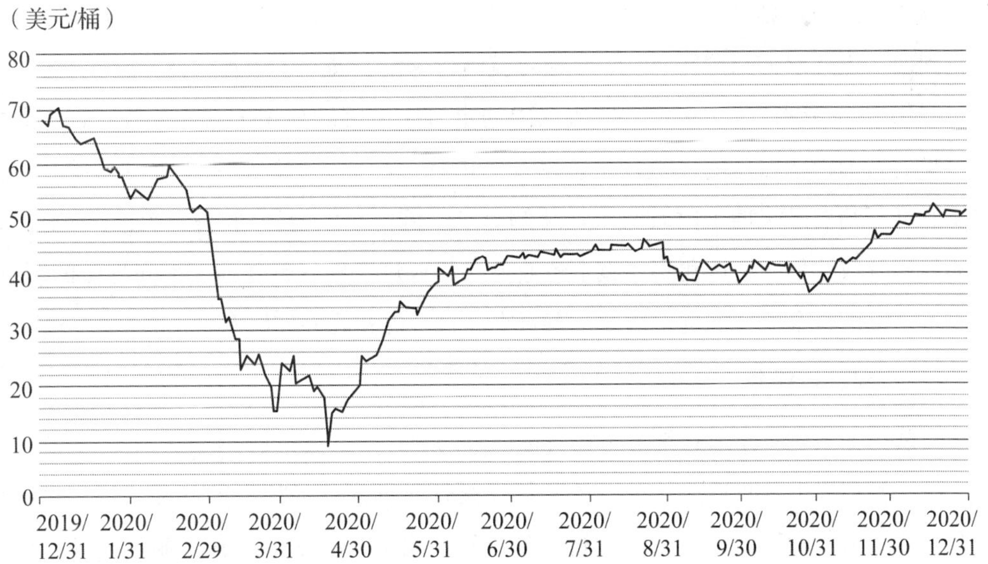

图 3－1　2019 年 12 月 31 日至 2020 年 12 月 31 日布伦特原油②市场价格

① OPEC（欧佩克）即石油输出国组织，是亚、非、拉石油生产国为协调成员国石油政策、反对西方石油垄断资本的剥削和控制而建立的国际组织。OPEC＋是欧佩克及非欧佩克成员国部长级会议。

② 布伦特原油是指英国北海布伦特地区产的轻质低硫原油。目前世界上除部分中东和远东原油外，大部分地区的原油以布伦特原油定价。

2020年初，受中美贸易战及OPEC+减产计划的影响，油价经历了短暂的反弹。但好景不长，3月OPEC+减产协议谈判破裂，俄罗斯和沙特阿拉伯开始大打价格战。沙特阿拉伯发出大规模增产声明，油价迅速暴跌。沙特阿拉伯和俄罗斯之间的原油价格战持续近一个月后，市场终于等来了一份由OPEC+宣布的历史上规模最大的减产协议：自2020年5月1日起进行为期两个月的首轮减产，减产额度为970万桶/日；自2020年7月起减产到770万桶/日，持续至年底；2021年1月至2022年4月，减产580万桶/日。然而市场并没有做出正向反馈，反而受需求骤降、美国页岩油增产的影响，出现了2020年最受瞩目的事件之一——WTI[①] 交割月合约价格跌至－37美元。

2020年下半年，OPEC+进入超规模减产期，叠加疫情好转，原油需求有所恢复，国际油价开始攀升，之后进入相对平稳阶段。OPEC将超规模减产（970万桶/日）延长至7月底，减产规模从8月开始降至770万桶/日。2020年底，市场对新冠疫苗推出和OPEC+宣布将在2021年限制产量增长这两个消息做出反应，原油价格开启上行通道。OPEC+放松产量限制，宣布将在2021年1月增产石油50万桶/日，即将减产额度从770万桶/日调整为720万桶/日。减产协议向原油市场释放了积极信号，较小的增产幅度给未来不确定的原油市场吃了一颗定心丸。

国化集团与默德公司有多年的合作经历。由于双方原有的原油贸易利润分成协议即将到期，因此双方从2020年12月起，就新协议续签展开了谈判。

国化集团与默德公司在过去的协议中约定对原油贸易利润按六四分成。默德公司由于受到石油价格振荡的严重冲击，以及国内货币贬值、财政收入受挫的影响，迫切需要通过石油贸易来增加财政收入，缓解赤字，因此，默德公司有意借此谈判提高自己的利润分成比例。而国化集团旗下各业务在新冠疫情期间也受到了不同程度的影响，造成了一定的资金流转问题，因此也有意提高自己的利润分成比例。

（二）问题与任务

阅读以上案例背景后，请思考和讨论以下问题：

（1）根据以上背景，您认为本谈判仅仅是针对利润分成比例的分配式谈判，还是具有整合式谈判的潜力（例如除了利润分成外，此次谈判是否还有可能包括其他谈判事项）？

（2）中方在此次谈判中的优势和劣势（strengths and weaknesses）分别是什么？

---

① WTI是指美国西得克萨斯轻质中间基原油，是北美地区较为通用的一类原油。WTI和布伦特原油是最具市场指标性的两种原油。

这些优势和劣势会对谈判进程造成何种影响？

对以上问题有了自己的答案之后，请阅读以下案例分析内容，比较以下案例分析是否与您的答案一致。我们的答案或许会对您有所启发。

（三）案例分析

在本章案例中，双方的核心议题是利润分配，我们可以运用分配式谈判的策略，力求为自己争取到最高的利润分成比例。但是，我们是否有可能做大这块蛋糕，以使一方或双方都能获利更多呢？换言之，除了利润分成之外，还有没有其他可以为谈判双方带来利益的谈判事项或者方案？

1. 利益

在前面的章节中，我们已经学习了利益的概念。在谈判中，立场是“谈什么”的问题，利益是“为什么谈”的问题。我们已经了解到应该着眼于利益而不是立场，因为在谈判过程中，利益往往涉及谈判方的经济安全（economic security）、认同与尊重（identity and respect）、愿望与恐惧（desire and fear）等。

在本案例中，我们可以发现，双方在原油交易中各有所需。谈判双方要谈的“什么”是利润分成。但是，中方的首要利益是保证各质量标准的原油（尤其是轻质原油）货量[①]以及月取货量的自由选择权，以应对国内对进口原油的旺盛需求，而外方的首要利益是尽快回笼资金并保持市场议价权。

现在我们可以根据对双方利益的分析，探索将哪些非货币性事项和方案纳入考虑可以做大蛋糕。为了实现首要利益，中方也许可以考虑在总货量、自由取货权、特定油种、支付方式等方面和外方洽谈，以便获取更大的合作空间，将蛋糕做得更大。因此，我们的谈判事项可以包括货量、油种、利润分成、月取货量的自由选择权、信用担保方式等。

总之，我们可以把本章案例中的谈判作为一个分配式谈判，只关注利润分成这一个方面。但实际上，我们也有可能找到某种创造性方法，通过聚焦双方的利益，找到更好的谈判解决方案，让双方都获得更多利益。

2. 整合式谈判

本章案例中的谈判是一场典型的整合式谈判。与分配式谈判不同，整合式谈判通常涉及多个事项。因此，我们需要反问自己：在这场谈判中是否存在多个事项？实际上，大多数谈判都是从单一事项谈判开始的，如果我们能引入其他事项，我们就可以使谈判变成一场整合式谈判。例如，本章案例中的谈判不仅涉及利润分成问题，还涉

① 指原油交易总量，常以“桶”为容积单位。

及月取货量、总货量、油种、支付方式以及与对方的长期关系问题。

为了促成整合式谈判，我们需要问的另一个问题是：谈判各方的利益是什么？如果我们能够确定各方的利益，并找出双方在这些利益上的偏好和优先顺序的差异，我们就可以做出权衡，从而创造更多的利益。在整合式谈判中，我们经常会发现双方的利益、偏好或期望等存在差异。例如在我们的案例中，双方有不同的优先事项：中方的优先事项是保证轻质原油的货量和获得月取货量的自由选择权，而外方的优先事项是尽快回笼资金并保持市场议价权。

有时，人们认为他们已经实现了整合式谈判或双赢的谈判，因为双方在谈判中都妥协了（例如，双方同意平分）。然而，“双赢”的核心是做大蛋糕。做出妥协或平分只是在分蛋糕，而不是做大蛋糕。

还有一些谈判者声称他们实现了整合式谈判，因为双方都对谈判结果感到满意。然而，感到满意并不意味着双方都已发掘出做大蛋糕的所有潜在可能方式，他们可能忽略了一些潜在的谈判收益，只是他们自己不知道而已。

那么，当谈判双方在谈判后建立起了情感关系时，可以说他们实现了整合式谈判吗？虽然良好的关系对谈判非常有利，但并不总是能保证未来的合作。在某些情况下，当您要求得不够多时，对方可能会觉得较少的获利对您来说也是可以接受的，故下一次仍然不会给予您太多。

因此，双赢的谈判解决方案也称整合式谈判协议（integrative negotiation agreement）。它是谈判各方在充分考虑到彼此利益的基础上达成的最优协议。可见，根据定义，整合式谈判应该是基于利益的，它关注的是做大蛋糕，不把任何收益或资源遗留在谈判桌上。

3. 优势和劣势

在本案例中，中方的优势是在国内外都有稳定的下游客户，在中国和世界能源市场上发挥着重要的作用；劣势是由于2020年下半年OPEC+减产计划持续执行，油价出现反弹，呈缓慢稳定上升态势。

外方的优势是在行业内有较大影响力，其产量、出口、油价调整等数据对于国际油价走势有一定影响；劣势是由于受到石油价格震荡的严重冲击，以及国内货币贬值、财政收入受挫的影响，加之疫情导致原油开采成本加大，迫切需要通过石油贸易来增加财政收入。

优势会帮助双方在谈判时掌握主动权，而劣势会使得双方在谈判时不得不做出让步和妥协。

双方的优势和劣势可以使用SWOT分析总结在表3-1中。

表 3-1　对谈判双方的 SWOT 分析

	中方	外方
S（优势）	作为国有企业，实力雄厚，可以获得政府提供的优惠进口政策的支持； 作为中国少数具有进口石油资质的垄断国企，在定价方面有很大的话语权和影响力； 国际和国内下游客户稳定，对于卖方来说是优质市场上成熟的合作伙伴	业界影响力大，对国际油价走势有一定影响力； 对石油货品资源配置有主导权； 产量稳定、客户稳定； 距离港口近，运输便利，成本相对较低
W（劣势）	市场势力过强，会削弱卖方在市场上的话语权，不完全是卖方期望的客户类型； 疫情下贸易受影响，同样面临资金周转问题	受疫情冲击，国内财政亏损，货币贬值； 疫情导致原油开采成本加大； 阿联酋国家和企业层面的收入来源都严重依赖石油资源出口
O（机会）	卖方急需资金缓解财政危机； 由于中国控制住了疫情，是全球唯一实现GDP正增长的主要经济体，加之中国政府做出了促进国内市场循环的决策，所以国内对进口原油的需求保持旺盛； OPEC＋减产协议下调减产额度，原油供货量有上升趋势	OPEC＋减产协议达成，原油价格回升； 除买方外，还有其他原油贸易商存在合作意愿； 新冠疫苗开始在全球范围内接种，全球经济发展出现重大利好因素，能源需求增长成为可能
T（威胁）	随着新冠疫苗接种的普及，全球油价反弹是大势所趋； OPEC＋减产协议得到执行，原油供货量降低，供货价上升的可能性较大； 竞争对手的出现削弱了己方的议价能力，给交易带来了不确定性； 人民币对于国际石油定价的影响力不如美元，可能会受到国际油价非理性波动带来的负面影响	2021 年全球经济全面复苏和增长是小概率事件，原油价格会出现波动，但大幅上涨的可能性也不会太大； 原油价格虽反弹，但仍未恢复至疫情前水平； OPEC＋减产协议的实施导致公司销售量降低，收益减少； 全球范围内对疫情的控制程度和效果将给国际原油市场带来不稳定因素

二、进程与策略

（一）谈判进程

国化集团和默德公司于 2020 年 12 月开始就利润分成比例开展了一系列谈判，但谈判一度陷入僵局。

在 2020 年新冠疫情与原油市场大环境动荡的双重冲击下，世界原油市场属于买方市场。考虑到原油市场的不确定性和默德公司紧迫的回款需求，以及中国在国内疫情控制较好的情况下对原油的旺盛需求，默德公司希望国化集团在利润分成比例上做出让步，把过去与国化集团进行原油交易时设定的交易条件，即中阿六四分成改为中阿五五分成。

国化集团表示对五五分成难以接受，但随后得知已有其他原油贸易商开始与默德公司进行交易磋商，与国化集团形成竞争关系，这对国化集团的议价能力产生了不利影响。

（二）问题与任务

在阅读了以上有关谈判进程和双方策略分析的内容后，请思考和讨论以下问题：

（1）根据以上谈判进程，您认为双方为什么会陷入谈判僵局？

（2）面对这一谈判僵局，您认为中方可以尝试采用何种策略，以便在随后的谈判中实现利益最大化？

对以上问题有了自己的答案之后，请阅读以下案例分析内容，比较以下案例分析是否与您的答案一致。我们的答案或许会对您有所启发。

（三）案例分析

理论研究和实践经验都表明，整合式谈判能给我们带来更好的谈判结果。但是如何才能达成“双赢”的谈判协议呢？我们在前面已经介绍了一些常用的策略，现在来看看这些策略在本案中具体是如何运用的。

1. 避免固定蛋糕认知

为了达成一个双赢的协议，我们应该摆脱固定蛋糕认知。大多数谈判都是同时具有整合式动机和分配式动机的混合型谈判。这意味着双方的利益往往不是完全对立的。一方的利益获得并不意味着另一方的对等牺牲。

谈判之所以陷入僵局，是因为双方过分关注立场，却没有关注各自真正的利益诉求。在《谈判力》一书中，作者指出：“当谈判者就立场进行讨价还价时，他们往往会将自己锁定在这些立场上。你越是明确自己的立场，越是捍卫自己的立场以抵御攻击，你就越是致力于此。你越是试图说服对方改变立场，你就越难做到这一点。并且，对立场的关注越多，对满足各方根本关切点的关注就越少。这样就会降低达成协议的可能性，并且达成的任何协议都更像是反映双方立场分歧的机械分割产物，而不是为满足各方利益而精心制订的解决方案，结果往往是双方对协议的满意度都不如预期的高。”

在本章案例中，如果我们认为国化集团与默德公司的谈判仅仅是关于利润分成比例（profit-sharing ratio）的谈判，那么我们可能会认为这场谈判就是一场划分利润这一固定蛋糕的谈判，双方为到底按五五分成还是按六四分成而据理力争，最后会有一方因为获得更大的利润分成比例而认为自己是谈判赢家，一方因为利润分成比例较小而感觉成了输家。如果我们抛开这种固定蛋糕认知，关注双方的利益诉求，就会发现其实我们也有可能找到更好的谈判解决方案，让双方的核心利益诉求均得到满足。

2. 聚焦利益

要达成双赢的协议，关键是要聚焦利益。但我们如何才能知晓对方的利益呢？

首先，在谈判之前，我们可以设法搜集市场和谈判对手的信息。比如，在本章案例中，我们需要深入地分析新冠疫情下的原油贸易现状，以及对方公司可能存在的机会、面临的危机、谈判动机和利益诉求。其次，在谈判过程中，我们可以通过多种方式询问对方的利益或偏好，并且仔细倾听。在本案例中，双方的利益诉求其实是有所不同的：默德公司希望改变之前交易时设定的利润分成比例，把过去的中阿按六四分成改为按五五分成，即该公司的首要利益是尽快获得回笼资金，同时不过多提升总货量，以免对方获得过大的市场议价权；而国化集团的首要利益是保证足够的轻质油货量和获得月取货量的自由选择权。

除此之外，谈判者还可以通过同时做出多个等价的报价观察对方的反应，从而判断对方对于不同利益的排序。在本案例中，中方可以同时向阿方提出几种等价的方案：（1）中方获得高比例轻质油种，但在利润分成比例上做出让步；（2）中方获得更多的货量，但在利润分成比例上做出让步。然后，中方可以观察阿方的反应：如果阿方偏向方案（1），那就意味着阿方看重货量，不愿意买方通过增加货量提升市场议价权；如果阿方更喜欢方案（2），那就说明阿方不太在意货量变化，但供应的油种对其成本和收益的影响可能较大。

3. 引入更多谈判事项

要打破谈判僵局，找到实现双赢的解决方案，我们可以尝试引入更多谈判事项。其实，当引入更多谈判事项，即提出一揽子交易时，更有可能满足双方的利益诉求，避免谈判陷入僵局。如在本章案例中，中方可以根据对利益的分析提出，如果外方同意给中方月取货量的自由选择权并增加轻质油的供货量，那么中方公司可以考虑接受利润分成比例下调。

4. 利用差异来权衡

整合式谈判与差异密切相关，因为谈判双方的差异可以创造更大的价值。这里的关键策略是权衡，而不是让步。事实上，在谈判中，能够带来更多收益的是分歧，而不是共同点。兰克斯（Lax）与塞巴尼斯（Sebenius）在《作为谈判者的经理人》（*The Manager as Negotiator*）中提到，开明的谈判者懂得信仰、期望和偏好的差异可以创造更大的价值。[①] 大多数人遇到差异时都会感到不舒服，他们没有利用这些差异，而是试图淡化或者忽略它们。

在本章案例中，对于中外双方来说，不同谈判事项的优先顺序是有差异的。对于外方来说，利润分成比例和未来的市场话语权很重要；而对于中方来说更多的轻质油

---

① Lax, D. A., Sebenius, J. K. *The Manager as Negotiator*. Simon and Schuster, 1987.

货量和月取货量的自由选择权更加重要。基于这些差异，我们也许可以找到权衡的方案，使双方最关注的利益诉求都得到满足。

三、协议达成与反思

（一）协议达成

在谈判的最后阶段，中方派出了与外方打过多年交道的资深高管，向外方表达了合作的意愿。基于双方原有的良好合作关系，默德公司表达了如下利益诉求：原油需求的区域不平衡让默德公司开始重新考虑原油目的港限制条款，将原油输出给优势市场以稳定销量；同时，默德公司想在得到较高的投标价格的同时兼顾自己的市场话语权，不希望将资源过度集中于某一家或某两家公司，以防出现恶性竞争（unhealthy/vicious competition）和价格扭曲（price distortion）。

基于此，国化集团谈判团队调整了谈判方案，提出尽快与默德公司就货量、油种、利润分成比例、月取货量的自由选择权、信用担保方式五个事项进行线上谈判。同时，由于双方已有一定的合作基础，具有良好的合作关系和未来长期合作的意向，关于国化集团收购默德公司8%股权的事项也在此次谈判范围之中。

中方采用的具体谈判策略包括：

第一，基于原油市场大环境动荡所引起的原油价格变化，强调中方理解并会最大限度兼顾对方的市场话语权。

第二，中方的两大最优先利益诉求是增加轻质油货量和获得月取货量的自由选择权，因此为保障这两大利益诉求得以实现，可以考虑利用其他事项（油种、利润分成比例、信用担保方式）的杠杆作用达成协议。

（1）关于货量和油种。考虑到国际原油市场行情走高，且疫情缓解后远东有较大原油需求，同时为避免OPEC+减产协议引发的原油紧缺，中方期望增加原油货量；此外，为降低后期原油加工所需的成本，中方期望提高轻质原油所占比例。

（2）关于利润分成比例。为维护中方利益，中方争取提高或维持利润分成比例。若卖方能够满足中方提出的2.5亿桶货量的要求，并提供其他有利条件，从总收益的角度考虑，中方愿意在利润分成比例上做出让步，从6∶4让步到5∶5。

（3）关于月取货量的自由选择权。疫情缓和后国内外对原油的需求量不断增大，为了更加灵活地使用原油资源，使资源发挥最大的用处，中方对获取月取货量的自由选择权这一立场保持坚定态度。

（4）关于信用担保方式。考虑到成本因素，中方坚持采用不保兑信用担保方式。若卖方在货量方面做出让步，中方愿将信用担保方式更改为保兑信用证方式。

最终，双方对各谈判事项做出调整，达成了协议（见表 3-2）。

表 3-2　双方所达成的谈判协议

谈判事项	协议	中方备注
货量	2.5 亿桶	外方优先利益
油种	15∶2∶3＋	中方优先利益 （轻质原油比例上升，油种更符合中方需求）
利润分成比例	5.5∶4.5	外方优先利益 （中方从 6∶4 让步至 5.5∶4.5）
月取货量的自由选择权	获得	中方优先利益
信用担保方式	不保兑信用证	和原有协议一致

（二）问题与任务

阅读以上内容后，请思考和讨论以下问题：

（1）在最终的谈判协议中，中方在没有实现货量大幅提升的情况下，是如何实现己方利益最大化的？

（2）阿方在谈判中向中方告知了自己的核心利益诉求，这样做的风险是什么？从维护阿方利益的角度看，阿方应该这样做吗？

在对以上问题有了自己的答案之后，请阅读以下案例分析内容，比较以下案例分析是否与您的答案一致。我们的答案或许会对您有所启发。

（三）案例分析

在谈判的最终协议中，中方没有实现货量的大幅提升。中方在这一谈判事项上的谈判难度源于双方的谈判区间不够大，且避免买方因货量过大获得过大的市场议价权也是外方的核心利益诉求之一。因此，中方通过在非核心利益诉求（改变利润分成比例）上做出让步，满足了调整油种比例和获得月取货量的自由选择权这两项核心利益诉求，做大了可供分配的谈判蛋糕。

如前文所述，为了实现双赢，谈判双方需要将最优先利益诉求告知对方。但是，如果对方采取的是分配式谈判的策略，即在知道己方的最优先利益诉求后却不表露自己的最优先利益诉求，则会对己方十分不利。为了应对单方面信息交流所带来的风险，谈判者要在分享信息之前先与对方建立信任关系。在本案例中，双方已有多年的良好合作基础，因此信任基础良好。同时，中方在谈判中派出与外方打了多年交道的资深高管向对方表达合作的意愿，这进一步增强了谈判者彼此间的信任度，阿方也因此向中方告知了自己的核心利益诉求。

如果没有信任基础，告知对方自己的核心利益诉求就可能遇到风险。因此，在实践中，您可以遵循互惠原则（principle of reciprocity）：如果对方愿意分享信息，那么您也分享相应信息。毕竟向对方提供有关其优先利益诉求的谈判者比不向对方提供这一信息的谈判者更容易达成整合协议。只要不轻易透露有关最佳替代方案或保留价格的信息，谈判者就不会处于战略劣势。

本章小结

分配式谈判是谈判双方对固定利益进行协商，以确定其分配方式的谈判类型。分配式谈判的常用策略包括：设定己方的保留价格与谈判协议的最佳替代方案；找出对方的保留价格与谈判协议的最佳替代方案；设定一个可行的高目标点；先发制人，首先开价；重新锚定，紧跟其上；运用让步技巧；用事实增强报价依据。

整合式谈判是指基于利益的、关注做大蛋糕的谈判。整合式谈判的常用策略包括：避免固定蛋糕认知；聚焦利益；引入更多谈判事项；利用差异来权衡；建立信任以确保双边信息交流。

实际上，因为关系问题经常存在于谈判中，所以现实中的谈判很少有纯粹的分配式谈判，但也很少有100%的整合式谈判，因为在做大蛋糕之后，我们还是要对它进行分配。因此，我们应该为谈判中的分配部分和整合部分都做好准备，并以谨慎合作的方式进行协商。

在本章案例中，国化集团的核心诉求是增大轻质原油货量并获取月取货量的自由选择权，但默德公司担心丧失市场议价权且期望获得更多资金。于是国化集团派出与外方公司打了多年交道的资深高管（建立信任）表达了己方的合作意愿，并利用其他事项的杠杆作用达成协议（引入更多谈判事项）、坚定获得月取货量的自由选择权的立场（聚焦利益）、在利润分成比例上做出让步（利用差异来权衡），最终做大了蛋糕而非执着于划分固定的蛋糕。基于此，国化集团与默德公司各取所需，达成了令双方都更满意的原油贸易合作协议。

习题

1. 本章介绍了两种基本的谈判类型，试分析分配式谈判与整合式谈判的区别与联系。

2. 谈薪资是求职中的必要环节，在与 HR 协商薪资时，您可以运用哪些分配式谈判与整合式谈判的策略来保证自己的利益诉求？

3. 假设您是一家公司的管理人员，您的公司打算关闭一家主要的制造厂，同时在国内的其他地方开办新的制造厂。公司计划将员工转到新的工厂，并将员工的工龄也转过去，工会也同意了这种安排。

但是，管理层和工会在搬迁问题上却出现了冲突，有些员工可以即刻搬迁，而有些员工却因为要留下来关闭和拆除旧工厂而不能即刻搬迁。由于员工在新工厂中的工龄是根据他们到达工厂的日期定的，因此那些留下来关闭旧工厂的员工到达工厂时，工龄相对来说就短了。工会希望所有员工都同时出发，以避免这种不公平现象的产生，但是对于管理层来说，这将浪费部分人力资源。

作为公司的管理人员，在这次谈判中，您将如何努力实现双方的利益以避免此类冲突的产生?

4. 在阅读完下述材料之后，请您详细分析触龙在对赵太后的劝谏中运用了什么样的谈判技巧。

古代谈判智慧——触龙说赵太后

战国时期，秦国趁赵国政权交替之机，大举攻赵，赵国形势危急，向齐国求援。齐国一定要赵太后的小儿子长安君为人质，才肯派出援兵。赵太后溺爱长安君，绝不答应，纵使众大臣们极力劝谏，也执意不肯，致使国家危机日深。于是，在强敌压境，赵太后又严厉拒谏的危急形势下，触龙因势利导，以柔克刚，用“父母之爱子，则为之计深远”的道理说服赵太后，让她的爱子出质于齐，换取救兵，解除国家危难。

触龙在劝说赵太后时是这么说的：“我的儿子舒祺，年龄最小，十五岁，不成才；而我又老了，私下疼爱他，希望能让他替补上黑衣卫士的空额，来保卫王宫。我冒着死罪禀告太后。父母疼爱子女，就得为他们考虑长远些。您送燕后出嫁的时候，拉着她的脚后跟哭泣，这是为她嫁到远方而感到伤心，也够可怜的了。她出嫁以后，您也并不是不想念她，可您祭祀时，一定会为她祈祷，希望她千万不要被赶回来，难道这不是为她做长远打算，希望她生育子孙，一代一代地做国君吗?从这一辈往上推到三代以前，甚至到赵国建立的时候，赵国君主的子孙被封侯，但他们的子孙却没有能继承爵位的。不光是赵国，其他诸侯国君被封侯的子孙，其后代也没有还在的。祸患来得早的，祸患就会降临到他们自己头上，祸患来得晚的，祸患就会降临到子孙头上。难道国君就一定有不好的后代吗?这其实是因为子孙后代地位高而没有功勋，俸禄丰厚而没有劳绩，占有的珍宝太多了啊!现在您把长安君的地位提到很高，又封给他肥沃的土地，给他很多珍宝，而不趁现在这个时机让他为国立功，那么您百年之后，长安君靠什么在赵国站住脚呢?我觉得您对长安君的规划不够长远。”

附录

一、有关谈判对象国的补充资料

1. 阿联酋的文化与贸易政策介绍

【基本情况】

阿联酋位于阿拉伯半岛东部，北濒波斯湾，海岸线长约 1 318 公里，西北与卡塔尔为邻、西和南与沙特阿拉伯交界、东和东北与阿曼毗连，以产油著称。

阿联酋由 7 个酋长国组成：阿布扎比、迪拜、沙迦、哈伊马角、阿治曼、富查伊拉、乌姆盖万。2016 年，阿联酋人口为 912 万，外籍人口占 88.5%，主要来自印度、巴基斯坦、埃及、叙利亚、巴勒斯坦等国。

阿联酋石油与天然气资源丰富，还有丰富的海洋水产资源，当地椰枣树也很有名。阿联酋的水资源匮乏，需要进口大量用水。阿联酋的经济以石油生产和石油化工工业为主，同时注重多样化发展。

【政治】

阿联酋是君主制国家。联邦最高委员会是最高权力机构，由 7 个酋长国的酋长组成。其奉行温和、平衡、睦邻友好和不结盟的外交政策，主张通过和平协商解决争端，维护世界和平。

【语言】

阿联酋的官方语言为阿拉伯语，但在商务活动中普遍使用英语。另外还有乌尔都语和波斯语，前者是印度人、巴基斯坦人使用，后者是伊朗人使用。

【宗教】

阿联酋的居民拥有宗教信仰自由，76%的居民信奉伊斯兰教，9%的居民信奉基督教，另有约 15%的居民信奉印度教等其他宗教。

【习俗】

- 当地传统服饰为男性穿白袍，头戴白头巾；妇女穿黑袍，披黑头巾或面蒙黑纱。
- 在公共交通、部分餐厅等公共场合，男性和女性的活动场所是分开的。
- 一般阿拉伯家庭仍席地用餐，且用右手取食。

【禁忌】

- 禁用脚掌对着他人。
- 禁用左手传递东西。
- 禁止问候对方的女眷。

- 禁止穿着睡衣、印有图像或不当文字的衣服进入清真寺。
- 穆斯林信仰真主，任何人不得轻视真主的命令。
- 禁止赌博、抢占他人财产、参与非穆斯林的宗教活动。
- 禁食猪、马、驴、狗、蛇、火鸡、自死肉、浮水鱼及一切动物血；禁毒禁酒。
- 禁止穿着过于暴露的服装在大街上行走。
- 男士不得进入女士活动场所。

【霍夫斯泰德的文化维度理论下的中阿文化比较】

- 权力距离

中、阿两国均具有严格的等级秩序，权力分配不平等，阿联酋在这方面比中国表现得更突出。

- 个人主义

中、阿两国均表现出较强的集体主义倾向，注重集体主义文化，看重团队协作精神。

- 男性化

中国在男性化这一维度上的得分较高，为 66，社会的男性化倾向明显，男性化气质如竞争性、独断性表现突出。阿联酋的得分为 50，即在某些方面表现出男性化倾向，在某些方面则表现出女性化倾向，没有明显的主导文化价值。

- 不确定性规避

阿联酋在不确定性规避这一维度上的得分远高于中国，表现出强烈的不确定性规避倾向，其社会不轻易接受变化和挑战，严格坚持其信仰和行为准则。而中方在这一维度上表现出较容易接受挑战和风险的倾向。

- 长期取向与自身放纵

在中国文化中，社会成员较易接受在物质、情感、社会需求方面延迟满足，社会对人们享受生活或放纵欲望的接受程度较低。（阿联酋在这两个维度上的得分暂时缺失。）

根据霍夫斯泰德的文化维度理论，中、阿两国在某些方面表现出了较高的文化相似度，如都有着严格的等级秩序、注重集体主义文化、表现出男性化倾向。

两国文化的差异主要体现在不确定性规避这一维度上，阿联酋文化对变化和风险较为谨慎，表现出强烈的不确定性规避，而中国文化更倾向于接受挑战。

故两国在谈判中应基于阿联酋文化在不确定性规避维度上的特点，充分考虑以下方面：追求科学和真理、制定尽可能固定的规则和形式、追求演绎思维和详细的规划程序与系统、准备应急计划以应对潜在风险等。

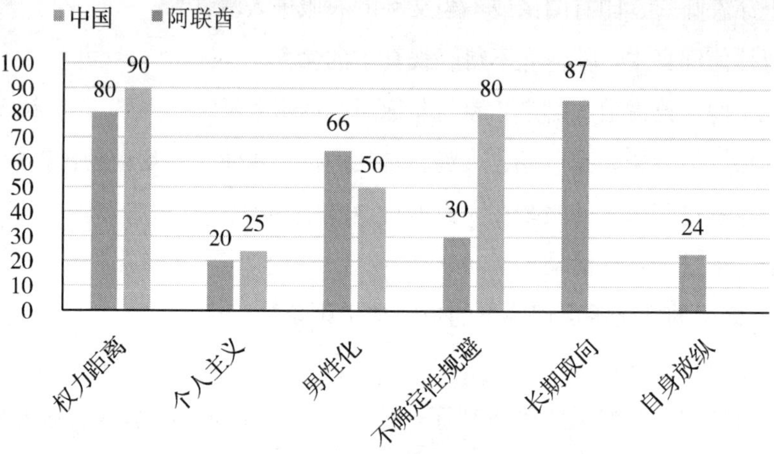

图 3-2 霍夫斯泰德的各文化维度下中、阿的得分比较

资料来源：https://www.hofstede-insights.com/countrycomparison/china，the-united-arab-emirates/.

【对外贸易】

阿联酋对外汇不予限制，外汇可自由汇进和汇出，但必须符合阿联酋政府的反洗钱规定。一般情况下，外商投资资本和利润回流不受限制；外资银行在将其利润汇到境外前，必须事先获得阿联酋中央银行（以下简称阿央行）的同意，并将其纯利润的20%作为税收缴纳给阿联酋政府。阿联酋对外国人携带现金出入境无规定。

在对外资银行的政策方面，阿央行允许外资银行在阿设立代表处、全资子行或分行，并不限制外资银行在阿联酋申请全商业银行牌照，但考虑到金融市场容量有限，阿央行对外资银行颁发全商业银行牌照时十分谨慎，目前尚无中资银行取得全商业银行牌照。外资银行在阿联酋本地的运营面临诸多限制，例如在零售业务端，外资银行的分行设立以及数量受到严格限制，且往往不能主导银行利率的设定，开展迪拉姆（阿联酋本币）业务也必须达到一系列准入门槛。

阿联酋地处联结亚非欧三大洲的交通要道，也是“一带一路”沿线重点国家。近年来，阿联酋实施经济多元化政策，努力扩大贸易规模，加强基础设施建设，发展第三产业。

在市场机遇方面，成熟规范的金融环境、稳定的政治环境和繁荣的经济环境为阿联酋银行提供了广阔的市场空间。阿联酋是中东地区最重要的金融中心之一，既有独立性极高的金融自由区迪拜国际金融中心，又有活跃的交易所与迪拜金融市场，还有来自世界各国的银行和其他金融机构，银行业的抗风险能力强；随着中国与中东国家合作范围的扩大，中资银行开展相关金融服务有了广阔的空间；阿联酋在“一带一路”倡议的实施中具有战略意义，中资银行可以抓住阿联酋金融业重组兼并的机遇，在资金支持、投资项目推介咨询等方面发挥更大的作用。

近年来，阿联酋金融监管环境趋严。阿央行的监管目标是建设良好、繁荣的金融体系，保护消费者，促进金融机构审慎发展。2014 年 1 月，阿央行推出了对货币兑换业务的监管规定，2015 年 1 月开始实施《巴塞尔协议》（Basel Accord），对本地银行的资本充足率和流动性监管等提出了要求。迪拜国际金融中心的监管主体为迪拜金融服务局（DFSA）。近年来，DFSA 监管的主要变化趋势为：加强对商业经营的管控力度，减少监管政策中的“灰色领域”；进一步强化反洗钱相关规定和政策；加强对金融机构的投资政策管控，尤其是对外国基金的投资政策管控；强化各金融机构向 DFSA 的汇报机制；鼓励金融科技（financial technology）发展。①

2. 中国与阿联酋的贸易往来现状

近年来，在两国领导人的战略引领下，中国和阿联酋的经贸合作快速发展，进入了历史最好时期。在全球化和多边合作机制受到阻碍的当下，中国与阿联酋一起营造了真诚、紧密的合作氛围，这是十分珍贵的。近几年来，阿联酋在不同场合均表明了对“一带一路”倡议的坚定支持态度。

目前，中国已经成为阿联酋最大的贸易伙伴，而阿联酋是中国在阿拉伯地区的第二大贸易伙伴和第一大出口市场。2018 年，中国和阿联酋的双边贸易额达到了 459.2 亿美元，同比增长 12.1%。2019 年上半年，双边贸易额达到 226.6 亿美元，同比增长 9.6%。在投资方面，中国是阿联酋在投资和基础设施方面重要的合作伙伴，阿联酋是中国在阿拉伯地区的第二大投资目的地。截至 2019 年上半年，中国对阿联酋的直接投资累计达到 59.1 亿美元，完成承包工程营业额累计达到 297 亿美元，阿联酋对华直接投资累计达到 12.7 亿美元。2019 年上半年，中国对阿联酋的直接投资为 5.1 亿美元，同比增长 271%；完成承包工程营业额达 18.5 亿美元，同比增长 68.2%；阿联酋对华直接投资达 175 万美元。②

阿联酋处在“一带一路”交汇地带，它所在的阿拉伯地区是历史上丝路文明的重要参与者和缔造者之一。如今，阿联酋希望成为“一带一路”沿线的物流中心和商贸中心。据中国驻阿联酋使馆经商处消息，阿联酋能源和工业部部长苏海勒表示，阿联酋希望在全球先进制造业发展中发挥主导作用。他说：“第四次工业革命将改变我们的生活方式，阿联酋的目标是成为全球推动技术和监管发展的中心。阿联酋致力于改造制造业的未来，我们已经采取了多项举措，包括设立世界上第一位人工智能部长。我们的主要计划还包括国家先进创新战略和迪拜 3D 打印战略。”这些与我国当下正在全力推进的制造业创新升级在很多方面不谋而合。同时，我国在人工智能、数字经济等

① 参见我国商务部发布的《对外投资合作国别（地区）指南：阿联酋》。

② 参见我国商务部于 2019 年 7 月召开的新闻发布会。

领域已经走在了世界前列，双方有很大的合作空间。

3. 中国与阿联酋的原油贸易概况

在谈判前的十几年内，中阿双边贸易发展迅速，阿联酋是中国在中东地区仅次于沙特阿拉伯的第二大贸易伙伴。据阿联酋联邦海关统计，2018 年，中国是迪拜最大的贸易伙伴，中国与迪拜的贸易额达1 390亿迪拉姆。据中国海关统计，2019 年中阿双边贸易额达 486.69 亿美元，同比增长 5.9%。其中，中国对阿联酋出口 334.14 亿美元；中国自阿联酋进口 152.55 亿美元。

中国是原油进口大国，据中国海关统计，2019 年中国原油进口量为 50 572 万吨，同比增长 9.5%，其中 1 529.4 万吨原油进口来源于阿联酋。图 3－3 显示，2019 年阿联酋位居中国原油进口国第八位，中国从阿联酋进口原油的总金额为 73 亿美元，占 2019 年中国原油进口金额的 3%。

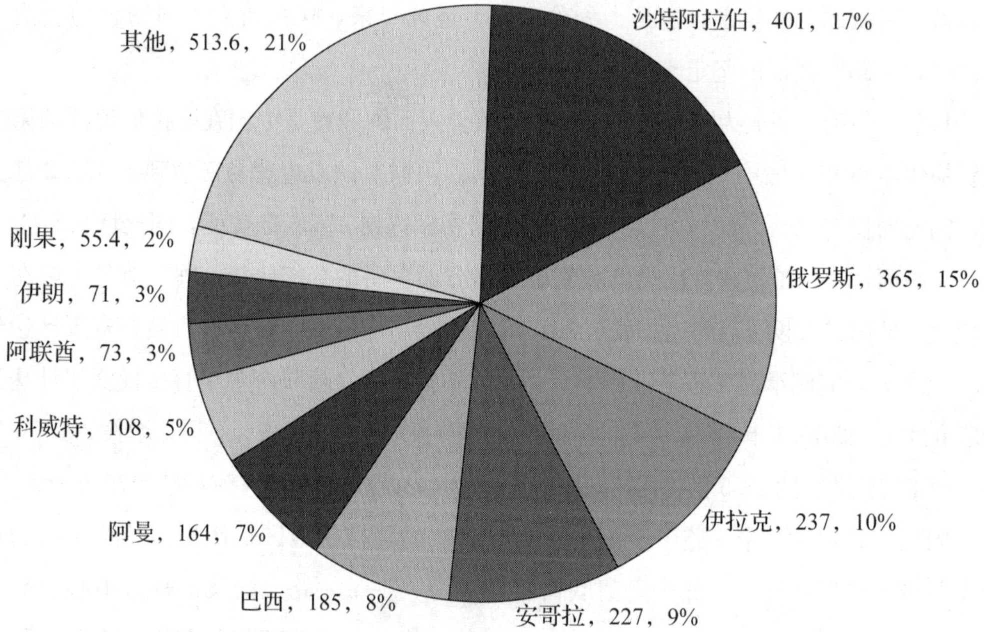

图 3－3　2019 年中国原油进口国别/地区分布（单位：亿美元）

资料来源：中国海关总署．

图 3－4 显示，2005—2019 年，中国向阿联酋进口的原油总量总体呈上升趋势，总金额也在近几年有所回升。

阿联酋是世界十大石油生产商之一，也是 OPEC 成员。阿联酋的石油资源丰富，截至 2020 年，阿联酋的可采石油总储量达到 1 070 亿桶，居世界第六位。

阿联酋的石油生产主要是在阿布扎比酋长国（约占阿联酋石油生产总量的 95%以上）。阿布扎比的石油业正处于成熟期，按目前的产量和储量计算，还可开采 120 多

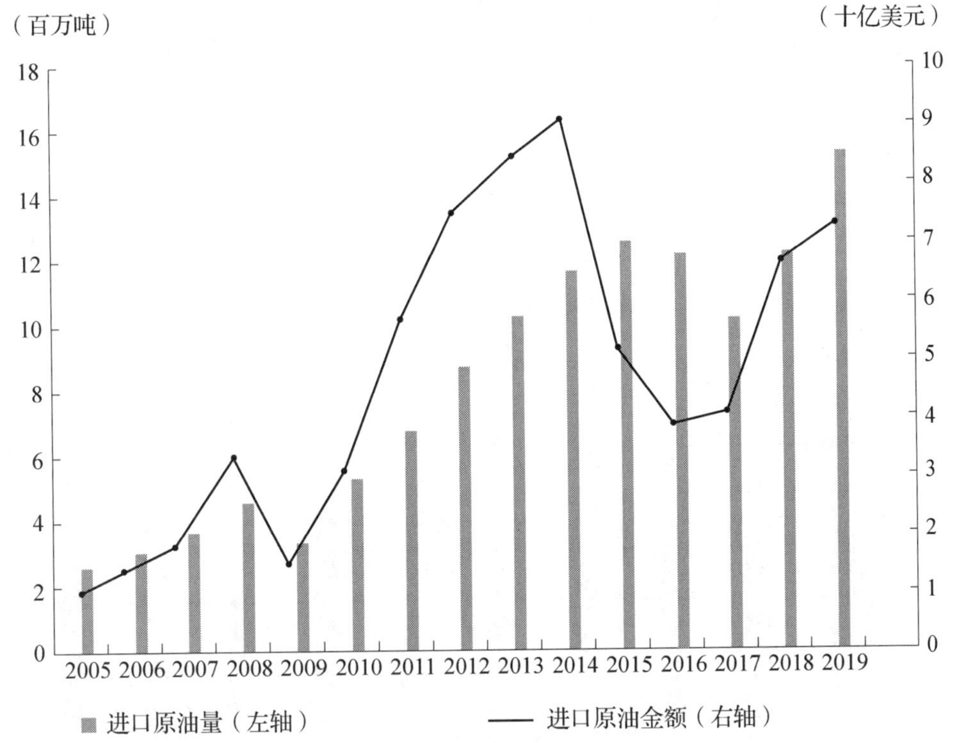

图 3-4　2005—2019 年中国从阿联酋进口原油量及金额

资料来源：联合国贸易数据库（UN Comtrade.）

年。迪拜酋长国的石油业处于枯竭期，储量有限，按目前的产量和储量计算，最多还能开采 20 年。其他酋长国的石油业还处于开发、勘探阶段。阿联酋 2018 年的石油生产能力约为 350 万桶/天，向亚洲国家出口居多。阿布扎比国家石油公司计划在 2030 年前将石油生产能力从约 400 万桶/天提高到 500 万桶/天。

阿联酋供应的原油品种主要有穆尔班原油、迪拜原油和 Das 原油三种。穆尔班原油是一种轻质含硫原油，API 度约为 41 度，硫含量约为 0.7%，是中东产量最高的出口原油品种之一，约占阿联酋原油总产量的 50%。迪拜原油是迪拜出产的原油，属于中质含硫原油，API 度约为 31 度，硫含量约为 2%。迪拜原油作为一种交易便利的原油，是含硫原油的主要定价基准，其绝对价格被广泛应用于原油贸易，中东产油国生产的原油或从中东销往亚洲的原油都以它为基准价格。从 2014 年 7 月起，阿布扎比开始提供一种新的原油，即 Das 原油，它是 Umm Shaif 原油和 Lower Zakum 原油这两种以往现有原油的综合物。

尽管近年来阿联酋的勘探活动尚未取得任何显著进展，进一步发现重大油气田的可能性很小，但是阿联酋大力发展各种提采（EOR）技术。在过去十年里，阿联酋通过提高现有油田的采收率，使得已探明储量几乎成倍增长，同时，这些技术也延长了传统油田的寿命，从而弥补了新发现油田较少的不足。图 3 - 5 显示，2010—2019 年，阿联酋的原油产量总体呈上升趋势。

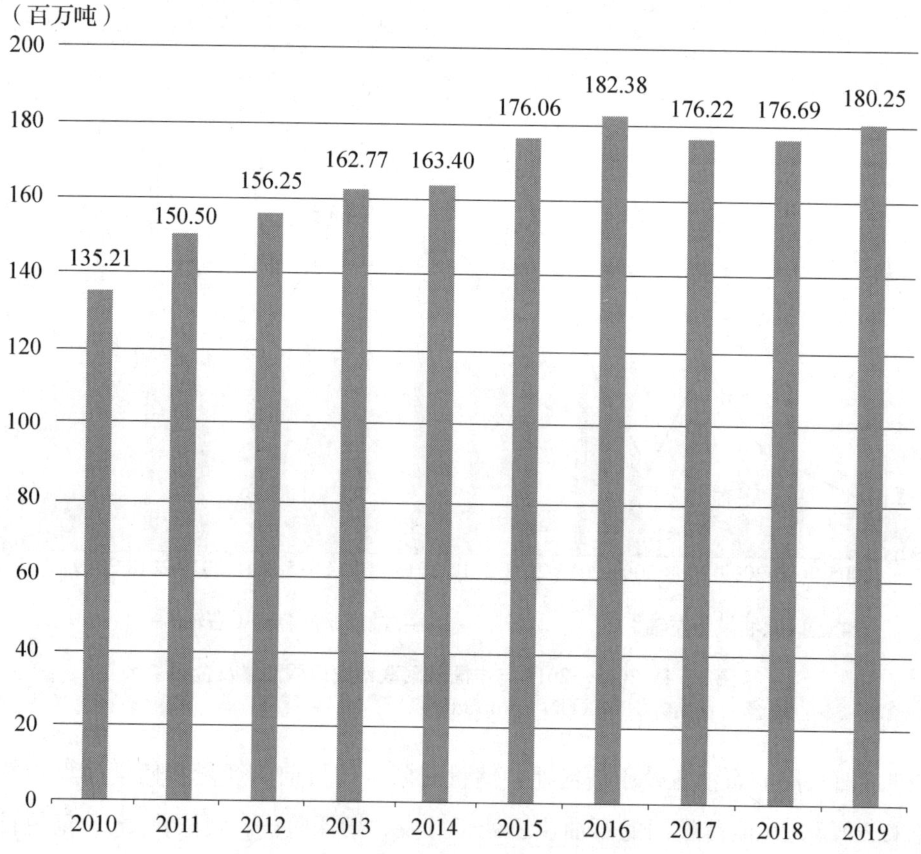

图 3 - 5　2010—2019 年阿联酋原油产量

资料来源：Wind.

阿布扎比王储谢赫在一份声明中表示，打造中东石油定价基准将巩固阿联酋作为全球能源枢纽和全球重要能源供应商的地位，尤其将增强正在快速增长的亚洲市场的影响力。①

/ 延伸阅读 /

Dealing with Difficult People

① 参见我国商务部发布的《对外投资合作国别（地区）指南：阿联酋》。

第四章 谈判风格

学习目标

通过本章的学习，您将：

- 了解谈判的动机风格、战略风格、情感风格
- 理解谈判风格的影响因素
- 掌握谈判风格的测量与调整

引言

每个人都有自己的谈判风格，谈判风格往往能左右谈判的走向。谈判风格是什么？不同的谈判风格有哪些特征、优势和劣势？如何对个人谈判风格进行调整？这些疑问都将在本章的第一部分为您解答。在本章第二部分，我们将分析中建国际与西非科瓦建工的城建合作谈判，希望通过展示中方企业如何通过选择恰当的谈判风格赢得外方的信任，来帮助您更好地理解与运用本章的核心知识。

第一部分 【核心知识】谈判风格的分类、测量与调整

一个人如果学会了在不令人反感的情况下表达不同意见，那么他（她）就发现了外交官最宝贵的秘密。

——罗伯特·埃斯塔布鲁克

在前几章对谈判基础知识进行学习后，本章我们将目光转向谈判过程，帮助您识别并选择有效的谈判风格。我们将从谈判动机、战略和情感三个视角，来对谈判风格进行分类。

一、从谈判动机角度对谈判风格的分类

社会动机（social motive），指个人在自己与对手间进行结果分配时的偏好。[①] 卡内基梅隆大学的劳里·温加特（Laurie R. Weingart）教授表示，个体在社会动机上的不同，或者说我们在与人交往时对特定结果的偏好，会对我们的谈判产生很大影响。[②]

Social motives refer to the individuals' preferences towards the distribution of outcomes between themselves and their opponents.

从博弈论的角度来说，谈判是竞争与合作动机并存的互动。[③] 受多种因素影响，谈判者在谈判中展现出的动机风格也是多样的。基本的谈判动机风格包括以下四种：

（1）专注于己方利益的个人主义风格（individualistic style focusing on one's own interests）。

属于这一风格的谈判者专注于最大化自己的利益，很少关心他人的利益，在谈判中倾向于使用争论、威胁、恐吓等强制性策略。

（2）关注双方利益的合作风格（cooperative style focusing on the interests of both parties）。

属于这一风格的谈判者致力于最大化谈判双方的共同收益。他们试图使谈判中的每一方都能获得公平份额。与怀有个人主义动机的谈判者相比，怀有合作动机的谈判者更愿意使用创造价值的策略。例如，他们会鼓励合作、进行信息交换与分享、提供多事项解决方案等。

（3）旨在扩大双方差异的竞争风格（competitive style aiming at expanding the differences between both parties）。

属于这一风格的谈判者希望最大限度地扩大自己和他人结果之间的差异。由于他们强烈希望获取最大利益，因此通常表现得自私自利，并可能会阻碍谈判中的问题

---

① McClintock，C. "Social motives in settings of outcome interdependence." In：D. Druckman (Ed.). *Negotiations：Social Psychological Perspective*. Sage，1977，pp. 49 - 77.

② Pon Staff. "Identify your negotiation style：Advanced negotiation strategies and concepts." Understand Your Negotiation Style to Become a Better Negotiator. Program on Negotiation of Harvard Law School，2023 - 03 - 06.

③ Komorita，S. S. "Interpersonal relations：Mixed-motive interaction." *Annual Review of Psychology*，1995 (46)，pp. 183 - 207.

解决。

(4) 努力优化他人利益的利他主义风格 (altruistic style striving to optimize the benefits of others)

属于这一风格的谈判者会努力优化其他谈判者的谈判结果，而不是己方的结果。虽然我们中很少有人是纯粹的利他主义者，但几乎所有谈判者在某些条件下都会表现出利他倾向（例如在与亲人或比我们更不幸的人打交道时）。[①]

从以上对风格的界定中我们可以发现，谈判的动机风格一定程度上与人们在谈判过程中采取的策略相关。例如，怀有个人主义动机的谈判者更倾向于采取竞争性策略为己方争利，而怀有合作动机的谈判者更愿意采取创造价值的策略实现双赢。

二、谈判的战略风格

谈判者在选择谈判策略时需要有战略性，而不是仅仅坚持自己惯用的策略，或对另一方的挑衅进行回应。根据尤里等（Ury，et al.，1993）研究者提出的利益、权利和权力框架[②]，以及布雷特（Brett，et al.，1998）等研究者的实证研究[③]，我们接下来介绍如何在谈判中有效实施以下三种谈判战略风格。

1. 三种谈判战略风格

(1) 基于利益的战略风格（interests-based strategic style）。

关注利益的谈判者试图了解谈判双方的潜在需求、愿望和顾虑，并在协议构建的过程中努力找到能够满足这些需求和愿望，以及打消这些顾虑的方法。对利益的关注会使谈判者更愿意了解双方的共同关注点，以及各自的优先事项和偏好等，而这些是创造价值、达成双赢协议的必要前提。

选择这种风格的谈判者会在谈判一开始就通过提问了解对方利益，并分享关于己方利益的部分信息。通过战略性的信息共享，谈判者往往能够识别双方的共同利益，进而提出基于共同利益的协议方案。

然而，使用这一战略风格存在一种风险。谈判者表达合作意愿并分享己方信息的做法可能会使自己处于劣势地位，己方分享给对方的信息也有可能被对方恶意利用。

---

① Pon Staff. "Identify your negotiation style: Advanced negotiation strategies and concepts." Understand Your Negotiation Style to Become a Better Negotiator. Program on Negotiation of Harvard Law School，2023-03-06.

② Ury W. L.，Brett J. M.，Goldberg S. B. "Designing an effective dispute resolution system." *Negotiation Journal*，1988，4 (4)，pp. 413-431.

③ Lytle A. L.，Brett J. M.，Shapiro D. L. "The strategic use of interests，rights，and power to resolve disputes." *Negotiation Journal*，1999，15 (1)，pp. 31-51.

因此，谈判者在分享信息时不应透露己方的底线，分享己方的利益也不意味着要不求回报地向对方透露己方所有的利益诉求和优先事项。有效的谈判需要在合作和竞争之间实现平衡（Liu and Schwenk，1994①；Walton and McKersie，1992②；Walton，Cutcher Gershenfeld and McKersie，2000③）。基于利益展开谈判，是为了给合作创造机会。

（2）基于权利的战略风格（rights-based strategic style）。

在谈判战略中关注权利，意味着谈判者试图依照某种公平标准（例如合同或法律条款）来解决谈判中的争议。使用基于权利的战略风格可能会导致一个分配式谈判结果（distributive negotiation outcome，即一份有赢家和输家的协议），或者一次没有实现最大潜在收益（maximum potential benefit）的妥协。

在谈判开始时讨论各自视角下的事实和权利，可以帮助谈判双方了解分歧所在。在某些情况下，讨论各自视角下的事实有助于谈判双方发现问题，甚至找到解决方案。有时候，谈判者可能会发现双方对事实没有争议，但对合同或法律条款的解释存在争议。在这种情况下，寻求第三方（如法律专家）的建议，澄清相关条款的法律解释，可以推动争议的解决。

但是，谈判者在谈判一开始就采用基于权利的战略也是有风险的。虽然这样可以让对方知道己方的立场和理由，明确分歧所在，但双方也可能难以就各自应享有的权利达成共识。

（3）基于权力的战略风格（power-based strategic style）。

使用基于权力的战略意味着谈判者试图强迫对方做出原本不愿意做出的让步。基于权力的战略风格通常也会导致分配式谈判结果，并有可能导致对方产生报复欲望，给未来产生纠纷埋下伏笔。

如果谈判者的权力战略（如威胁）令人信服，那么可能会迫使谈判对手做出让步。但谈判对手也可能认为，实施威胁需要花费资源，而谈判者不会在威胁行为上投入太多，因此对威胁无动于衷。这样一来，谈判者要么实施威胁，要么因不实施威胁而丢脸，两个结果都很糟糕。谈判对手面对基于权力的战略风格时更有可能做出的反应是用威胁来反击，从而导致冲突升级。

---

① Liu，J. and Schwenk，A. J. “Remarks on problem B-3 on the 1990 William Lowell Putnam Mathematical Competition.” *Mathematics Magazine*，1994，67（1），pp. 35－40.

② Kochan T. Walton and McKersie. “Behavioral theory of labor negotiations：An industrial relations perspective.” *Journal of Organizational Behavior*，1992，13（3），pp. 289－295.

③ Walton，R. E.，Cutcher-Gershenfeld，J.，and McKersie，R. B. *Strategic Negotiations：A Theory of Change in Labor-management Relations*. Cornell University Press，2000.

实施权力战略（如威胁）的一个好方法是遵循以下顺序：首先，提出具体详细的要求，以及满足这一要求的截止日期。随后，提出会损害另一方根本利益的具体、详细、可信的威胁。基于权力的威胁必须可信，即必须让对方相信，己方有能力并且愿意实施威胁。通过具体说明何时、何地、由谁以及如何实施该行为等关键细节，可以提高威胁的可信度。最后，指出对方在截止日期前满足己方需求将产生的具体、详细的积极结果。该步骤的意义在于可以使另一方通过满足己方需求挽回面子，重新开始谈判。如果不提供任何取消威胁的条件，己方就必须强迫自己实施威胁。而一旦己方将威胁付诸行动，往往就会失去权力，也会令对方失去满足己方需求的能力。

有研究发现，谈判者多在谈判开始时和最终协议达成前使用基于权利和（或）基于权力的战略风格。① 在谈判初期，谈判者就权利和（或）权力进行沟通，可能并不总是为了威胁对方，而只是为了信息交流。然而，正如前文所述，谈判者单纯强调自身的权利或权力，容易导致对方开启“自我防御”模式，使谈判陷入僵局。谈判者在协议达成阶段采用基于权利和（或）权力的战略风格，可能是为了影响谈判结果。然而，在谈判的最后回合使用威胁，试图从双方都认可的协议中获得更多收益，可能是有风险的。由于对威胁做出让步意味着丢脸，所以谈判者有时宁愿放弃可接受的解决方案，也不愿进一步做出让步。因此，可以考虑把基于权利和（或）权力的战略风格与对另一方的某种激励结合起来。例如，可以先表明己方无法接受对方的不当要求，然后指出，如果对方同意在其他事项上做出让步，那么己方可以考虑对方的要求。

2. 不同战略风格的结合与切换

在大多数情况下，关注利益会帮助谈判者解决导致争端的根本问题，取得令人满意的、互利的谈判结果。而基于权利或权力的战略风格可能会导致分配式协议（agreement），无法实现双赢的谈判结果。然而，这并不意味着谈判者永远不应该在谈判中使用基于权利或权力的战略风格。例如，当谈判者采用基于利益的战略风格时，也需要在权利和权力方面表明立场。

虽然基于利益的战略风格是我们推荐的，但是基于权利和权力的战略风格可能是出于本能的。② 当谈判已经恶化为一场关于权利或权力的反反复复的争论，几乎没有办法进行更有成效的交流时，谈判者要善于将谈判切换到更有效的基于利益的讨论中来。例如，谈判者可以拒绝就权利或权力进行讨论，而是提出基于利益的解决方案。虽然

① Lytle，Anne L.，Jeanne M. Brett and Debra L. Shapiro. “The strategic use of interests，rights，and power to resolve disputes.” *Negotiation Journal*，1999 (15)，pp. 31 - 52.

② Gottman，J.，Markman，H.，and Notarius，C. “The topography of marital conflict：A sequential analysis of verbal and nonverbal behavior.” *Journal of Marriage and the Family*，1977 (39)，pp. 461 - 477.

有人认为拒绝回应基于权利和权力的威胁会让谈判者显得软弱，但把谈判重新聚焦在利益上，并不意味着谈判者在战略上做出让步，而是意味着谈判者在有力地捍卫基于利益的战略风格。如果想让谈判对手重新聚焦利益，那么拒绝讨论权利或权力就是一种很好的方式。另外，当谈判陷入僵局时，谈判双方可以考虑将基于权利或权力的战略风格与基于利益的战略风格结合起来。例如，针对劳资谈判，沃尔顿、库彻·格申费尔德和麦肯西（Walton，Cutcher-Gershenfeld and McKersie，1995）建议管理者将“强迫”策略（分配策略和威胁）与“培育”策略（整合策略和信息共享）结合起来，以实现更好的谈判结果。①

综上，在谈判中只关注利益并不总是有效的。谈判者需要学会使用基于利益的战略风格、基于权利的战略风格和基于权力的战略风格，并了解在谈判过程中如何有效地在这三种战略风格之间进行切换，尤其是在适当的时机，从基于权利或权力的战略风格切换到基于利益的战略风格。

三、谈判的情感风格

1. 情感的含义

情感在谈判中发挥着很重要的作用。我们在关注己方情感表达的同时，也要注意对方的情感变化。总的来说，情感主要分为情绪（emotion）和心情（mood）。情绪和心情既可以是谈判行为的结果，也可以是谈判结果的决定因素。其中，情绪是相对短暂的状态，是特定体验和经历的结果，相对而言更加具体和激烈，比如后悔、生气、放松、感激等；而心情是持续时间更长、更分散的，一般不是针对某个人，并且相对而言更加抽象，通常被简单地划分为“好”与“坏”。在本章中，我们所谈论的“情感”侧重于情绪部分。

2. 三种情感风格

谈判者在谈判中可以展示三种情感：积极情感、消极情感和中性情感。其中，积极情感包括快乐、兴奋等；消极情感包括愤怒、抑郁、失望等；中性情感包括冷静、沉着等。相应地，在谈判中也存在三种情感风格。下面我们将具体介绍三种情感风格在谈判中的作用与影响。

（1）积极情感风格。

采用积极情感风格的谈判者倾向于把谈判看成整合式的，这有助于谈判双方建立信

---

① Walton，R. E.，Cutcher-Gershenfeld，J.，and McKersie，R. B. *Strategic Negotiations：A Theory of Change in Labor-management Relations*. Cornell University Press，2000.

任，营造和谐的谈判氛围。当人们以乐观、轻松的态度进行谈判时，谈判进程往往更加顺利、更富有创造性，双方更容易建立起较高的共同谈判目标，并做出乐观的判断。

然而，过分喜悦有时也会适得其反。例如，谈判者可能为了维持双方的和睦关系而过度妥协，因此无法实现原定的目标。过于积极的情感也可能导致谈判者在处理信息时比较粗糙，遗漏掉重要的谈判信息。

（2）消极情感风格。

俗话说“哀兵必胜”。有时候，消极情感可以促使谈判者在处理信息时更加缜密，因而对谈判结果起到积极作用。此外，谈判者如果利用愤怒情绪威胁和恐吓对方，在某些情况下会对谈判起到推动作用，并能提高己方收益。

但消极情感有可能会给谈判带来较大的风险。倘若力度掌控不当，甚至可能会造成双方关系的恶化和谈判的破裂。

（3）中性情感风格。

中性情感风格意味着谈判者有意隐藏或者压抑自己的情感。传统的谈判理念认为，在谈判中不显露自己的情感是一种相对理性的做法，因为这体现了谈判者的自我控制能力，有利于谈判者理性地思考和判断。

然而，这种做法也存在弊端，例如，过度冷静不利于谈判双方建立信任，甚至可能会让对方产生距离感，不利于谈判双方的沟通和相互理解。

3. 情绪管理与情感风格的使用

在谈判中，由于谈判双方都在追求各自利益的最大化，所以难免会产生一些冲突；一方的情感很容易影响另一方的情感，从而导致不理想的结果，严重时可能导致激烈争执或谈判陷入僵局。因此，在谈判中正确地运用情感风格，会对谈判结果产生正向影响。为了实现有效谈判，我们可以从以下三个方面管理和利用谈判中的情感：

（1）正确认识情绪，理解彼此需求。

首先，在谈判中要了解对方的情绪，逐渐熟悉并理解对方的情感需求。具体来说，可以通过观察，设身处地地感知他人的情绪；通过分析对方的措辞、语调、肢体语言等来发现对方的情感需求。例如，当对方的语言和非语言表现不相符时，我们可以这样问：“您的意思是……”或者“您有不同意见，是吗？”这些问题是基于我们对对方情绪的感知而提出的。通过询问这些问题，我们可以更好地理解对方的观点，并鼓励对方真诚地表达自己的情绪。

在正确认识彼此的情绪和情感需求后，谈判者便可以更深入地理解对方的要求，并在彼此尊重的情况下进行谈判。是否懂得共情是谈判成功与否的重要决定因素之一。

（2）保持理性，不被对方控制。

在谈判时，若对方谈判者喜欢发号施令、无法容忍不同意见、不在乎别人的情感，则己方可以采用较为强硬的态度，同时保持冷静、理性，不轻易被对方影响或控制。

在面对消极情感（如对方采用胁迫等方式要求实现一些目标）时，若对方的要求在己方的接受范围之外，则应该及时拒绝，并提出己方认为合理的方案。在面对过于积极的情感时，也要防止被过度乐观的情绪牵制，导致忽略谈判细节。

（3）根据情境，战略性地表达情感。

谈判者应尝试找到最适合当下的谈判情境的情感风格。例如，洽谈合作的谈判往往需要积极的情感基调，而在涉及违约争议的谈判中，则只有适度展现消极情感才能有效推动争议的解决。

我们应该认识到，情绪是会相互感染的，因此，我们可以在谈判中尝试影响其他谈判者的情绪。例如，如果对方表现出焦虑或愤怒，那么己方通过注入幽默感或同理心，可以戏剧性地改变互动的基调；当对方一直试图单方面强加其标准，以达到对其有利的结果时，己方表现出一定的反感与厌恶情绪，会使对方更加谨慎，从而实现对双方都有利的谈判结果。谈判中最重要的是实现双方利益最大化，即双赢。

四、个人谈判风格的影响因素

1. 个人特征

个人特征很大程度上影响着一个人的谈判风格（negotiating style）。这是因为，个人特征决定了沟通、决策的方式，直接影响着人们在谈判中的态度和行为。个人特征包括许多方面，如性别、外貌、个人魅力、情商、文化背景、谈判经验等。这些因素之间也会相互影响，例如，文化背景和谈判经验可能会对个人魅力起重要作用，而个人魅力和文化背景也会在一定程度上影响谈判经验。

（1）性别。

性别对于个人谈判风格有很大的影响。在社会性别中，有男性和女性、男性特质（masculinity）和女性特质（femininity）两组二元关系。男性和女性在生理上有着本质区别，男性特质和女性特质在沟通交流方面的基本特征不同，这些都会影响个人谈判风格。

20 世纪 70 年代后期，霍夫斯泰德从管理学的角度对现代文明社会人类群体的文化特征进行了宏观分析和界定。[①] 他认为社会中对不同性别有着不同的角色期待，如在男性特质维度下，成功的标准是占据统治地位，拥有大量财富，性格特征表现为自信和

---

① 崔佳颖．组织的管理沟通研究．首都经济贸易大学，2006.

坚强；而在女性特质维度下，成功的标准则是生活质量提升、人与人之间关系和睦，性格特征表现为谦逊和温柔。

在谈判中，具有女性特质的谈判者表现出的沟通特点为：沟通时间较长、较少打断他人、乐于表达积极情绪，以及关注非语言线索。而具有男性特质的谈判者表现出的沟通特点是：关注问题的解决、善于表达愤怒、更具有攻击性。

当然，男性与女性、男性特质与女性特质并不是一一对应的，男性谈判者可以拥有女性特质，女性谈判者也可以拥有男性特质。许多女外交家、女总统具备男性特质，比如英国前首相撒切尔夫人（被称为“铁娘子”）、爱尔兰前总统玛丽·鲁宾逊等。而圣雄甘地则被认为是一位具有女性特征的男性领袖。[①]

人们在选择谈判对手时，往往更愿意选择女性化的面孔，但在选择谈判代理时则相反。这是因为在面对女性化的谈判对手时，人们往往出价更高（Gladstone and O'connor，2014[②]）。

（2）外貌。

一些研究发现，谈判者的某些外貌特征与其谈判风格密切相关（Weston et al.，2007[③]；Haselhuhn et al.，2014[④]，Carré，McCormick[⑤]）。国内针对警务谈判员的研究发现，警务谈判员的外貌可能在一定程度上影响谈判对象对谈判员的第一印象。一位外貌质朴和蔼的警务谈判员更有利于将谈判引入正轨。[⑥]

除此之外，正式的商务谈判往往要求谈判者着正装出席，这是因为穿着打扮也会在一定程度上影响谈判对象对谈判者的心理预设（psychological presupposition）。男性应该穿商务装，并且戴领带；女性最好穿职业装，且不要佩戴太多珠宝首饰。毫无疑问，奇怪的发型、浓重的妆容、过多的首饰都会破坏商务人士的形象。

（3）个人魅力。

关于买方个人魅力的数据分析结果表明，个人魅力在商务谈判过程中的作用非常大。如果买方的个人魅力很大，则卖方会表现出合作的态度，采用以解决问题为导向

---

① 李宏．从社会性别角度看新中国女外交官的嬗变．厦门大学，2014.

② Gladstone，E.，and O'Connor，K. M. “A counterpart's feminine face signals cooperativeness and encourages negotiators to compete.” *Organizational Behavior and Human Decision Processes*，2014，125（1），pp. 18－25.

③ Weston，E. M.，Friday，A. E.，and Liò，P. “Biometric evidence that sexual selection has shaped the hominin face.” PLoS one，2007，2（8），e710.

④ Haselhuhn，M. P.，Wong，E. M.，Ormiston，M. E.，Inesi，M. E.，and Galinsky，A. D. “Negotiating face-to-face：Men′s facial structure predicts negotiation performance.” *The Leadership Quarterly*，2014，25（5），pp. 835－845.

⑤ Carré，J. M.，McCormick，C. M.，and Mondloch，C. J. “Facial structure is a reliable cue of aggressive behavior.” *Psychological Science*，2009，20（10），pp. 1194－1198.

⑥ 金韬．警务危机谈判员的能力结构模型研究．中国人民公安大学，2020.

的谈判策略，促使双方保持良好的谈判气氛，并且更易于对谈判结果感到满意。

因此，现实中的谈判者应该从各个方面提高自身的修养和个人魅力，给谈判对手留下良好的印象，因为这样非常有利于双方的合作，更容易达成令人满意的谈判结果。[①]

（4）情商。

虽然早有学者提出情商（情绪商数，EQ）的概念，但直到 1995 年《纽约时报》的科学记者丹尼尔·戈尔曼出版了《情商：为什么情商比智商更重要》一书，情商才引起了全球性的研究与讨论。

面对快节奏的生活、高负荷的工作和复杂的人际关系，没有较高的情商是难以获得成功的。人们都喜欢同情商高的人交往，良好的人际关系往往能使情商高的人获得更多的成功机会。因此，情商越高的人，越容易在谈判中获得成功。

（5）文化背景。

文化背景对谈判的影响已经在本书的第二章进行过介绍。

在国际商务谈判中，谈判者的谈判风格带有深深的文化烙印。文化不仅决定着谈判者的伦理道德规范，而且影响着谈判者的思维方式和个性行为，从而使具有不同文化背景的谈判者得以形成迥异的谈判风格。

谈判风格对于谈判过程中谈判双方的沟通方式、相互关系甚至谈判结构均有着直接的影响。[②] 理论家爱德华·霍尔（Edward Hall，1976）提出了强语境文化和弱语境文化的概念。比如，中国为强语境文化，习惯采用含蓄而间接的交流方式，而美国为弱语境文化，习惯采用开门见山的交流方式。

（6）谈判经验。

以往的研究显示，谈判经验会影响谈判者的谈判风格。谈判者的谈判经验越丰富，就越不会在谈判中采用解决问题策略。这是因为，丰富的谈判经验会使谈判者在谈判过程中处于相对强势的地位，因此他们可能不会轻易采取合作的态度，而是更倾向于使用令对手眼花缭乱的谈判技巧，以便在谈判中取胜。[③] 同时，谈判者在面对经验丰富的对手时，往往会采取合作态度，同时更愿意使用旨在解决问题的谈判策略。

2. 谈判情境

谈判风格也与谈判情境密切相关。例如，滕修攀（2011）针对中国谈判者进行了

---

① 赵霞．中国商务谈判行为分析．商业研究，2005（22）：121-127.

② 杨伶俐，张焊．从跨文化视角分析中美商务谈判风格差异．国际商务（对外经济贸易大学学报），2012（4）：15-22.

③ 赵霞．中国商务谈判行为分析．商业研究，2005（22）：121-127.

研究，并基于汤普森的概念模型，选用“公平感”（sense of fairness）、“自我价值感”（sense of self-worth）和“关系价值感”（sense of relationship value）三个指标衡量了谈判者的心理与行为特点（behavioral characteristics）。其研究结果显示，关系情境会影响中国谈判者的决策倾向。在熟人关系下，中国谈判者会更在乎对方利益，即遵循均等原则；在生人关系下，则不会在乎对方利益，即遵循自利原则。但是当自己的经济收益远胜于对方时，这两种原则都会出现逆转。即在生人关系情境下，自我价值感会随收益差距的增大而增大；在熟人关系情境下，自我价值感不受收益差距的影响。在熟人关系情境下，收益差距越接近于零，则关系价值感越大；在生人关系情境下，关系价值感不受收益差距的影响。①

五、个人谈判风格的测量与调整

1. 个人谈判风格的测量

为了解和区分不同的个人谈判风格，研究者们开发了多种谈判风格测量工具。本章以托马斯-吉尔曼冲突模式测量工具（Thomas-Kilmann Conflict Mode Instrument，TKI）为例，介绍个人谈判风格的测量和调整。

托马斯-吉尔曼冲突模式测量工具是美国行为科学家托马斯和其同事吉尔曼提出的一种二维测量工具。它基于两个维度对谈判风格进行测量：一是“竞争维度”（competition dimension），即谈判者在多大程度上坚持己方利益；二是“合作维度”（cooperation dimension），即谈判者在多大程度上愿意与他人合作。依据这两个基本的行为维度，区分出应对冲突的五种不同风格（见图 4－1）。②

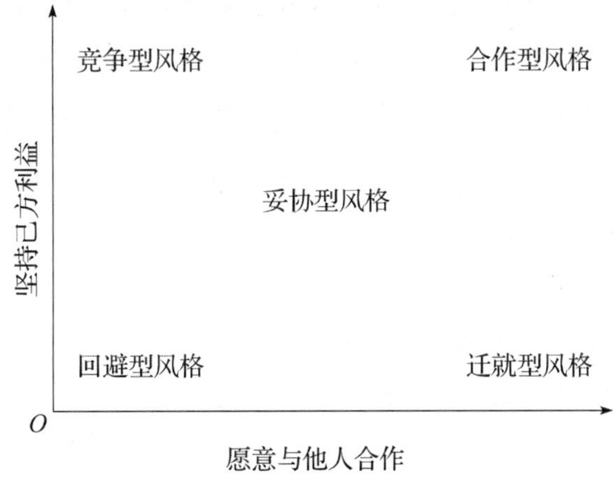

图 4－1 托马斯-吉尔曼冲突风格

① 滕修攀．关系情境对中国人谈判结果影响的研究．南京大学，2011.
② 利·L. 汤普森．谈判者心智（第 2 版）．北京：中国人民大学出版社，2005.

（1）竞争型（competing）风格。这种风格的谈判者坚持己方利益且不愿意与他人合作——谈判者以牺牲他人利益为代价来追求自己的利益。这种应对冲突的风格是基于权力战略，即谈判者使用权力（如辩论能力、地位或经济制裁）为己方争取利益。这类谈判者喜欢掌控局面，目的性强。他们喜欢胜利，愿意成为领导者。

（2）迁就型（accommodating）风格。这种风格的谈判者不坚持己方利益且愿意与他人合作——谈判者忽略自己的利益诉求以满足对方的需求。这种应对冲突的风格包含自我牺牲的成分，谈判者可能采取无私、慷慨或慈善的形式，或是在不情愿时依然满足别人的要求、屈从他人的观点。这类谈判者注重维持良好的人际关系，对他人的感受较为敏感，倾向于支持和帮助他人。在面对冲突时，他们渴望与对方保持良好的关系，非常担心冲突或分歧可能会破坏关系。

（3）回避型（avoiding）风格。这种风格的谈判者不坚持己方利益且不愿意与他人合作——谈判者既不追求自己的利益，也不关心他人的利益。因此，他们不处理冲突。这种模式可能意味着回避冲突，或将冲突推迟，或干脆从冲突中退出。这类谈判者不喜欢争论，对激烈的分歧感到不适。当面临冲突时，他们倾向于退缩或逃避。在面对纠纷时，他们不愿主动采取措施，也不愿投入太多精力和热情。

（4）合作型（collaborating）风格。这种风格的谈判者既坚持己方利益，又愿意与他人合作——谈判者尝试与他人合作，以找到完全满足双方利益诉求的解决方案。这类谈判者通常以问题为中心，愿意与对方合作并且"一起推理"，寻求能够完全满足双方利益诉求的解决方案。

（5）妥协型（compromising）风格。这种风格的谈判者部分坚持己方利益且愿意与他人合作——这类谈判者的目的是找到双方都能接受的权宜之计，部分满足双方的要求，因此该风格介于竞争型风格和迁就型风格之间。这种应对冲突的风格相比回避型风格能更直接地解决问题，但不像合作型风格那样可以对问题进行深入探讨。这类谈判者愿意妥协或寻求折中的立场，以减少与对方的分歧。他们关注决策的公平性，不想表现得自私自利。

2. 个人谈判风格的调整

不同的谈判风格各有优缺点，因此谈判者在了解了自己的谈判风格后，可以尝试扬长避短，并根据谈判情景对个人风格进行相应的调整，不断提升谈判能力，改善谈判结果。

例如，竞争型风格的谈判者的优点是有目标、容易掌控谈判，但缺点也很明显：可能会伤害与对方的关系，从而达不到最优的谈判结果。因此，这类谈判者应提醒自己学会倾听、降低谈判中的胜负欲、关注长远关系。

回避型风格的谈判者的优点是能够避免不必要的冲突，在情绪激动时能给双方留出反思的时间，但忍气吞声会显得软弱，而且会让人无法了解他们的感受和目标。因此，回避型风格的谈判者有必要鼓励自己直面分歧和冲突，并学会表达感受，提高参与度，学习问题解决技能。

迁就型风格的谈判者善于与他人建立信任和长期合作关系。但是这类谈判者对于关系的依赖度过高，很容易被对方操纵利用，可能会因此丧失自身利益。因此，“迁就型”谈判者应该提醒自己要更加努力地实现己方目标，在关注双方关系的同时也注重实质性利益。

第二部分　【通过案例学谈判】

中建国际与西非科特迪瓦建工的城建合作谈判

在本章的第一部分中，我们介绍了谈判风格的类型、影响因素、测量及调整。在本章的第二部分，我们将通过分析中建国际与西非科特迪瓦建工的城建合作谈判案例，学习如何在谈判进程中合理地运用和调整谈判风格，以实现谈判目标。

我们将案例分成了“背景与准备”和“谈判策略与协议达成”两个阶段，并在每个阶段的内容后设置了问题与任务，便于您结合本章的有关知识进行思考与讨论。

一、背景与准备

（一）案例背景

1. 谈判双方简介

中建国际

中建国际是中国的一家中型民营企业，其主业包括工业园区规划和联合建设。公司拥有高素质的工程施工和管理队伍，具备国家建筑总承包一级资质和援外项目 A 级资质，是中国商务部指定的援外工程实施企业。

中国政府一直致力于建立和发展中非全面战略合作伙伴关系，不断推动中非经贸合作全面发展。同时，中国政府也在鼓励“走出去”，并为中国企业在开展对外投资和

"走出去"的过程中遇到的贷款、融资、担保、财政困难提供了大量支持。[①] 因此，在中非合作的大背景下，中建国际 20 多年来先后在非洲、亚洲、南美洲的 20 多个国家和地区承包了近 500 个改善当地民生和促进社会发展的工程项目，累计完成营业额 40 多亿美元。项目种类涵盖国际机场、输变电工程、城市供水、道路、体育场馆、市政广场、工业厂房、社会住房等领域。此外，中建国际还在塞舌尔、刚果、苏里南、巴布亚新几内亚、马达加斯加等国家实施了 20 多个援外项目。在开展业务的过程中，中建国际始终坚持属地化战略，注重履行企业社会责任，以卓越的实力和良好的形象成为世界范围内最具实力的工程建设者之一。

科特迪瓦建工

科特迪瓦建工是科特迪瓦国内著名的大公司，公司的 CEO 在科特迪瓦国内富豪榜上有名。该公司业务范围广泛，包括海运、生物、房地产等。

虽然科特迪瓦建工是私营企业，但其业务发展得到了科特迪瓦政府的大力支持。尤其是最近几年，该公司得到了政府批准的大量城建用地，以协助承担社会住房建设项目，解决国家的住房问题。

然而，科特迪瓦建工在建筑和公共工程方面缺乏相关经验，大型基础设施建设项目需要与国际合作伙伴共同完成。因此，科特迪瓦建工有意选择合适的承包对象来完成社会住房建设项目。

2. 谈判背景

科特迪瓦政府在 2011 年大选危机结束后致力于民族和解，同时大力开展重建，进行经济结构调整。通过整顿金融市场、开展基础设施建设、改善投资环境以及积极争取外援和外资等一系列举措，实现了经济快速恢复和增长，社会发展逐渐步入正轨。2019 年，科特迪瓦经济继续保持高速增长，各项宏观经济指标稳定，营商环境持续改善，外来投资不断增加，经济结构调整和各项经济改革稳步推进。

科特迪瓦建设、住房与城市化部部长表示，科特迪瓦目前正在实施总统社会福利房项目，旨在为最贫困家庭提供物美价廉的住房。然而，国内中产阶级对于中高档住房的需求也远未得到满足，科特迪瓦住房市场约有 50 万套的缺口。

科特迪瓦总统十分重视解决国家的住房问题，但在解决过程中出现了很多烂尾项目。因此，政府一方面鼓励和支持本国私营开发商增加社会福利房和中高端住房等各类住房的供应量，另一方面希望寻找经验丰富的国际合作伙伴，尽快落实城建项目。

目前，科特迪瓦建工已经从政府获批了土地，用于建设社会住房 2 万套。中建国

---

① 李新烽．中非关系与"一带一路"建设．求是，2019（8）．

际 2017 年开始与科特迪瓦建工接触，并提出了共同实施城建项目的合作意愿，但科特迪瓦建工一直表现出犹豫的态度。

科特迪瓦建工与中建国际从 2017 年起就城建项目合作开展了一系列谈判。但在谈判之初，外方对于合作的态度一直比较谨慎。外方多次强调，还有另外两家来自中国的国企也在与其就城建项目进行沟通。科特迪瓦建工可能更倾向于选择投资风险较低的国企作为承建方。

（二）问题与任务

阅读了以上案例背景后，请思考和讨论以下问题：

（1）根据以上谈判背景，您认为外方在谈判中的主要关注点和诉求（concern and demand）是什么？通过比较中建国际与科特迪瓦建工的优势及劣势，您认为中建国际应该如何制订谈判方案（formulate the negotiation plan），以达成合作？

（2）文化背景（cultural background）会影响谈判者的谈判风格。在本案例中，中方谈判者应该如何了解外方谈判风格，并为之进行准备？

在对以上问题有了自己的答案之后，请阅读以下案例分析内容，比较以下案例分析是否与您的答案一致。我们的答案或许会对您有所启发。

（三）案例分析

1. 谈判的需求动机与双方优势和劣势

在本案例中，中方的主要目的是获得项目合作机会。对于许多非洲国家来说，与中方有过第一次合作后，就会继续与中方进行良性合作（sound cooperation），甚至可以帮助中方协调在当地的关系，便于中方取得其他项目和资源。

与此同时，中方也必须学会“领悟”对方的需求，从中发掘和寻找利益衔接点（convergence of interests）。科特迪瓦建工急切地想要完成一次完美的项目实施，所以低风险、专业的团队及方案就是其核心需求。因此，中方若能强调该需求或利益点对它的重要性，并尽可能使它与自己达成高度共识，就更容易得到对方的信任与支持。

基于对双方的需求动机（demand motive）的分析和优势及劣势对比（见表 4－1），中建国际可以初步制定以下谈判策略：一是表达合作诚意，确保资金与财务支持，展示自身较强的风险承受能力（risk tolerance）；二是展示技术水平和按时完成建房项目的能力；三是确保工人素质，通过对当地工人进行统一培训，提高员工建设能力，提升整体工作效率；四是凭借与非洲业务联系多的优势，展现自己对非洲各国文化的了解，减少交流障碍（reduce communication barriers）；五是利用当地丰富的自然资源、人口红利，大力推进城建项目，降低投资风险。

表 4-1 中建国际与科特迪瓦建工的优势及劣势对比

	中建国际	科特迪瓦建工
S（优势）	经营房地产相关业务多年，对城建开发流程有丰富的经验； 在非洲的业务多，因此对非洲各国的文化特点有较深入的认识，交流障碍少； 公司内部技术人员实力强，能根据土地规划提出专业、灵活的设计方案	公司规模较大，资本与人力资源相对丰富； 在当地影响力大，可以帮助承建方协调各方关系，促进项目顺利实施； 与当地政府关系密切，城建项目得到的保障较多，承建风险较小
W（劣势）	作为民营企业，中方得到的财政支持较少，风险承受能力较弱	涉及房地产业务较少，对城建相关的开发建设、维护修理等流程不熟悉； 员工素质参差不齐，与员工交流存在较多障碍
O（机会）	对方房地产团队弱，缺乏经验； 竞争者虽然实力强，但没能为对方提供具体的建设方案； 科特迪瓦土地等资源丰富，对方公司在当地影响力大，合作有利于中方开发资源与其他项目； 中科两国关系友好，合作前景广阔	有较多中国公司表达了合作意愿； 国家内部自然资源丰富、人口红利巨大，城建项目发展前景广阔； 中科两国关系友好，合作受两国的政策保护，投资风险较低
T（威胁）	竞争者实力强，更符合对方“降低投资风险”的要求，给双方合作带来了不确定性； 受制于对方公司的资金状况，城建项目可能存在回款滞后的情况； 非洲环境较为艰苦，外派工人可能存在困难	多数合作方未能明确己方的真实需求，不能提出完善的方案； 科特迪瓦金融市场不发达，城建项目未能顺利融资，可能面临资金困难； 受政府财政限制，需要进一步降低投资风险，改变传统的城建开发方式； 科特迪瓦政治经济环境不稳定，如果大量使用外籍工人，可能会对项目施工产生较大影响

2. 文化与谈判风格

跨文化谈判常常会面临许多挑战。谈判者需要从以下四个方面进行准备，以应对这些挑战。

（1）预测文化差异。

跨文化谈判中的许多困难其实是文化差异导致的自然结果，因此预测文化差异能够帮助我们更好地制订谈判方案。以霍夫斯泰德的文化维度理论为例，我们可以预见：与个人主义文化相比，集体主义文化更看重人际关系的构建；与低权力距离文化相比，高权力距离文化更在意对方在谈判桌上的态度是否足够尊敬；与短期取向文化相比，长期取向文化下的谈判者会花费更多时间来了解谈判双方，对长期的谈判关系也更有兴趣。此外，不同文化的谈判者对于“公平”的标准也可能不同。

（2）学习文化差异，但警惕刻板印象。

我们虽然要对文化差异进行预测，但这样的预测并不一定是准确的。许多书籍和课程总结了特定国家谈判者的行为特点。这些总结虽然有指导作用，但也有可能过于简化。即便同一文化中的谈判者，其谈判风格也可能大相径庭。因此，学习文化差异非常重要，但我们需要警惕对其他文化的刻板印象，有时谈判对手的风格也许并不是其所在文化中的典型风格。

文化差异是指文化在行为、价值观等维度上的平均表现。也就是说，不同文化之间的差异仅仅是指人们行为方式上的一般差异。比如，研究显示，韩国谈判者通常比日本谈判者更加强硬，但这并不代表所有韩国谈判者在所有谈判中都会频繁使用强硬策略（tough tactic）。

与预测个体行为相比，预测文化差异对解释行为的帮助更大。了解其他文化中人们的价值观与思维模式，能够帮助我们更好地理解谈判对手的行为举止，也会帮助我们预判谈判对手会如何解读我们的行为。作为中方谈判者，每当我们试图解读对方行为的文化含义时，对方也会按照中国人的一般行为模式来解读我们的举止。

与之相对，刻板印象是指人们对文化差异的夸张化与迷信。刻板印象让人们相信同一文化中所有人的行为方式都是相同的，这可能导致对对方行为的错误预测。比如与巴西人相比，日本人往往更倾向于在谈判中保持沉默，但其实也有一些日本谈判者并非如此。然而，对日本人有刻板印象的人会认为，日本谈判者都会表现得非常安静。因此，作为谈判者，我们需要警惕对其他文化的刻板印象。

（3）利用价值观差异（value difference），创新解决方案。

正如之前的章节中所提到的，利用谈判双方在核心利益诉求或优先事项上的差异，可以找到做大谈判蛋糕的方案。因此，在跨文化谈判情境中，洞察双方在价值观、优先事项、风险态度和未来期望等方面的差异，有助于我们通过权衡交换，达成对双方都有利的协议。

（4）采用恰当的谈判风格。

为跨文化谈判进行准备，并不意味着我们一定要顺应对方的谈判风格。在谈判中一般有四种情况：己方了解对方的文化，但对方不了解己方的文化；己方不了解对方的文化，但对方了解己方的文化；己方了解对方的文化，对方也了解己方的文化；己方不了解对方的文化，对方也不了解己方的文化。

如果双方了解彼此的文化，那么无论使用哪种文化下的典型谈判风格，风险都无疑是最小的。如果己方了解对方的文化，对方却对己方的文化缺乏了解，那么可以使用对方的行为准则和谈判风格；如果对方了解己方的文化，己方却不了解对方的文化，那么己方需要鼓励对方接受和使用己方的谈判风格。若谈判双方互不了解，那么谈判的风险就会增大。在这种情况下，可以考虑引入第三方（比如精通两国文化的中间人）

来帮助双方避免误解与冲突。

总而言之，在跨文化商务谈判中，我们要在谈判前了解对方的文化，警惕对其他文化的刻板印象，准备好应对不同类型的谈判对手。同时，还要利用双方文化差异寻求共赢方案，并根据对彼此文化的了解程度选择合适的谈判风格。

本案例中的合作对象来自西非国家，所以了解西非国家的文化背景成为谈判前准备中的重要部分。非洲的谈判者通常有以下几种：一是家庭氛围浓厚的谈判者。非洲各部落内家庭互助意识强，较为富裕的人往往会帮助他们的亲戚，这种风格有时候会导致极少有人积极谋职，员工的工作效率低下，时间观念较弱。二是假装洽谈生意的谈判者。某些非洲商人积极地找人洽谈生意，但他们的目的往往只是得到许可证，然后转卖以获利。由于非洲部分国家法制不健全，很难通过法律追究这类商人的责任。三是权力意识强的谈判者。部分非洲人喜欢运用自己的特权来完成一些谈判。因此，谈判者可以根据谈判对手的喜好准备一些礼物，以促成交易。

从霍夫斯泰德（Hofstede，1993）的文化维度理论来看，非洲文化具有权力距离较大、集体主义色彩较强、女性化特质明显、不确定性规避弱等特点。[①] 权力距离大的文化群体认为，人与人之间有巨大的权力距离是理所应当的。此类文化下的社会往往讲究等级制度和垂直型管理。[②] 这种文化会影响不同情境下的语言表达（如问候语、敏感话题的可接受性）以及高层管理者的可接近性。个体或组织会对与权威信息相关的内容更加敏感。在沟通渠道上，比起非正式沟通，人们更倾向于正式沟通。女性化特质明显的文化关注协商和妥协。这使得跨国企业愿意与此类文化下的企业协商合作。比如，女性化特质明显的文化中的知识提供方与男性化特质明显的文化中的知识接收方进行知识转移时，男性化特质明显的文化中的子公司知道自利通常不是女性化特质明显的文化群体的主要动机，并相信女性化特质明显的文化中的知识提供方会投入自己的重要资源以期达成协作。基于此，男性化特质明显的文化中的公司在谈判中会更积极，彼此之间的知识转移会更为顺畅。在不确定性低（即不确定性规避弱）的文化中，人们喜欢变化，做事灵活，思维开阔，不受正式规则的限制。他们愿意不断寻找新的做事方法，认为任何事情都“一定会有更好的方法”来完成。

需要注意的是，非洲大陆国家和民族众多，不同国家和地区间存在文化差异。所以，要真正了解非洲谈判对手的谈判风格，除了了解非洲总体文化外，还需要对相应

---

① 徐笑君，王园园．跨国公司内部知识转移中民族文化因素影响分析：基于 Hofstede 民族文化维度视角．科学学与科学技术管理，2008（4）：86－91.

② Leyland，M. Lucas．“The role of culture on knowledge transfer：The case of the multinational corporation.” *The Learning Organization*，2006（13），pp. 257－275.

的国家或地区的情况以及谈判对手个人进行深入的分析和研究。

二、谈判策略与协议达成

(一) 谈判策略与协议达成概述

在谈判前和谈判中，中方了解到了有关科特迪瓦建工的总经理埃德曼（Edman）的更多信息。

埃德曼在公司工作了多年，擅长协调公司与当地各方的关系，是推动项目顺利进行的关键人物。埃德曼是比较典型的非洲谈判者，习惯慢节奏的谈判，不喜欢过于严格地按照计划时间表行事。他关注谈判中涉及实际利益的议题，崇尚实用，不喜欢在合作意向上耗费太多精力。尤其值得注意的是，埃德曼重视与合作伙伴的关系，有时候还会基于朋友之间的信任关系进行商业决策。

根据以上对科方公司总经理埃德曼的了解，中方及时调整了己方的谈判风格，努力与埃德曼建立良好的关系，争取对方的信任。例如，中方谈判代表许先生多次与埃德曼交流中非两国的风土人情，帮助埃德曼理解中国公司的商业礼仪，并邀请他来华参观。在埃德曼来华期间，许先生及其团队做出了周到的日程安排，并在交流过程中表达了对非洲历史文化的极大兴趣，埃德曼表示很乐意也为中方安排一趟完美的非洲旅行。

随着双方信任关系的建立，埃德曼对中方的态度更加坦诚，中方因此进一步了解了外方的需求和顾虑：(1) 自 2015 年科特迪瓦总统瓦塔拉连任以来，当地政府承诺解决住房问题，但烂尾楼项目频发。此外，2017 年科特迪瓦国有企业和政府机构的债务总额已接近其 GDP 的 8%，给公共财政带来了风险。在此背景下，低风险地帮助政府完成业绩是该公司的核心利益诉求。因为政府十分看重这个项目，所以这个项目的成功落地至关重要。(2) 科特迪瓦建工在房地产领域并没有经验。因此，对它来说，这个项目既是机遇，也是挑战。科特迪瓦建工有意通过此项目培养本企业员工的专业技能。因此，能否得到外方的及时支持，对于该公司来说尤为重要。

针对以上诉求和顾虑，中方制订了包含项目开发、销售、后期维修等全流程在内的方案。在随后的谈判中，中方凭借具有针对性的规划方案，顺利地与科方达成了许多共识。首先，针对科方对资金的顾虑，中方主动提出帮助对方进行政策融资。其次，针对外方培养本企业员工的诉求，中方表示愿意长期提供相关员工的培训。再次，针对土地规划设计问题，中方初步提出了一个设计纲要，并承诺按照外方要求设计出令其满意的建设方案。最后，针对分批次开发的问题，考虑到科特迪瓦的政治经济状况，中方认为分批次开发可能会影响未来的利润，增大己方承担的风险，因此提出如果分批次开发，就需要采取其他措施（如调整外派人员比例）减小己方的风险。

对于以上方案，科方谈判代表非常满意。双方最终达成了协议（见表 4-2）。

表 4-2　中建国际与科特迪瓦建工达成的协议

谈判事项	协议内容
开发方式	分批次开发，一次 5 000 套，共计 2 万套（作为交换，将中方外派人员比例由 25%降到 20%）
员工培养	中建国际长期提供相关员工的培训
融资	中建国际将通过 PPP 及 BOT 模式帮助科特迪瓦建工进行融资
建设	(1) 中建国际外派 20%的员工 (2) 由中建国际提出土地建设方案

埃德曼在谈判结束后透露，除中建国际外，还有其他企业希望与科方达成业务合作。虽然竞争者为中国国有企业，资金实力相对雄厚，而中建国际作为民营企业，实力相对薄弱，但竞争公司对科方公司的核心利益诉求和顾虑了解得不够，因此没有提出令人满意的合作方案。这是中建国际赢得此次合作的关键。

（二）问题与任务

根据以上谈判进程和结果，请思考和讨论以下问题：

(1) 结合第一部分介绍的三种战略风格，分析在本案例中中方主要采用了哪种战略风格。如果采用其他战略风格，结果会更好吗？

(2) 回顾谈判历程，中方之所以取得成功，是因为采用了哪些谈判策略？

在对上述问题有了自己的答案之后，请阅读以下案例分析内容，比较以下案例分析是否与您的答案一致。我们的答案或许会对您有所启发。

（三）案例分析

1. 基于利益的战略风格

在本案例中，中方主要使用了基于利益的战略风格，即谈判者通过了解彼此的潜在需求和愿望以及顾虑，提出满足这些需求和愿望并打消这些顾虑的方案。

首先，中方积极地与外方谈判者建立信任关系，询问对方的利益诉求，并在谈判前以及谈判过程中都仔细聆听对方所述。其次，中方与外方分享部分己方信息，并从对方利益出发，寻找打消对方顾虑的有效方案。最后，中方通过寻找差异创造价值。例如，在是否分批次开发这一事项上，以降低中方外派人员比例作为交换。

在本案例中，如果使用其他战略风格（例如基于权利或基于权力的战略风格），可能会导致谈判进展缓慢，甚至破裂。例如，科方可以在谈判开始时就声明，除中建国际外还有其他企业希望与非洲公司达成业务合作，且这些竞争者资金实力更加雄厚，因此希望中方做出更多让步。中方可以反驳说，己方对城建开发流程，尤其是西非的城建开发流程有丰富的经验，还能针对土地规划提出更专业灵活的设计方案，这是其他公司替代不了的。然后，双方可能会陷入长时间的争论，每一方都试图说服对方自己的观点是正确的，而另一方的观点是错误的。因此，需要从基于权利或权力的战略风格切换成基于利益的战略风格，才能有效推动谈判。

在本章案例中，与其他国企竞争者相比，中建国际稍显弱势。因此，基于利益的战略风格对中方而言就显得更为重要。中方从科特迪瓦建工的核心利益诉求和顾虑出发，强调对其缺乏城建业务经验和资金的担忧，并有针对性地提供多种解决方案，满足外方"低风险地完成项目"这一核心利益诉求，是中方击败其他国企竞争者的关键。

2. 帮助中方取得成功的谈判策略

回顾谈判历程可以看到，帮助中方取得成功的谈判策略主要包括：

第一，从对方利益诉求出发创新解决方案。

在本案例中，由于中建国际是民营企业，外方对中建国际的资金实力存在顾虑，这使得谈判迟迟无法推进。为了避免谈判功亏一篑，中方主动提出通过该公司近年启动的资本运营业务为该工程项目开展 PPP 及 BOT 等模式融资，为该项目的发展提供资金保障。在是否分批次开发这一事项上，中方主动做出让步，同时以此为契机提出降低外派人员比例，合理保障自身利益。针对科方提出的土地建设方案问题，中方视其为赢得谈判的突破口，主动提出派出设计工程师，承诺给出令其满意的建设方案，最终击败了竞争对手。

在一般谈判中，避免如下三种心态有助于我们创新解决方案：一是要避免对唯一谈判结果的追求。我们要避免将谈判结果看作对一个既有蛋糕的分配，相反，在谈判陷入僵局时，我们应在谈判桌上主动提出不同的选择方案，创造更大的蛋糕，以期获得更多的价值；二是要避免过早地对结果做预判，或过早地定下预期结果，以致阻碍新的合作方案的产生；三是要避免"各人自扫门前雪"的心态，认为解决对方的问题是对方的责任，这样会限制谈判中创造性的发挥。

第二，中方在谈判中处于弱势地位，必须利用对方的痛点来克服自身的弱点。

本案例中双方的核心利益较为明显：中方希望成功实现与科方的合作，科方希望项目低风险成功落地，帮助政府完成业绩。中方牢牢抓住科方关于土地建设方案的痛点，主动给出令其满意的方案并最终赢得了谈判。

谈判是多种因素牵扯的过程，因此往往存在多种策略选择。在学习了前几章的内容之后，读者可以尝试利用理论工具再次分析关键利益问题。例如，在协议中，是否分批次开发是一大争议点，或许中方可以借此在己方人员的保障上提出更多要求。

第三，关注文化差异，基于对手的谈判风格设计策略。

在本章案例中，中方在谈判准备期间了解到非洲的文化特点是看重私人关系的构建，良好的私人关系会促进双方的深度沟通。为此，在谈判初期双方对彼此都不熟悉的情况下，中方积极与外方总经理交流，与其建立了良好的私人关系。基于外方总经理对中方的信任，中方获得了关于外方的更多信息，了解到了外方的核心利益诉求和顾虑。这使得中方提出的解决方案更有针对性，谈判过程也因此更加顺利。

此次协议的达成将会积极影响双方的关系和未来的合作。对中方而言，这是与科特迪瓦政府项目的第一次合作，能够为之后在该国的业务开展打开局面；对科方而言，这是其涉足城建领域的第一步，未来有可能以此为契机进入该领域发展。此次合作后，双方在相关项目上会有更多合作可能。

本章小结

根据谈判动机的不同，可以将谈判风格分为四种：专注于己方利益的个人主义风格、关注双方利益的合作风格、旨在扩大双方差异的竞争风格、努力优化他人利益的利他主义风格。

谈判的战略风格包括基于利益的战略风格、基于权利的战略风格和基于权力的战略风格。在谈判过程中，三种风格并不相互冲突，可以结合使用。虽然基于利益的战略风格最有利于促成双赢的谈判结果，但在胶着的谈判中，谈判者也要有效地采用基于权利与基于权力的战略风格，并努力让谈判最终回归到基于利益的战略风格。

情感在谈判中发挥着重要作用。我们不仅应该熟悉自己的情感风格，还应该了解谈判对手的情感变化，这样才能在谈判中及时调整策略，防止谈判偏离轨道。谈判的情感风格可以分为积极情感风格、消极情感风格和中性情感风格三种。在谈判中，我们需要正确认识情绪，努力保持理性，并根据谈判情境战略性地表达情绪。

谈判者的个人谈判风格受很多因素的影响。谈判者的性别、外貌、个人魅力、情商、文化背景等都会影响个人谈判风格。通过谈判风格测量工具如托马斯-吉尔曼冲突模式测量工具，谈判者可以了解自己的主要谈判风格及其优势和劣势，并思考在不同的谈判情境下，如何调整惯用风格，提升谈判效果。

习题

1. 在三种谈判情感风格（积极情感风格、消极情感风格、中性情感风格）中，哪一种对谈判最具推动作用？请谈谈您的理解。

2. 有哪五种应对冲突的风格？在谈判中应该如何面对这五种风格的谈判对手？请举例加以说明。

3. 假设我们的工作场所是一个多人共事的公共空间。一位同事决定打开窗户让新鲜空气进来，但现在是冬天，寒冷的气流和外面的交通噪声会让您心烦意乱。您可以采取强硬的态度，要求同事关上窗户，或者为了维护同事关系，忍气吞声。以上做法分别体现了哪种应对冲突的风格？是否还可以通过采用其他应对冲突的风格解决这一矛盾？

4. 在阅读完下述材料后，请结合本章所学知识，分析诸葛亮与鲁肃在谈判中主要使用了哪种战略风格。

中国古代谈判智慧——诸葛亮智辞鲁肃

于是鲁肃引从者径投南郡来，到城下叫门。赵云出问，肃曰："我要见刘玄德有话说。"云答曰："吾主与军师在荆州城中。"肃遂不入南郡，径奔荆州，见旌旗整列，军容甚盛。……孔明令大开城门，接肃入衙。讲礼毕，分宾主而坐。茶罢，肃曰："吾主吴侯与都督公瑾，教某再三申意皇叔：前者操引百万之众，名下江南，实欲来图皇叔，幸得东吴杀退曹兵，救了皇叔。所有荆州九郡，合当归于东吴。今皇叔用诡计夺占荆襄，使江东空费钱粮军马，而皇叔安受其利，恐于理未顺。"孔明曰："子敬乃高明之士，何故亦出此言？常言道：'物必归主。'荆襄九郡，非东吴之地，乃刘景升之基业。吾主固景升之弟也，景升虽亡，其子尚在，以叔辅侄，而取荆州，有何不可？"肃曰："若果系公子刘琦占据，尚有可解。今公子在江夏，须不在这里。"孔明曰："子敬欲见公子乎？"便命左右："请公子出来。"只见两从者从屏风后扶出刘琦。琦谓肃曰："病躯不能施礼，子敬勿罪。"鲁肃吃了一惊，默然无语，良久，言曰："公子若不在，便如何？"孔明曰："公子在一日，守一日；若不在，别有商议。"肃曰："若公子不在，须将城池还我东吴。"孔明曰："子敬之言是也。"遂设宴相待。（选自《三国演义》第五十二回）

附录

一、本章谈判案例中的区域国别知识

学习完本章的核心知识与相关案例之后，您可以阅读下面有趣的区域国别知识。考虑到本章选用的案例发生于 2016 年左右，所以我们选用的也是该时间段的相关信息。希望这能帮助您更好地理解案例，实践核心知识。

（一）非洲房地产业发展现状及前景①

一国房地产市场需求与城市化进程往往是同步的。同时，居民收入水平的提升也会进一步增加对改善性住房的需求，并拓展商用房地产市场的开发空间。非洲国家房地产业的发展也遵循了上述经济规律。

【非洲的城市化进程不断推进】

长期以来，非洲的城市化水平一直保持稳步提升态势。如图 4－2 所示，1960—2011 年，非洲城市人口从最初的 5 300 万增加到 4.11 亿，每年新增城市人口从最初的 300 万增加到 1 500 万以上；尽管城市人口增速从最初的 5％以上下滑到 3.4％左右，但始终高于总人口增速；城市人口占总人口的比重持续增长，从最初的 18.7％提高到 39.7％，提高了 21 个百分点。根据非洲开发银行的预测，在未来的数十年中，非洲的城市人口预计将以 45％的增速增长，预计到 2040 年非洲将有一半的人口生活在城市，这是非洲房地产业发展的主要动力。

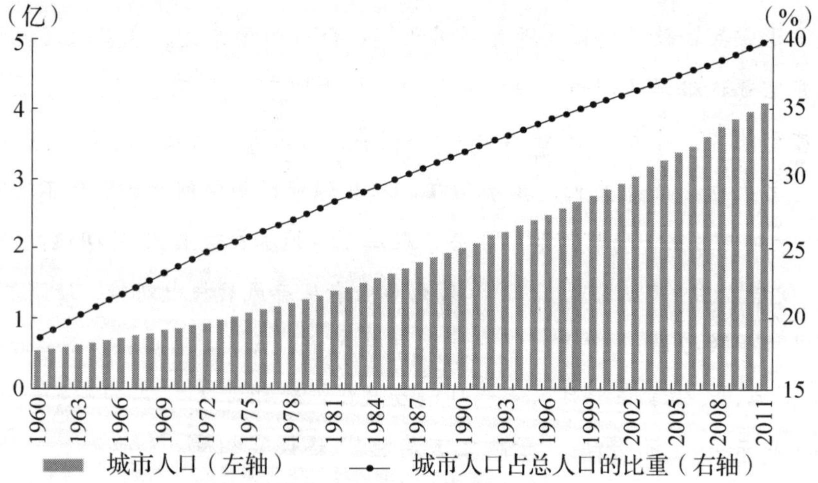

图 4－2 非洲城市人口及其占总人口的比重（1960—2011 年）

资料来源：World Bank. Africa Development Indicators Database.

① 姚桂梅．非洲房地产业发展现状及前景．中国社会科学院西亚非洲研究所网站，2014－06－09.

非洲各国城市化水平存在较大的差异，但均呈增长态势，且城市化水平偏低的国家增速稍快。除部分国家城市化水平较高外，其他地区城市化水平偏低。2011 年，非洲城市人口占比超过 60%的国家有北非地区的利比亚、阿尔及利亚、突尼斯，南部非洲的博茨瓦纳和南非，以及非洲其他地区的人口小国，如加蓬、刚果（布）、佛得角等国。1960—2011 年，撒哈拉以南非洲地区（不含南非）城市人口占比从最初的 12.2%提高到了 35.1%，提高了近 23 个百分点，城市化水平一直低于平均水平，但增长速度稍快。

【非洲居民住房建设缺口巨大】

伴随着城市化进程的推进，用于住房的土地需求不断增长，同时需要更多的服务设施和人员与城市发展进行配套。然而，在大多数非洲国家，偏低的居民收入水平制约了房地产市场开发水平。很少有人负担得起从马里的 5 800 美元/套到埃塞俄比亚和赞比亚的 70 000 美元/套的高房价。城市居民居住条件简陋，多以简易住宅或低层住宅为主，特别是 15～24 岁的青年人多居住在贫穷、拥挤的贫民窟。目前，居住在贫民窟里的人口从 1990 年的 1.23 亿增长到 2.26 亿。生活在那里的人连生命和财产安全都得不到保障，其居住条件亟待改善。

用于住宅开发的土地稀缺、建筑材料和基础设施费用的不断提高，以及土地和住房政策及立法的缺失，导致房价上升且使用权得不到良好的保障，这是非洲房地产开发面临的主要困难。另外，在非洲，住房贷款非常有限，由于首付要求高、贷款期限短、利息高，大约 85%的城市居民无法获得保障性住房。

虽然非洲的住宅问题面临巨大的挑战，但并非不可克服。一些非洲国家为解决低收入家庭的住房问题，已经成功地实施经济适用房政策，并建设了一些住房项目。结果，大约有 2 400 万非洲居民的住房条件得到了明显改善。例如，在过去的 10 年里，埃及、摩洛哥、突尼斯等国居住在贫民窟里的人数不断减少。

【非洲房地产业的发展潜力】

首先，随着非洲经济发展水平的提升和居民收入水平的增长，房地产市场需求必将得到强劲释放。其次，非洲国家普遍重视房地产市场开发对工业制造、建筑、金融等行业的拉动作用。为房地产投资提供相应的市场准入等支持也有利于房地产业的发展。最后，随着金融业的发展及其对房地产抵押贷款的支持力度的提升，非洲房地产需求增速也有望得到提升。

事实上，非洲房地产业正站在空前的飞跃式发展的起点。尼日利亚作为非洲第一人口大国，2012 年人口已超过 1.7 亿，存在约 1 700 万套的住房缺口。尼日利亚政府计划在未来几年开发 10 万套住房，逐步缓解全国住房供应短缺困局。而要填补 1 700 万套住房缺口至少需要 3 613 亿美元。2013 年，纳米比亚政府推出了 29 亿纳米比亚元的大规模住房计划。阿尔及利亚计划在五年（2015—2019 年）国家规划中投资约 560 亿美元建造各类住房 160 万套。2014 年 4 月，在埃及举行的“城市景观”房地产论坛上，埃及住建部部长表示该国军队正在与阿联酋最大的工程承包商（Arabtec）接洽，准备合建 100 万套低收入住房项目事宜，此举将激活埃及房地产市场。

此外，为满足非洲住房建设的巨大需求，非洲本土水泥生产企业已做好准备。例如，尼日利亚丹哥特水泥公司打算近五年投资 17 亿欧元，在非洲 10 多个国家建立水泥生产线，其中一些生产线已开始建设。该公司希望届时水泥年产量达到 5 000 万吨。像处于世界领先地位的拉法基集团、摩洛哥西玛水泥集团等水泥生产经营企业，也都在非洲建筑行业蓬勃发展的这一时期加大了投资力度。

（二）中国与科特迪瓦的商务与贸易合作现状①

【贸易】

中科双边贸易额近年来稳步增长，2019 年达到历史新高，贸易总额为 24.97 亿美元，同比增长 16.38％。其中，中国向科特迪瓦出口 20.42 亿美元，增长 7.93％；自科特迪瓦进口 4.55 亿美元，增长 79.38％（见表 4－3）。2016 年以来，中国超过尼日利亚和法国成为科特迪瓦第一大进口商品来源国。

表 4－3　2015—2019 年中国与科特迪瓦双边贸易统计

年份	进出口（亿美元）	同比增速（％）	中国出口（亿美元）	同比增速（％）	中国进口（亿美元）	同比增速（％）
2015	17.01	18.40	15.57	27.6	1.44	－33.4
2016	16.67	－1.80	15.66	0.70	1.01	－29.7
2017	18.50	9.75	16.93	6.81	1.57	55.68
2018	21.45	15.95	18.92	11.82	2.54	60.76
2019	24.97	16.38	20.42	7.93	4.55	79.38

说明：由于表中增速是使用未四舍五入的原始数据计算后再四舍五入得到的，所以与用表中数据直接计算得出的结果有少许出入。

资料来源：中国海关总署.

中国向科特迪瓦出口的商品类别主要包括日用品、电器、机械、钢铁及其制成品、汽车、化学制品、鱼类、塑料制品、橡胶制品、瓷砖、玻璃和石材等。中国从科特迪瓦进口的商品类别主要包括橡胶、棉花、可可、鱼类等。

① 参见中国商务部发布的《对外投资合作国别（地区）指南：科特迪瓦》。

【投资】

据中国商务部统计，2019 年中国对科特迪瓦的直接投资流量达 8 526 万美元；截至 2019 年末，中国对科特迪瓦的直接投资存量达 5.64 亿美元（见表 4－4）。

表 4－4　2015—2019 年中国对科特迪瓦的直接投资的历年存量　　单位：万美元

年份	2015	2016	2017	2018	2019
存量	12 678	17 966	30 368	44 200	56 400

资料来源：中国商务部.

【承包劳务】

据中国商务部统计，2019 年中国企业在科特迪瓦新签承包工程合同 31 份，新签合同金额达 34.91 亿美元，完成营业额 10.93 亿美元。累计派出各类劳务人员 976 人，年末在科特迪瓦劳务人员共 2 329 人。新签大型承包工程项目包括：特变电工衡阳变压器有限公司承建科特迪瓦 12 个大区国有手工业区的改造和开发项目；中国港湾工程有限责任公司承建科特迪瓦圣佩德罗港口扩建项目；中国土木工程集团有限公司承建西部地区某公路改造项目和某公路沥青摊铺项目；等等。截至 2020 年 6 月，科特迪瓦中资企业商会共有成员 46 家，其中工程承包企业 26 家、投资生产企业 3 家、通信企业 3 家、商业贸易公司 6 家、服务型公司 2 家、经援项目组 6 家。在科特迪瓦有较大竞争优势的中国企业包括华为技术有限公司、中国港湾工程有限责任公司、中国水利水电建设集团有限公司、中国机械工业集团有限公司、中国地质工程集团有限公司、中国路桥工程有限责任公司等。

另外，中国建筑集团有限公司、中国土木工程集团有限公司等中国企业在科特迪瓦开始承建项目。截至 2016 年底，中国在科特迪瓦的民营企业和个体商人主要从事的行业包括：(1) 药品销售、诊所行业，600～800 人；(2) 鞋业贸易，约 400 人；(3) 轻工产品、假发、建筑装潢，约 300 人；(4) 加工（食品、纸、洗涤用品）、炼钢厂、农机具贸易，约 200 人；(5) 餐饮业（10 家餐馆），约 100 人；(6) 酒吧和卡拉 OK（共 8 家），约 150 人；(7) 海洋捕捞，约 30 人；(8) 出租车业务，约 80 人；(9) 其他商务人员，约 50 人。近年来，中国在科特迪瓦实施的大型工程项目包括铁比苏-布瓦凯高速公路项目等。

【基础设施合作协议】

中国与科特迪瓦于 2018 年 9 月签署了“一带一路”合作备忘录。

【双边投资保护协定】

2002 年 9 月，中国与科特迪瓦签署了《中华人民共和国和科特迪瓦共和国政府有关鼓励促进和保护投资协定》。

【双边经贸磋商机制】

2000 年中国与科特迪瓦签署《中科第一届经贸混委会会谈纪要》，中科第二届经贸混委会于 2013 年 5 月在科特迪瓦召开，第三届经贸混委会于 2017 年 3 月 27 日在阿比让召开。

二、托马斯-吉尔曼冲突模式测量工具[①]

说明：

请想象一下你的观点与另一个人的观点产生冲突的情景。在此情况下你通常会做出哪些行为反应?

以下 30 对陈述句描述了人们在此情景下可能做出的行为反应。在每一对陈述句中，请在最恰当地描述你自己的行为反应的陈述句前的字母“A”或“B”上画圈。

在许多情况下，可能 A 和 B 都不能完全体现你的行为反应的特点，但请选择你较可能做出的行为反应。

题目：

1. A 有时我让他人承担解决问题的责任

   B 与其协商冲突之处，我更愿意强调我们的共同之处

2. A 我试图找到一种折中的解决方法

   B 我力图考虑我与他所关心的所有方面

3. A 我通常坚定地追求自己的目标

   B 我可能尝试缓和对方的情绪，以保持我们的关系

4. A 我试图找到一个折中的方案

   B 我有时会牺牲自己的利益，以满足他人的愿望

5. A 在制订解决方案时，我总是希望得到对方的协助

   B 为了避免陷入不利的紧张状态，我会做一些必要的努力

6. A 我努力避免让自己感到不愉快

   B 我努力使自己的立场获胜

7. A 我试图推迟对问题的处理，使自己有时间考虑一番

   B 我会放弃某些目标以达到其他目标

8. A 我通常坚定地追求自己的目标

① 资料来源于 Kilmann Diagnostics 网站。

B 我试图将问题的所有方面尽快摆在台面上

9. A 我觉得冲突不总是令人担心

B 我会做一些努力，以达到我的目的

10.A 我坚定地追求自己的目标

B 我试图找到一个折中的方案

11.A 我试图将问题的所有方面尽快摆到台面上

B 我可能努力缓和他人的情绪，从而维持我们的关系

12.A 我有时避免选择可能产生冲突的立场

B 如果对方做出一些妥协，那么我也将做出一些妥协

13.A 我采取折中的方案

B 我极力阐明自己的观点

14.A 我告知对方我的观点，询问他的观点

B 我力图将自己持有某种立场的逻辑和利益展示给对方

15.A 我可能试图缓和他人的情绪，从而维持我们的关系

B 为避免紧张状态，我会做一些必要的努力

16.A 我力图不伤害他人的感情

B 我力图劝说对方接受我的观点的好处

17.A 我通常坚定地追求自己的目标

B 为避免陷入不利的紧张状态，我会做一些必要的努力

18.A 如果能使对方感到愉快，那么我可能会让他保留自己的观点

B 如果对方做出一些妥协，那么我也将做出一些妥协

19.A 我试图将问题的所有方面尽快摆在台面上

B 我试图推迟对问题的处理，使自己有时间做一番考虑

20.A 我试图立即对冲突之处进行协调

B 我试图为双方找到一个公平的得失组合

21.A 在进行谈判调解时，我试图考虑对方的愿望

B 我总是倾向于直接商讨问题

22.A 我力图找到一个界于我与对方之间的位置

B 我极力主张自己的愿望

23.A 我经常会尽量满足双方所有的愿望

B 有时我会让他人承担解决问题的责任

24.A 如果对方的观点似乎对其十分重要，那么我会试图满足他（她）的愿望

B 我力图使对方做出妥协，以解决问题

25.A 我试图将自己持有某种立场的逻辑与利益展示给对方

B 在进行谈判调节时，我试图考虑对方的愿望

26.A 我会采取一种折中的方案

B 我几乎总是关心对方是否能满足我们所有的愿望

27.A 我有时会避免采取可能产生矛盾的方案

B 如果能使对方感到愉快，那么我可能会让对方保留其观点

28.A 我通常坚定地追求自己的目标

B 在寻找解决方案时，我通常希望获得对方的帮助

29.A 我会采取折中的方案

B 我觉得冲突不总是令人担心

30.A 我力图不伤害对方的感情

B 我总是与对方共同承担解决问题的责任

表4-5 托马斯-吉尔曼冲突模式测量工具

（请在每一题的选项上画圈）

序号	Ⅰ	Ⅱ	Ⅲ	Ⅳ	Ⅴ
1				A	B
2		B	A		
3	A				B
4			A		B
5		A		B	
6	B			A	
7			B	A	
8	A	B			
9	B			A	
10	A		B		
11		A			B
12			B	A	
13	B		A		
14	B	A			
15				B	A
16	B				A
17	A			B	

续表

序号	Ⅰ	Ⅱ	Ⅲ	Ⅳ	Ⅴ
18			B		A
19		A		B	
20		A	B		
21		B			A
22	B		A		
23		A		B	
24			B		A
25	A				B
26		B	A		
27				A	B
28	A	B			
29			A	B	
30		B			A

写出每一列中被划圈的字母总数：

Ⅰ竞争（　）　Ⅱ合作（　）　Ⅲ妥协（　）　Ⅳ回避（　）　Ⅴ迁就（　）

/ 延伸阅读 /

"How should I adjust my negotiating approach to account for differences of personality, gender, culture, and so on?"

第五章 谈判中的问题解决

/ 学习目标 /

通过本章的学习， 您将:

- 了解心理模式与谈判
- 理解 PRAM 谈判模式
- 掌握原则谈判理论

/ 引言 /

谈判心理模式会对谈判的过程和结果产生至关重要的影响。那么，现实中有哪些谈判心理模式呢？这些心理模式是如何影响谈判的？是否存在一种最优的谈判心理模式？本章第一部分将为您解答以上问题。在第二部分，我们将通过分析中国宝惠与美国网红（influencer/internet celebrity）的网络营销谈判实例，介绍中国企业在海外网络营销的过程中，如何积极使用基于问题解决的谈判心理模式，推进谈判进程。希望此案例能帮助您更好地理解与运用本章的核心知识。

第一部分 【核心知识】 如何解决谈判中的问题

一、心理模式与谈判

谈判者的心理模式决定着谈判者如何描述、理解和预测谈判进程。谈判者的心理模式塑造他们的行为，从而影响谈判过程和结果。

汤普森在《谈判者心智》一书中总结了谈判者的五种心理模式：

（1）讨价还价（haggling）模式。

具有这种心理模式的谈判者基于对谈判的固定蛋糕看法（a fixed-cake perception），都试图通过谈判获得最大利益。[①] 例如，在一些城市的农贸市场，商户与顾客讨价还价的现象普遍存在。某些顾客由于能通过讨价还价以较低的价格获得商品而被认为是讲价高手（bargain hunter）。

（2）成本效益分析（cost-benefit analysis）模式。

具有这种心理模式的谈判者认为，谈判是一种理性的决策过程，因此，他们会进行成本效益分析，以实现利益最大化。例如，有些谈判者会估算每一个潜在协议的成本和收益，并基于此提出对己方有利的协议。

（3）博弈（game playing）模式。

具有这种心理模式的谈判者将谈判从"街头砍价"（fighting in the street）提升为在博弈游戏中文明地斗智斗勇。正如象棋选手通过运用各种策略获得比赛的胜利，谈判者也可以通过运用各种策略，最终在谈判中赢得更多的利益。《孙子兵法》就是典型的基于博弈模式分析制胜策略的中国古典军事著作，其中的博弈策略也常常为一些谈判者所借鉴和使用。

（4）合作关系至上的（partnership first）模式。

具有这种心理模式的谈判者常常会将对方视为长期合作者，认为当下融洽关系的建立对长期合作关系的培养很重要，因此往往会为了与对方建立长期的友好关系而做出一定妥协。

（5）问题解决（problem solving）模式。

具有这种心理模式的谈判者常常会试图与对方共同解决问题。这种谈判者关注协作，往往需要运用富有创造力、重构和开箱即用（out-of-the-box[②]）的思维。

通过分析谈判者的心理模式及其对谈判的影响，研究者们发现，当人们把谈判视为"讨价还价"时，往往更多地使用强硬的竞争性谈判策略；而当人们把谈判视为"问题解决"时，往往更愿意在谈判中分享信息、达成合作。同时，这些谈判者对谈判对手的潜在利益的理解也往往更为准确，双方对最终协议的满意度也更高。

显然，传统的讨价还价模式很可能会给谈判带来很多的弊端，例如容易使谈判陷入僵局（reach an impasse）、不利于建立长期合作关系、无法达成最优谈判结果等。随

---

① 利·L. 汤普森．谈判者心智（第2版）．北京：中国人民大学出版社，2005.

② "out-of-the-box"直译为开箱即用，"out-of-the-box thinking"指创造性、开放性思维。

着国际商务谈判的不断发展，越来越多的研究者认为，问题解决模式更有利于达成最优谈判结果。下面，我们就介绍两种被人们广泛采用的、旨在解决问题的谈判模式。

二、PRAM谈判模式

PRAM谈判模式是由知名作家、咨询师罗斯·雷克（Ross R. Reck）开发的旨在实现双赢的谈判模式。它包括四个步骤：制订谈判计划（plan）；建立和发展双方友好关系（relationship）；达成双方都能接受的协议（agreement）；履行协议和维持关系（maintenance）。PRAM谈判模式是一个闭环，即谈判双方通过做出一系列连续的行为实现谈判取得成功、互惠互利和建立持久关系等目标。

三、原则谈判理论

原则谈判理论（principled negotiation theory）于1981年由美国哈佛大学法学院的罗杰·费希尔教授、哈佛大学谈判项目发起人威廉·尤里、项目副主任布鲁斯·巴顿在其合著的《谈判力》一书中提出，因此又被称为哈佛谈判法。根据原则谈判理论，谈判者应该通过强调各方的利益（而非讨价还价）来解决问题。该理论包括四个基本原则：关注利益而非立场；创造双赢方案；对事不对人；坚持使用客观标准。

（一）关注利益而非立场

费希尔、尤里和巴顿在《谈判力》一书中指出，立场是我们所提出的要求，而利益是我们提出这些要求的原因。关注双方的利益而非各自的立场，才有可能帮助我们找到解决方案并达成协议。调和利益关系比在双方的立场上做妥协更加有用，因为在对立的立场背后往往存在共同利益，而不是彼此冲突的利益。那么我们该如何发现谈判双方的利益呢？以下是《谈判力》一书作者们的核心想法。

1. 理解对方的视角

站在对方的立场上来看待事情是最基础的技巧。发现对方利益的最有效方法之一，是先判断对方认为我们在向他们索求什么，然后再问自己：对方为什么没有答应这一索求？是对方的某种利益诉求阻碍他们做出这个决定吗？如果我们企图改变他们的想法，那么我们要做的第一件事情就是明确他们现在的想法。

分析对方的利益诉求并列出一个清单可能会对我们有所帮助。在这个过程中，大多数情况下我们都不需要去追求一个精确的结果。正如《谈判力》的作者们所述：“我们要做的是去理解一个人的选择，而不是做数学计算。”

要意识到每个立场的背后都可能有多种利益，而最关键的利益往往与人的基本需求相关，如安全感、经济收益、归属感、他人认可、对于自己人生的掌控感等。因此，在寻找立场背后的利益诉求时，要特别注意那些使人们产生动机的基本需求，经济收益可能并不是对方唯一的利益。如果我们能够观察到这些基本需求，那么我们就可以提高双方达成一致的概率，或是达成协议后对方遵循协议的概率。

了解了各方的利益后，将这些利益进行分类并整理成清单。这不仅能够帮助我们厘清各方的利益，还能够方便我们将这些利益按照优先顺序排列，从而有助于我们做决策。更重要的是，它还能够帮助我们提出符合多方利益的解决方案。

2. 就各自的利益进行沟通

协商的目的是更好地服务于我们的利益，而这需要我们与对方不断进行沟通。如果不进行沟通的话，对方就不知道我们的利益是什么，我们也不知道对方的利益是什么；我们中的一方或是双方有可能会一直关注过去的种种不愉快，而不去关注未来。在就利益进行沟通的时候，为了促进交流，避免陷入僵局，我们应当具体、详尽地向对方解释我们的想法和利益诉求。

将我们的利益描述得具体、易于理解不仅能够让我们的描述更加可信，而且还增强了我们的影响力。在尊重对方利益的前提下，我们可以采取强硬的立场来强调我们对利益所做的考量的严肃性。在此期间，我们还可以邀请对方纠正我们的错误以显示我们的开放性。如果对方并没有对我们的描述进行纠正，那么也就说明他们认同了我们关于自己情况的描述。让对方重视我方利益的方法之一，是证明我方利益诉求的正当性。我们要让对方觉得我们并没有对他们本人进行攻击，同时让他们明白需要关注我们所面临的问题。我们需要让对方更加清晰地明白我方的利益。这可以通过提醒对方换位思考等方法来实现。例如，让对方站在我方的角度思考问题，让他们相信如果他们处于我方的立场也会有同样的感受，从而达到说服对方的目的。

在沟通中，要承认对方的利益也是当前问题的一部分：我们每个人都倾向于过分关注自己的利益，以至于不太重视对方的利益。当我们更好地理解对方的时候，对方也会更好地倾听我方的立场和诉求。因为对方会认为，能够倾听并理解他们的人是有智慧、有共情能力的人。所以，如果希望对方能够尊重和理解我方的利益，我方就应当做到让对方知道我们也尊重与理解他们的利益。

3. 先提出问题，再提出解决方案

如果我们先把我方的解决方案陈述给对方，那么对方很大概率根本不会耐心倾听我们的理由。也许他们根本不认同我们提出的建议，或者只是单纯地不想接受我们的建议。因此，听完我们的立场后，他们一定会想尽办法攻击我们的立场，反驳我们的方案。反之，如果我们把困扰我们的问题先告诉对方，对方在倾听完我们的理由以后，就会更加了解我们的立场，从而更认同我们的立场，因此也就更能接受我们提出的解决方案。所以，我们在协商的时候应当先把自己的利益和理由告诉对方，再提出我们的结论和解决方案。

4. 不要拘泥于过去，要向前看

当双方陷入争吵时，我们经常只注意到争吵的原因，却忽视了我们争吵的目的其实是达成共识。人们总是倾向于强调对方说了什么，做了什么，而不是关注未来的长期利益。“为什么”这个问题有两种含义：一种是向后看，去寻找造成争吵的原因，这样理解的人会认为自己的行为是由过去的事情所决定的；而另一种则是向前看，寻找争吵的目的，这样理解的人会认为行为是自身自由意志的表现。我们应当思考争吵的目的和想要达成的目的，而非拘泥于争吵的原因和开端，这样做更容易让我们的利益得到满足。所以，与其要求对方改变他们过去的想法或做法，不如告诉对方未来我们希望达成何种协议或何种共识。

5. 让决策具体且灵活

我们要如何基于利益提出具体且灵活的解决方案呢？首先，为了将我们的利益转变为具体的选择，我们应当问自己：我们最希望对方赞同的点是什么？接着，为了保证灵活性，我们可以设计多种全部符合自己利益的方案，这样一来就增加了对方选择的可变性和灵活性。

6. 严苛对事，温柔对人

在谈判过程中，双方都可以严肃地强调自己的立场和利益。实际上，如果谈判双方都十分积极地维护利益，就会激发双方的创造力，提出符合双方利益的解决方案。但同时，在和对方交流的过程中，我们应当表现得彬彬有礼，切勿让对方觉得我们是在攻击他们本人，而非探讨问题本身。得体的礼仪有助于提高对方的配合度，让对方切实思考我们的利益，避免产生不和。

（二）创造双赢方案

谈判协商的目的是达成共识。那么应该如何制订出一个能满足双方利益的方案呢？

明确“创造”和“决定”的区别。既然“决定”会妨碍想象力和创造力，那么我们就应该将创造性行为与评判性行为区分开来；将“思考解决方案”和“筛选可行的解决方案”区分开来。也就是说，我们要先创造出方案，再决定使用哪一个方案。思考方案的过程即头脑风暴。在这个过程中，我们不需要考虑方案的优劣、可行性等，只需要尽可能地提出多种方案以备筛选。下面是《谈判力》一书中提到的核心内容。

1. 拓宽我们的选择

做出明智选择的关键在于，我们要从大量的、各种各样的可选方案中筛选出最好的那个，而不是从一开始就寻找一个最佳方案。这意味着，提出多个可选方案是创造双赢方案的第一步。

2. 建立环形图表

为提出多个可选方案，可以使用环形图，这需要遵循四个步骤：首先，提出一个需要解决的具体问题；其次，对问题进行具体分析，将解决问题的障碍罗列出来；再次，拓宽思路，尽量思考出多种解决方案；最后，从中确定一个具体的解决方案。在这个环形图中，我们可以随时移动到上一个或者下一个步骤，不断地进行思考和补充，从而完善我们的解决方案。

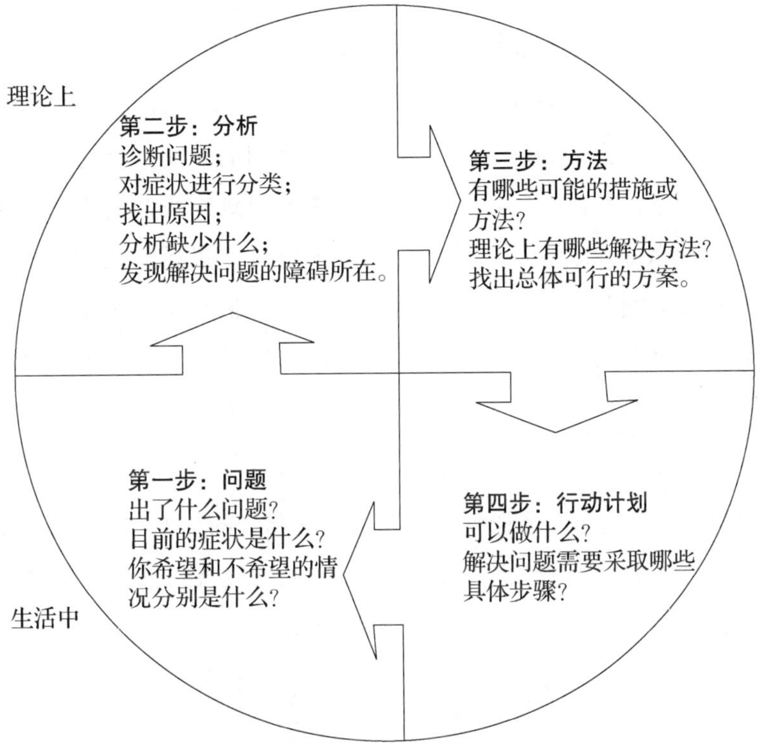

图 5-1　环形图：解决方案创建的四个基本步骤

3. 站在不同专业的角度来看待问题

要提出广泛的解决方案，我们可以尝试站在不同专业的角度，例如医生、教师、商人的角度等来对问题进行分析，从而罗列出适合各个专业的解决方案。

4. 提出不同性质的协议

我们可以准备不同性质的协议。倘若双方无法达成无条件协议，那么可能可以达成有条件协议；倘若无法达成永久性协议，那么可能可以达成暂时性协议；倘若无法达成最终协议，那么可能可以达成原则性协议。

5. 改变协议的内容范围

不仅可以对协议的性质进行区分，也可以对协议的内容范围进行区分。例如，将一个问题分成多个不同的子问题，从而针对各个子问题分别达成协议。

6. 寻找共同利益

共同利益其实存在于每一场谈判中，只是有时不够明显，需要我们去寻找并抓住它。我们要抓住双方的共同利益，以达成共同的目标。而这个共同的目标应当是具体的、面向未来的。在谈判中，强调双方的共同利益能够让谈判氛围变得更加友好，令谈判过程进行得更加顺利。有时候，双方的利益可能是互补的，因此只要明确这一点，达成协议也就变得不再困难。

7. 让决策变得更加简单

如果我们希望对方做出令我们满意的决策，那么我们应该向对方提出解决方案，而不是问题；同时，我们的解决方案应当是简单明了的，而不是一个艰难的抉择。首先，我们应该站在对方的角度思考，切身体会他们的处境，并思考什么样的选择能够解决他们的问题。其次，思考对方同意（或不同意）我们所期望的方案会导致怎样的结果，有什么好处或弊端。只有在充分了解对方以后，我们才能提出一个能够让对方欣然接受且满足自己利益的方案。最后，我们提出的方案应当能让对方直接同意的，而不会把问题复杂化，这样一来，对方赞同我们方案的可能性就大大提升了。

（三）对事不对人

把人与事分开，即指在商务谈判中，要区分谈判者的态度和对谈判所涉及的问题的态度。无论能否就谈判事项达成共识，双方谈判者都应保持良好的工作关系，避免在谈判中变得情绪化，或把问题个人化。要真正做到“对事不对人”，就要明白以下几点：

1. 谈判者首先是人

在谈判中很容易被忽视的一点是：我们谈判的对象是活生生的人。人们来自不同的文化背景，有着不同的情感和独特的价值观，这导致他们的行为和想法都难以预测。如果谈判者想建立充满信任、尊重和理解的长期关系，就更愿意在考虑己方利益的同时考虑对方的利益，从而促进谈判更加高效和顺利地进行。但是，如果人们在谈判中产生了愤怒、沮丧等情绪，对谈判对手产生了敌意，就很容易错误地理解对方想表达的意思，导致误解的加深，最终使谈判走向破裂。因此，谈判者要充分认识到谈判中“人”的因素的重要性，关注与之相关的视角、情绪、沟通等问题。

2. 谈判者的两种需求：实质利益和人际关系

谈判的最终目的是获取利益，但是除此之外，谈判者也希望在人际关系方面有所收获。例如，一个商人既想通过交易获取收益，也希望与顾客建立良好的关系，以便达成长期合作。现实中大部分谈判者都在为双方建立长期的合作关系而努力，有时持续的关系远比任何特定的谈判结果更加重要。

在实际谈判中，人际关系往往会与谈判事项纠缠在一起。我们很容易把人和事看作一体，从而常常会把对一件事的情绪发泄到具体的人身上。人们往往会凭借自己的主观意愿，对别人的话做出推断，从而对他们的意图和态度产生误解。通过《谈判力》这本书中提到的例子，可以更好地理解这一点：工头坎贝尔把很多重要的、复杂的任务安排给琼斯来做，琼斯感到很不满，指责坎贝尔跟自己过不去。而事实上，坎贝尔是因为看重并相信琼斯的能力，才让他负责重要工作。由此可见，做不到把人和事分开，就可能会导致双方对同一事实的理解有偏差，从而影响沟通。

3. 先解决人的问题

谈判中的利益冲突往往不是源于客观事实，而是源于人们不同的想法，因此我们一定要把物质利益和人的问题分开，不要通过在实质利益上让步，来换取良好的人际关系。尽管实质利益和人际关系问题很容易纠缠在一起，但只要谈判各方能做好充分的准备，解决实际问题和保持良好的人际关系就并不矛盾。

人际关系问题来源于三个方面：视角、情绪和交流。接下来我们从这三个方面入手，讨论如何处理人际关系问题。

（1）视角。

很多时候，谈判中的矛盾来源于双方的思考角度不同，而非客观事实本身。

在《谈判力》一书中，作者为我们列举了在面临续租时房东和房客的不同看法：房客决定等房东一来收房租便马上付给他；而房东却认为只要自己不主动开口，房客绝不会付房租。从这个例子中我们可以看到，当面临续租这样一个既定的事实时，房东和房客有着截然不同的想法。人们容易只考虑自己的利益，基于自己的顾虑，而用恶意、怀疑的眼光去看待别人的言行。

为了避免这一问题，我们需要站在对方的角度思考。换位思考是实现有效沟通的桥梁，是达成谈判目标的最重要手段之一。由于双方处于不同的立场，所以双方看问题的角度和方式自然也会有所不同。谈判中的每一方可能只看到了他们想要看到的事情，而忽视了对方的优点和自身的不足。而换位思考能帮助我们更好地理解对方的需求，从而减少矛盾，真正地解决问题并实现谈判目标。

此外，开诚布公地讨论对问题的看法也是化解矛盾的有效途径。坦诚的态度使人愿意倾听，从而能更好地了解对方的意图。

（2）情绪。

在谈判中，人们很容易产生各种复杂的情绪。一方产生的情绪也对另一方有很大影响。如果不能恰当地处理情绪，就会给谈判带来许多障碍。为了不让情绪影响到谈判结果，需要注意以下几个方面：

首先，要对自己和对方的情绪有一个清楚的认知。谈判者首先是人，在谈判中产生情绪再正常不过，而你要做的就是直面情绪，与对方真诚地谈一谈。只有了解了双方的顾虑，化被动为主动，才会不轻易被情绪控制，从而把更多的注意力放在谈判本身上。

其次，让对方发泄情绪并克制自己的情绪。有学者曾提出牢骚效应，该效应是指人们由于发牢骚而解决了久拖未决的问题或提高了成功概率的现象。研究发现，员工把委屈、不满等负面情绪发泄出来后，工作效率会更高。对谈判者而言也是如此，发泄情绪有助于缓解焦虑，也能使人们更冷静、理智地对待接下来的谈判内容。但当对方发泄情绪时，我们要努力克制自己的情绪，不要以负面情绪来回应对方的负面情绪，否则小冲突也可能演变成激烈的争执。

如果我们在谈判中发现对方抱有敌意，那么我们可以利用一些小细节示好，从而化解敌对情绪。哪怕是一声问候、一句道歉，都可能给对方带来积极的情绪。这也是一项成本最小而收益最大的投资。

(3) 交流。

谈判就是双方通过交流达成共识的过程，在这个过程中存在三大障碍。第一个障碍是双方不一定直接交谈。谈判双方往往会避免直接进行严肃的交流，而是向第三方或者委托人寻求帮助，但这样的交流往往难以奏效。第二个障碍是不认真倾听。我们可能沉浸在自己的世界中，思考接下来我们该如何回应，而忽略了对方正在说的问题。第三个障碍是误解。由于语言、文化、性格等多方面的原因，双方之间很容易产生误解。一旦一方对另一方想要表达的内容产生了错误的假定，就很容易导致矛盾的产生。

为了克服以上三个障碍，我们可以在交流中使用以下技巧：

认真倾听。首先要集中精力倾听对方。注意对方的语气和用词可以帮助己方获取更多的信息。同时，这样也能表示己方对对方的尊重，从而给对方留下良好的印象。这会让我们在谈交易条件的时候顺利很多。

积极回应。己方不仅要听对方讲话，还要适当地提出一些问题，给对方以回应。这样做有以下两个好处：一是可以帮助双方都了解更多信息，从而更好地理解对方的观点。通过己方的提问，对方可以推测己方对某些问题的看法，而对方的回答也可以解答己方对一些问题的疑惑，避免一些不必要的分歧。二是可以让对方获得满足感，更愿意继续谈判。适当的回应和提问能让说话人的情感得到宣泄，让己方更容易得到对方的认可。

恰当表达。除了倾听并回应对方提出的问题外，己方还需要表达自己的情绪和立场。坦诚相见可以获得对方的理解，也更容易让对方接受己方的诉求。同时，在这个过程中，表达的方式也十分重要。己方要注意避免指责对方，因为对方可能会迁怒于己方而忽视谈判事项。把对他人的指责换成己方的感受，既传达了相同信息，又能取信于人，比如我们可以用“我感到失望”来代替“您背弃了诺言”。当然，有时也需要适当保持沉默，因为过多的交流可能会暴露我们的底线。因此，在获取足够的信息之前，我们应尽量避免做出重要表态。

以上方法可以避免或解决视角、情绪、交流等方面的问题，但处理人际关系问题的最佳时刻是在问题发生之前，因此未雨绸缪非常有必要。己方可以在谈判开始之前，和对方像朋友一样聊天，从而加强双方的信任，促使双方建立良好的合作关系。

（四）坚持使用客观标准

1. 凭意愿做决定会付出巨大代价

谈判双方的利益往往是相互冲突的，大家都希望得到对自己有利的结果。但是如果双方都坚持自己的诉求，互不让步，都希望对方答应自己的条件，那么谈判很有可能陷入僵局，变成一场双方耐力的较量。最终极有可能会出现一方用让步来换取对方同等价值的让步的结果。双方都付出了巨大的代价，但问题并没有真正得到解决。这样的谈判是低效的。因此，我们需要设立一个独立于个人意愿的客观标准，把注意力集中在问题本身，而不是双方的耐力上，从而使谈判能够更高效地完成。

2. 制定客观标准

制定和使用客观标准是解决谈判中的利益冲突的关键。客观标准应该具有科学性、权威性、合法性，应该切合实际，对谈判各方都适用，且独立于各方的主观意愿。[①] 例如，如果某房地产中介在向你出售房子时提供了一份标准合同书，那么你可以询问对方在购买房子时是否会采用同样内容的合同书，从而验证标准是否公正。

除了客观标准需要具有公平性以外，在解决实际的利益冲突时，也需要采用公平的程序。我们经常用博弈论中的“分蛋糕”理论来实现尽可能的公平：切蛋糕的人最后拿蛋糕，因此为了防止自己拿到最小的蛋糕，他会尽可能切得平均，这样所有人都不会抱怨。此外，排序、抽签、让其他人帮助决策也是解决分歧的有效手段。

3. 使用客观标准进行谈判

以客观标准为基础的谈判主要有三个步骤：

首先，双方就同一问题一起寻找客观标准。虽然双方的利益是冲突的，但寻找一

---

① 白远．国际商务谈判：理论、案例分析与实践．5版．北京：中国人民大学出版社，2019.

个客观标准来解决问题是双方共同的目标。讨论后得出的客观标准也更具有普遍性和适用性，可以激励大家更加积极地执行。

其次，以理服人，并且愿意接受合理的劝说以确定最佳的标准和方式。在讨论标准时，我们要寻找客观基础来支撑我们的观点，比如国际惯例或者其他人曾经使用过的标准。当对方有理有据地提出一个合理的客观标准时，我们也要用开放的眼光去看待。不能只认可自己提出的标准，而要敢于接受他人的提议。原则谈判要求我们既能说服对方，也愿意接受劝说。

最后，遵从原则，但绝不屈服于压力。在引入客观标准的过程中，会面临来自对方的各种压力，如贿赂、威胁或者完全拒绝让步。这时我们需要做的就是坚持自己的原则，不被对方影响。无论对方施加何种压力，我们都应该让其基于合理的理由提出客观标准，并根据此标准来进行谈判。

以上谈判理论主要是费希尔、尤里和巴顿在《谈判力》一书中提出的。但也有一些学者对这一理论提出了异议，比如有学者指出：在重视人情的东方文化中，很难做到将人与事分开。

现在，你已经初步了解不同的谈判心理模式如何影响谈判，尤其是基于问题解决的 PRAM 谈判模式和原则谈判理论。但是，实际谈判过程中充满着困难与挑战，你需要学会利用上述知识来解决谈判中遇到的问题。因此在第二部分中，我们将展示中国宝惠与美国网红 Tina W 的网络营销谈判实例，通过对该案例的分析来帮助你理解如何运用谈判理论解决问题。

第二部分 【通过案例学谈判】

中国宝惠与美国网红 Tina W 的网络营销谈判

在本章的第一部分中，我们介绍了谈判的心理模式及其对谈判的影响。现在我们运用所学，分析谈判者如何在谈判中恰当地调节心理模式，以推进谈判、达成合作。我们将本章第二部分的内容分为“谈判背景与准备”和“协议达成与反思”两个阶段进行介绍，在每一阶段的内容介绍后均设置了问题和任务，便于您结合本章的相关知识进行思考与讨论。

一、谈判背景与准备

（一）谈判双方简介与谈判进程

1. 谈判双方简介

中国宝惠科技有限公司

中国宝惠科技有限公司（下称“中国宝惠”）成立于 2016 年，是旨在将优质的中国制造产品输送到全球消费市场的跨境电子商务公司。公司总部位于北京，在深圳、成都、香港等地区均设有分公司，销售额年增长率长期保持在 500%以上。公司自成立以来，经营产品包括服装、珠宝首饰、美妆、家电、母婴用品、鞋包和 3C（即计算机类、通信类和消费类电子产品）等品类，业务覆盖全球 200 多个国家与地区，付费消费者达上千万人。

对于公司美妆产品（beauty product）的北美市场开拓，中国宝惠认为社交媒体网红营销是非常重要的模式，这是因为消费者愿意跟随视频教程来选择美妆产品，足不出户就能轻松获取其相关市场信息的美妆产品也更受消费者欢迎。例如，2018 年，YouTube 上与美妆产品相关的内容被浏览的次数多达两千亿次，且还在以年均 92%的增速快速增加。美国消费者在 YouTube 上观看美妆产品视频的时间年均增加了 75%，其中个人护理和化妆品相关视频的年增长率处于领先地位，其他类别的视频也保持了 50%以上的年增长率。睫毛等眼部美妆视频是搜索和观看次数最多的。

美国网红 Tina W

Tina W 是美国一位拥有百万粉丝的电商博主和美妆达人，在 YouTube 上的粉丝多达 189 万。她的知名度高，带货能力强，某款眼影盒产品在她的视频中一经发布后 12 小时内全部售罄。此外，Tina W 在消费者中也具有一定的影响力。消费者购买 Tina W 推荐的美妆产品，不仅仅是为了消费，更是为了表达对 Tina W 个人的支持。

2. 谈判进程

中国宝惠意识到，公司需要的美国网红不仅要热度高，而且带货能力要强。有的网红可能是靠高颜值或其他才艺火起来的，虽然知名度高，但是带货能力不一定强。因此，中国宝惠决定先从带货型网红入手，从而在投入成本相同的情况下获得更高的收益。

经过前期调研，宝惠确定了 Tina W 等几位适合推广公司产品的美国网红，随后开始与各位网红分别进行协商，拟订合作方案。考虑到多方面的原因，中国宝惠不可能在网红们做出成绩之前就一次性把钱款打给他们。可是在这种情况下，网红们可能会担心中国宝惠不按合同履行职责。这些行为和顾虑都是可以理解的，毕竟这样的问题也时常发生。中国宝惠决定先从知名度最高的 Tina W 切入，以得到期待合作的所有网红的认可。

在与 Tina W 的经纪人洽谈的过程中，中国宝惠首先向其展示了产品信息，Tina W 的经纪人也随之提出在视频中同时介绍产品的优缺点，以提高粉丝对其的信任度的策略。但中国宝惠担心直接指出缺点会导致销量和口碑下降，希望她能尽可能完美展现产品。因此，双方在此问题上产生了异议，两位谈判者的情绪一度都有些激动，谈判也陷入了僵局。

此时，为缓和双方关系，中国宝惠建议暂停谈判。随后，双方转移话题，就长期合作的可能性等进行了一些轻松的交流。这一方面缓和了双方关系，另一方面使双方进一步明确了合作所能带来的巨大收益和无限机会。

短暂休息后，双方的情绪都冷静了下来。Tina W 的经纪人表示理解中国宝惠的顾虑，即过多地强调产品缺点的确可能会损害产品口碑，降低公司收益；而中国宝惠也从网红的视角出发，认同对方"只介绍产品优点容易降低粉丝对其的信任度"的看法。基于对彼此诉求的理解，谈判双方一起讨论解决办法，提出了若干可行方案。

最终，双方达成协议——中国宝惠允许 Tina W 根据个人看法评价产品，Tina W 的经纪人也同意在描述产品缺点时，使用"此产品不适合某一类人群"等更委婉的措辞。

在就产品展示达成一致后，宝惠提出了报酬条件，然而 Tina W 的经纪人对此并不满意，并提出了一个极高的价格。中国宝惠认为这样的高价难以接受，但提出可以在己方报价的基础上增加奖金。Tina W 的经纪人仍然坚持她所提出的条件，不肯妥协。谈判似乎陷入了另一个僵局。此时，中国宝惠的谈判代表建议双方将各自的利益点罗列出来，在分析和比较之后，双方找到了共同利益——消费者的认可，即无论是中国宝惠还是 Tina W，都希望得到消费者的认可，都希望看到有更多的消费者购买 Tina W 推荐的中国宝惠的美妆产品。

因此，基于共同的利益，双方共同拟订合作方案，并尽可能地简化方案，明确双方利益，以提高对方接受的可能性。在参考了中国宝惠以往的广告费、Tina W 的视频播放量和粉丝数，以及其他同量级网红的收费标准后，双方最终确定除基础广告费外，中国宝惠将依据网红的带货销量来进行分红奖励，从而激励网红提升自己的带货能力。

（二）问题与任务

阅读以上案例谈判进程后，请思考和讨论以下问题：

（1）从谈判心理模式的视角分析，你认为该谈判过程中的几次僵局是如何产生的？面对僵局，双方是如何调整谈判策略的？

（2）结合原则谈判理论的四个基本原则，你认为双方在解决问题的过程中遵循了哪些原则？

对以上问题有了自己的答案之后，请您阅读本章接下来的内容，比较以下案例分析是否与您的答案一致。我们的答案或许会对您有所启发。

(三) 案例分析

1. 心理模式与谈判

该谈判过程中的几次僵局均源于谈判者使用了讨价还价的谈判心理模式（the mental model of bargaining）。无论是网红 Tina W 还是中国宝惠方的谈判者，都试图获得既定谈判蛋糕中的更大份额。在第一次僵局中，网红 Tina W 的经纪人希望可以在介绍产品时列出产品缺点，而中国宝惠则希望多介绍产品的优点。在第二次僵局中，双方都希望达成对己方有利的价格。讨价还价的谈判心理模式使得谈判一度陷入僵局。

为了更有效地达成合作，双方谈判者及时调整，随即采取了问题解决模式，试图一起解决存在的问题，达成共识。为此，双方交换了各自的顾虑和想法，并表达了合作意愿，努力在化解矛盾的同时达到双赢的目标。

值得注意的是，谈判中中国宝惠和网红 Tina W 的经纪人均希望与对方建立融洽的长期伙伴关系，但并没有完全使用合作模式。例如，中国宝惠方的谈判者可以选择放弃部分眼下利益（例如同意网红经纪人的高出价）以换取长期的合作机会。但与这一让步相比，使用“底薪＋分红”的条件性协议（contingency contract）似乎更能满足双方的核心利益。

2. 原则谈判理论的运用

第一，在中国宝惠和网红 Tina W 的谈判案例中，谈判者遵循了“关注利益而非立场”这一原则。在谈判中，双方分享了彼此的利益诉求与顾虑，并将彼此的利益罗列出来进行分析。中国宝惠希望树立公司声誉、赢得产品口碑、在付出最少成本的同时获得最多网红的宣传与支持；网红的利益则包括最直接的经济利益、间接的用户认可、自身的话题度和热度等。基于此，双方也找到了共同的利益，即都渴望得到消费者（用户）的认可。

第二，谈判者遵循了“创造双赢方案”原则。在明确了双方的利益诉求之后，中国宝惠积极推动双方共同制订解决方案，并注意尽量降低决策难度、增强利益针对性，以提高对方接受的可能性。

例如，中国宝惠提出先将产品邮寄给网红试用一段时间，在亲身体验产品的性能和质量以后，再推荐给用户。这样一来，不仅用户对网红的信任度会提高，产品的口碑也会提升。再如，中国宝惠还提出根据带货销量向对方支付提成，从而提高了网红 Tina W 的带货积极性。

第三，双方谈判者遵循了“把人和事分开”原则，注意控制情绪和换位思考。首先，当双方产生分歧、情绪激动时，中国宝惠方的谈判者通过暂停谈判和安排茶歇的方式使双方放松下来，成功缓和了双方的负面、紧张、愤怒情绪，使谈判得以顺利进行。其次，在随后的谈判中，双方都能够换位思考、对事不对人，冷静地寻求有利于双方的解决方案，并最终达成一致。

第四，双方谈判者遵循了“坚持使用客观标准”原则。在价格上无法达成一致时，双方一起寻找客观标准来解决问题，包括参考市场上普遍的或其他网红使用过的标准，最终通过理性讨论，达成双方都能接受的方案。

二、协议达成与反思

（一）协议达成与后续发展

由于网红 Tina W 的真实测评与推荐，消费者对中国宝惠的产品的好感度有了大幅提升，产品的好评率和回购率也很高。中国宝惠的美妆产品在海外市场有了较好的口碑，赢得了消费者的信任。中国宝惠与网红 Tina W 的合作总体来说十分愉快，双方也建立了良好的长期合作关系。

在实现和高知名度网红的合作后，公司如愿获得了其他网红的信任。在中国宝惠的产品风靡市场后，许多网红甚至会购买公司的产品并跟风测评，从而使产品的知名度有了进一步的提升。

（二）问题与任务

阅读以上材料后，请思考和讨论以下问题：

在本案例中，基于问题解决的谈判心理模式为协议达成起到了积极的作用。但是，这种模式的潜在风险有哪些？是否在某些情景下，这种模式不是谈判者的最优选择？

对以上问题有了自己的答案之后，请您阅读本章接下来的内容，比较以下案例分析是否与您的答案一致。我们的答案或许会对您有所启发。

（三）案例分析

原则谈判理论的批评者认为，这种方法过于软弱，忽视了需要立场性谈判或对抗性谈判的实际情况。

首先，虽然一些谈判能够实现“双赢”的结果，但原则谈判理论未必适用于所有的争议。原则谈判理论没有考虑双方利益完全对立的情况。在这种情况下，即使双方都愿意，采用原则谈判理论也可能是徒劳的。①

① Carrie J. Menkel-Meadow. “What's Fair：Ethics for Negotiators.” in Carrie J. Menkel-Meadow，Lela Porter Love，Andrea Kupfer Schneider，Jean R. Sternlight（Eds.）. *Dispute Resolution*：*Beyond the Adversarial Model*. Aspen Publishers，2005.

其次，原则谈判要求谈判双方都有一定的诚意，但这在一些谈判中可能是不存在的。说服一个对抗性的谈判者改变策略有时是不可能的。遵循原则谈判理论的谈判者在面对强硬的竞争型谈判者时，如果不调整谈判方法，可能很容易被对方利用。

最后，原则谈判可能会加剧谈判双方之间的权力失衡。原则谈判假定双方的权力大致相等。如果情况不是这样，较弱的一方就可能会被利用。虽然原则谈判理论或“解决问题”的谈判模式并非没有缺点，但它仍被认为是目前最优的模式。正如费希尔、尤里和巴顿在他们的书中所总结的：理论和经验都表明，与其他谈判策略相比，原则谈判从长远来看会产生一样好或更好的实质性结果。此外，它在处理人际关系时更有效，成本也更低。

本章小结

本章介绍了谈判中不同的模式，尤其是基于问题解决的 PRAM 谈判模式和原则谈判理论。PRAM 谈判模式包括四个步骤：制订谈判计划；建立和发展双方友好关系；达成双方都能接受的协议；履行协议和维持关系。PRAM 谈判模式认为谈判是在双方互助合作关系基础上的协商，谈判中不仅存在利益关系，而且存在人际关系。人际关系是实现利益关系的基础和保障，谈判各方不仅要着眼于本次谈判，还要考虑未来的交往与合作。原则谈判理论的核心是谈判者应该通过关注各方的利益诉求（而非讨价还价）来解决问题。该理论包括四个基本原则：关注利益而非立场；创造双赢方案；对事不对人；坚持使用客观标准。虽然基于问题解决的谈判心理模式并非没有缺点，但仍被认为是目前最优的谈判心理模式。

在本章的案例中，中国宝惠的谈判者在与美国网红的谈判中采用了基于问题解决的谈判心理模式。双方在产生分歧时，能够通过调节情绪、换位思考、寻找共同利益等多种方式来解决问题，使谈判得以顺利进行，最终达成一致。

习题

1. 谈判者的基本心理模式有哪些？在谈判中如何选择合适的心理模式？

2. 基于原则谈判理论，您如何理解中国俗语“买卖不成仁义在”？

3. 在阅读完下述材料之后，请您尝试分析在谈判过程中，陈轸采用了原则谈判理论中的哪些原则来促进协议的达成。

古代谈判智慧——陈轸说昭阳毋攻齐

据《战国策》记载，公元前 323 年，楚国派令尹昭阳率军攻打魏国，但昭阳在得到魏国的八座城池后，却转而攻打齐国。齐国人陈轸见齐国蒙难，便去拜见和游说昭阳放弃攻打齐国。陈轸首先问昭阳：“楚国最显贵的官职是什么？”昭阳说：“只有令尹。”接着，陈轸说：“令尹的确是最显贵的官职，你已官居令尹，楚王不可能再给你加封了。”然后，陈轸又引用画蛇添足的故事告诫昭阳：“给蛇画脚的人，最后却没喝上酒。如今你为楚国攻打魏国，打垮了他们的军队，杀了他们的将领，获得了八座城，又挥师转战打算攻打齐国，齐国非常害怕你，你的名声已经足够大了，你的官职也不能再加封了。战无不胜却不知道停止，就会自寻死路，爵位也封不上了，就像给蛇添足的那个人。”

陈轸通过一则故事清楚地为昭阳分析了利弊，最终说服昭阳解除了对齐国的包围并撤军离开了。

附录

一、美国网络营销环境和政策

（一）美国网络营销环境概况

美国是互联网基础设施领域的领先者，诞生了 YouTube、Instagram、Facebook、Twitter、Pinterest 等多个全球性社交网络平台。这些平台覆盖了全球几十亿用户。北美是全球互联网普及率最高的地区之一。例如，美国总人口约 3.3 亿，其中互联网人口有 1.9 亿多，在社交媒体领域，Facebook 和 YouTube 占据着主导地位。[①] 但随着 5G 网络的普及，短视频平台兴起，美国用户正逐渐从 Facebook 转向 YouTube，TikTok 也成为增长最快的社交媒体之一，在短视频领域发展迅猛。

目前，美国地区的网红营销模式十分成熟，在 YouTube 的带动下，也出现了大批 MCN 机构[②]，这些机构基本覆盖了美国地区的顶级网红，一般只有通过这些 MCN 机

① 数据来源于海外网红营销平台 NoxInfluencer。

② MCN 机构是指帮助签约网红进行内容持续输出和变现的公司。

构，才能与这些网红进行合作。根据海外网红营销平台 NoxInfluencer 的分类方法，美国社交媒体上的网红大概可以分为三个类别：第一类是明星网红，他们具有超强的影响力，一般是演员、模特、运动员等，不以社交媒体为主要收入来源，但营销覆盖范围广、粉丝互动程度高；第二类是大 V 网红，他们一般是职业博主、创作者，能结合品牌要求产出原创内容，营销效果好；第三类则是大众网红，粉丝数量较少，影响力相对有限。

网红营销领域的发展潜力巨大，Morning Consult 发布的《网红营销报告》显示，72%的 Z 世代和千禧一代会在社交媒体上关注网红，其中 52%的 Z 世代和 50%的千禧一代相信网红会对其推广的品牌及产品给出好的建议。在美国年轻人心中，真实性是网红非常重要的一个特点。近年来，YouTube 上开箱测评类视频热度很高，这也印证了真实的体验更容易被用户接受。

随着网红营销的迅速发展，美妆产品的营销重心也逐渐从线下转移到线上。2018 年，YouTube 上的美妆相关内容被观看了 2 000 亿次，同比增长率达 92%；美国消费者在 YouTube 上观看美妆类视频的时长同比增长了 75%；在 YouTube 上，美妆网红带来的互动率是品牌自主营销的 32 倍。[①] 美妆市场需求量不断上升，而美国作为市场份额最大的国家，有着良好的发展前景与潜力。

（二）美国网络营销政策

根据美国联邦贸易委员会编制的《互联网广告和营销规制手册》，网络广告和营销必须遵守《联邦贸易委员会法》中“禁止在任何媒体上发布任何具有欺骗性和不公平性的广告，广告必须真实，不误导消费者”的规定。

二、网红营销行业知识

（一）网红的定义与网红营销概述

网红，是指在现实或者网络中因某起事件或者某个行为而被网民关注，进而走红的人、品牌、企业等，或因长期持续输出专业知识而走红的人。随着技术与市场的升级，网红已经从一种形象逐渐转变成一种经济产业。网红营销，是以网红为形象代表，在社交媒体上聚集人气，依托庞大的粉丝群进行定向营销，从而将粉丝转化为购买力的过程。

（二）网红营销的发展趋势

随着技术的发展与推广，视频、直播与电商将成为未来网红经济的三大主要形式。

---

① 相关数据来自 KOL 直聘网。

(1) 视频技术的升级进一步丰富了以传统图文为主的网络内容，并使这些内容有了极大的 IP 价值。

(2) 直播平台的推广以及社交网络平台对直播的引入，使得以往颇具亚文化色彩的直播生态逐渐与主流文化融合。

(3) 电商与社交网络的融合使得网红凭借自己的内容积累粉丝后，可以方便地售卖对应的消费产品。

(三) 海外网红营销的承载平台

(1) YouTube。YouTube 是海外网红营销的主流平台，大部分网红具有专业视频制作能力，支持在视频下方简介里加入产品链接。同时内容制作者本身具有很强的内容原创能力，能通过生动细致地展示产品来激发观众的购买欲。YouTube 视频在谷歌搜索中占有很大的权重，广告商在 YouTube 上传品牌视频有助于改善搜索引擎优化 (SEO)，从而提高品牌关键词排名。有人认为，使用合适的网红＋匹配对口的网红粉丝受众＋有号召力的优质原创内容＝爆火，大部分网红营销人员都能收到超过预期的反馈。

(2) Instagram。Instagram 是几个主流社交媒体平台中拥有最高转化率和互动率的平台。Instagram 的用户很大一部分是千禧一代，也就是国内常说的“80 后”和“90 后”，这些用户极具购买力，他们成为产品的客户后，复购率和活跃度非常高。

(3) 视觉平台。视觉平台是为具有视觉吸引力的产品服务的平台。看上去漂亮的产品往往会让人感觉舒适，从而激发购买欲。比如，Instagram Story 这个视觉平台就有较强的互动性，还可以直接引导至平台以外的网页。

(4) Facebook。Facebook 拥有庞大的用户群，无论什么产品都能在这里找到目标受众。Facebook 上的内容多样，用户可以发布文字、图片、视频甚至直播，优质的短视频内容会迅速在 Facebook 传播开来。Facebook 适合投放广告，可根据用户的年龄、性别、地点、兴趣爱好、品牌黏性、收入等进行精准的广告投放，目前是除谷歌以外最好的广告投放渠道。

三、中美营销现状

中美两国是世界上名列前茅的两大经济体，二者之间有频繁的贸易往来，双方均是对方在世界上最大的贸易伙伴之一。

(一) 贸易往来日益密切

据统计，2019 年，中美货物贸易额为 5 413.8 亿美元，同比下降 14.5%。其中，中国自美进口 1 227.1 亿美元，同比下降 20.9%；对美出口 4 186.7 亿美元，同比下降

12.5%。中方顺差为2 959.6亿美元，同比下降8.5%。中美服务贸易额为1 265.4亿美元，同比增长1.0%。其中，中国自美国进口834.7亿美元，同比下降4.0%；对美出口430.7亿美元，同比增长12.1%。中方逆差404亿美元，同比下降18.7%。

（二）美妆行业成为热门行业

KOL直聘网的资料显示：2019年，美妆产品占中国跨境出口的份额较大，因此海外网红营销是比较适合美妆产品的海外营销推广模式。2019年，美妆产品已经占据中国跨境出口总值的7.4%，位居跨境出口电商行业前五。目前，美国是美妆产品市场价值最大的国家，2019年其市场价值达到12.83亿美元，零售量达2 490万件。预计2025年全球美妆产品的市场容量将达到893亿美元。由此可见，中美之间的美妆贸易营销将会日益增多。

（三）网红的影响力增强

随着各社交平台的崛起和发展，网红的影响力也在不断扩大，互联网上出现了一股“跟风网红”的热潮。这也为中国产品在海外的营销提供了思路。以美妆产品为例，视频是美妆产品最好的呈现方式。凭借网红个人的信誉和影响力，由网红对产品进行介绍、测评并将产品推广给更多的用户是现在热门的营销手段之一。因此，中国产品也可以借助各大社交网络平台进行营销。欧美比较热门的社交网络平台有YouTube、Instagram等，而国内比较热门的社交网络平台有Bilibili、小红书等。这些社交网络平台的用户群体普遍偏年轻，追求时尚，也喜欢关注同类型的网红。因此，中国各产品的营销人员可以通过与YouTube等平台上的网红合作来赢得海外用户。

/ 延伸阅读 /

Create Value out of Conflict

第六章 谈判中的信任、关系及道德规范

学习目标

通过本章的学习，您将：

- 掌握谈判中建立和维护信任的方法
- 理解关系对谈判的影响
- 学会分辨不道德和具有争议的谈判策略与行为
- 学会判断谈判策略是否符合道德规范
- 掌握应对不道德的谈判策略的方法

引言

谈判双方的关系对谈判的进程和结果有重要的影响，而决定双方关系的一个核心因素就是信任。那么，信任的类型有哪些？谈判双方如何快速建立信任？谈判者之间存在哪些类型的关系？不同类型的关系会如何影响谈判？

与信任和关系高度相关的另一个重要话题是谈判中的道德规范。显而易见，不道德的谈判行为一旦被识破，就会严重损害双方关系，使谈判双方丧失对彼此的信任。为什么谈判中的不道德行为时有发生？如何判断谈判策略是否符合道德规范？如果谈判对手使用不道德的谈判策略，应该如何应对？这些疑问都将在本章第一部分进行解答。

在本章第二部分，我们分析了山东M钢铁集团与泰国SF公司的收购谈判实例，以帮助你更好地理解并运用谈判中信任与关系的相关知识，同时了解中国企业如何在跨国谈判中巧妙运用相关知识达成目标协议。

第一部分　【核心知识】

谈判中的信任、关系及道德规范的概念与应对策略

一、谈判中的信任

（一）认识信任

众所周知，信任（trust）是人与人之间沟通的基石。无论是在日常生活中人际关系的构建方面，还是在谈判场合中协议的达成方面，信任所起的作用都不容小觑。正如名言所述："信任的建立需要数年，但打破只需几秒钟，修复则需要一辈子。"信任是人与人之间破冰的关键，是最坚实的，却也是最脆弱的。因此，作为谈判者，我们需要认识到信任的重要性，了解信任的含义与分类，学会建立和维护人与人之间的信任关系，让信任成为助力谈判的工具，为良好谈判关系的建立和最终协议的达成打下坚实的基础。

研究者通常将信任分为以下三种类型：

1. 基于威慑的信任[①]

基于威慑的信任（deterrence-based trust）以行为的前后一致性[②]（the consistency of behavior）为基础。这类信任的建立常常源于合同的规定或外界的监督，倘若人们不遵守承诺，轻则会被罚款，重则会被法律制裁。

然而，由于这种信任建立在外在的威慑与监督之上，因此存在诸多问题：维持这种信任关系不仅费时费力，有时还会产生相反的效果。美国心理学家布林（Brehm）曾发现："人们相信自己对自身的行为拥有控制权，因此当这种控制权受到限制时，人们往往会采取对抗的方式保护自己的控制权。"[③] 正是因为这个有趣的心理现象的存在，在某些明文禁止涂鸦的墙壁上常常会有大肆涂鸦的痕迹。

---

① Shapiro, D., Sheppard, B. H., and Cheraskin, L. "Business on a handshake." *Negotiation Journal*, 1992, 8 (4), pp. 365 - 377.

② 即人们会按照既定的承诺采取行动。

③ Brehm, J. W. *A Theory of Psychological Reactance*. Academic Press, 1966.

2. 基于了解的信任①

基于了解的信任（knowledge-based trust）以行为的可预测性为基础。当我们对他人足够了解时，便自然而然地认为可以准确预测对方的行为，因此也就产生了对他人的信任。我们常说的长期合作伙伴关系就是基于这种信任建立的。在现实生活中，我们可以看到许多企业之间都会建立长期合作伙伴关系。这种关系不仅可以让企业减少不确定性所带来的成本，而且可以让企业享受到更个性化的产品和服务。

或许大家会产生疑问：实际生活中信息不对称（information asymmetry）的现象随处可见，长期合作中拥有信息优势的一方是否会利用这种信任来谋取私利呢？答案是否定的。由于人们希望形成并维持长期稳定的合作关系，因此即使有有利可图的机会，人们也不会因一时之利而损害信任关系。

3. 基于认同的信任②

基于认同的信任（identification-based trust）是基于人们的身份认同感（sense of identification）而建立的信任，是人们互相理解（understanding）、赞同（approval）、共情（empathy）的结晶。和基于威慑的信任截然不同，这类信任更偏重于人们在感情和价值观上的内在认可，并非受到外在条件约束时才会产生，因此是一种最稳固的信任关系。

以上三种基本的信任类型各有特点，却又互相关联，密不可分。在实际生活中，这三种信任关系常常交织在一起。例如，夫妻之间就既有因价值观契合而产生的基于认同的信任，又有因互相了解而产生的基于了解的信任，同时还可能有因为婚前协议或其他外在条件约束而产生的基于威慑的信任。

（二）建立信任

在谈判中，尤其是商务谈判中，建立信任（build trust）尤为重要。双方的信任可以使谈判有一个良好的开端，提升谈判效率，推动谈判顺利进行。以下是建立信任的一些具体策略：

1. 着眼于共同利益

着眼于共同利益（focus on common interests）是建立信任的一条捷径。这里提到的共同利益可以是个人层面的共同利益，比如共同的社会网络、共同的兴趣爱好，甚

---

① Lewicki, R. J. and Bunker, B. B. "Developing and maintaining trust in work relationships." In R. M. Kramer and T. R. Tyler (Eds.). *Trust in Organizations: Frontiers of Theory and Research*. Sage Publications, 1996, pp. 114 - 139.

② Brewer, M. B. "Ethnocentrism and its role in interpersonal trust." In M. G. Brewer and B. Collins (Eds.). *Scientific Inquiry in the Social Sciences*. Jossey Bass, 1981, pp. 214 - 231.

至共同的“敌人”，也可以是企业层面的共同利益，比如共同的目标。这些共同利益的存在可以使谈判双方获得更多的认同感，在情感和认知层面提高彼此的信任度。

在很多商务谈判中，双方会因为立场的分歧而产生信任危机，导致谈判陷入僵局（deadlock），无法进行。但转换一下思路，着眼于双方的共同利益就能达到一个双赢的结果。在许多谈判中，对潜在利益的仔细审视会帮助谈判双方发现更多的共同利益或可兼容的利益。如果双方都把着眼点放到共同利益上，就会对彼此多一分信任，谈判就会顺利进行。所以，着眼于共同利益有助于搭建双方的信任之桥。

2. 提前做好充分的准备

提前做好充分的准备（make adequate preparation in advance）对双方信任的建立和谈判的顺利进行具有重要作用。在很多情况下，导致双方不信任的原因之一是谈判双方没有深入地了解对方。例如在跨文化谈判中，谈判者可能没有充分了解对方公司的经营状况，对彼此国家的投资合作环境、当地相关法律法规以及相关注意事项也缺乏认识。双方如果对以上这些信息有了充分了解，就可以在短时间内快速建立起对彼此的信任。

3. 运用“类似吸引原则”

类似吸引原则（principle of similarity attraction）是指人们在人际交往中常常会喜欢在信念（belief）、价值观（values）、态度（attitude）、个性特征（personality）、年龄（age）、社会地位（social status）、地域（region）等方面与自己相似的人。同理，在谈判中，谈判者更容易信任和自己类似的人，甚至为之做出让步。《谈判者心智》一书中提到，许多销售培训项目要求学员“模仿并配合”客户的身体姿势、情绪和语言风格，因为这些方面的相似之处会产生积极的效果。

国际商务谈判涉及来自不同文化背景的主体，这比只涉及来自相同文化背景的主体的谈判更具有挑战性。国家间的政治、经济和社会文化环境各有不同，这些都会导致双方难以快速建立起信任。为消除文化差异引发的信任危机，在谈判开始之前，谈判各方有必要了解彼此之间的文化差异，熟悉对方的行为模式（behavior pattern）和文化习惯（cultural habit），采用尊重包容的态度（respectful and inclusive attitude）来应对跨文化障碍。

4. 增加彼此的熟悉度

社会心理学中有关人际交往吸引力的研究发现，人们会偏好自己熟悉的事物。某事物出现的次数越多，人对其产生的好感度也越高，即存在“单因接触效应”（mere exposure effect）。因此，谈判者可以有意识地增加彼此接触的次数，从而增加彼此的熟悉度（increase mutual familiarity），这样双方之间的信任就慢慢建立起来了。

增加彼此的熟悉度的一种非常有效的方式就是利用非正式会谈加深对彼此的了解。在紧张而严肃的正式场合中，谈判者常常会过分关注己方利益或立场，无法以全局眼光看问题，也无法很好地倾听对方、了解对方的真实想法。因此，双方可以在谈判桌以外的非正式沟通场合，如接待会、商务晚宴、小型会谈等在轻松融洽的氛围中友好交流。这种非正式而坦诚的交流不仅可以使双方对谈判者个人风格和民族文化有更多的了解，还可以增加彼此的熟悉度和好感，消除不必要的疑虑和隔阂。

（三）维护信任（maintaining trust）

信任关系不是一旦建立就永远不变的，如果不精心维护，就有可能产生裂痕。在涉及双方利益的商务谈判中，信任关系的维护和修复极为重要。在谈判过程中，为了维护和修复信任关系，我们要做如下三点：

1. 建立"缓冲地带"

在谈判过程中，小的摩擦时有发生，此时切忌表现得具有防守性，这只会加深双方的隔阂。我们应该秉持包容开放的原则，建立"缓冲地带"（create a "buffer zone"），给双方一个情感缓冲的空间。比如，通过私人会谈的形式直接与对方坦诚交流，或者通过合适的方式向对方表达歉意，让对方直接发泄情感，或者赠送合适的礼物。

2. 明确谈判目标

谈判不同于辩论赛，最重要的不是分清孰对孰错，而是使双方利益最大化。因此，在谈判中，我们不应执着于争辩对错，而应明确谈判目标（identify negotiation targets），正确完整地表达自己的观点并倾听对方的意见，提供具有建设性的建议，只有这样才能和对方建立更深层的信任关系。

3. 放眼长远（build a long-term vision）

修复信任不是我们的目的，建立长期稳定的信任关系才是。因此，作为一个成熟的谈判者，我们要学会用发展的眼光处理谈判双方的关系，吸取过去的经验，为未来"铺路"。我们可以定期组织活动或会谈，以便跟进对方的想法，降低发生误解的可能性，使双方的长期信任关系健康稳定地发展。

总体来说，彼此间的信任会促使人们在谈判中建立合作关系；反过来，拥有良好前期合作关系的谈判者也会更加信任谈判对手。接下来，我们将具体介绍谈判中的三种常见关系，以及它们如何影响谈判。

二、谈判中的关系

人际关系是人与人联结的纽带，是在社会活动中建立的心理桥梁。在商务谈判中，不同的人际关系会导致不同的谈判进程与谈判结果。一般来说，有着良好商业关系的谈判者们更容易形成整合式谈判（integrated negotiation），将合作利益最大化。除此之外，私下有朋友关系的谈判者也比没有这种关系的谈判者更容易达成双赢协议。

但朋友关系并不总是对谈判结果有利，有时候甚至会成为谈判的巨大阻碍。试想一下，如果你与朋友们约好一起去度假，但你们对度假地点有不同的喜好，在这种情况下，大多数人为了友谊只能选择妥协。虽然最终结果差强人意，但损失了自身的利益（这并不是商业活动中所提倡的）。

在本章，我们将谈判中的关系简略地分为三类：朋友关系、商业关系和嵌合式关系，并简述它们对谈判的不同影响。

（一）朋友关系

我们存在于社会中，与人际网络中的不同人员互动。相比同事或上级等商业伙伴，我们与朋友、家人等的互动常常更为频繁、密切。这种互动实质上也是一种谈判——虽然我们总称其为“商量”或是“共同制订计划”。比起与陌生人讨价还价，我们与朋友谈判时更容易以一种开放、诚实的态度参与其中，这就是朋友关系（friend relationship）相较商业关系的不同。

（1）与朋友谈判时的价值取向不同。朋友是心理能量的补给站，当情绪不佳时，我们能在此处充电；朋友是一只隐形的手，当遭遇困难时，我们能从此处获得帮助。因此，我们不仅关注朋友们的需求，甚至愿意牺牲自己的自由和便捷性去满足朋友的需求，而谈判却要求我们以实现自己的最大利益为目标。这两种目标取向是矛盾的，因而我们在与朋友谈判时可能会感到不适，甚至不愿意与朋友谈判。

（2）与朋友谈判时的公平标准不同。在划分价值蛋糕方面，与朋友谈判时通常会遵循平等原则（the principle of equality），即平均分配（equal distribution）。而在商业世界中，贡献最多的人应获得最大块的蛋糕，即应遵循绩效原则（the principle of performance）。

（3）与朋友谈判时难以达成最优的协议。与陌生人相比，我们与朋友竞争的意愿更弱：我们不愿花太多时间讨论利益分歧；我们更慷慨，更容易做出妥协；我们想尽量避免冲突与矛盾，不愿意使谈判陷入僵局，害怕友谊遭受永久的损害。所以与朋友谈判时，我们通常会做出妥协，以快速地解决分歧。太关注关系往往会使我们忽略利益。显然，这样的谈判很难达到最优的结果。对朋友说“不”没有那么容易，毕竟我们都不愿成为伙伴中“最扫兴的人”。可如果大家都持同样的想法，不愿提出异议，不愿说“不”，最后可能就只有少数人满意。就好像和朋友们一起徒步旅行时，虽然预先知道了沿途的风景一般，但因为自己以为其他人都想去，所以也勉强说了“好的”。如果每个人都这样做，那么结果就是一群人一天都不开心。如果大家都选择讲出自己真实的想法，接受不同意见，或许就能换来令大多数人满意的结果。

（二）商业关系

在商业关系（business relationship）中，划分蛋糕时遵循公平原则（the principle of fairness），所以谈判时更可能使用交换的策略（the quid pro quo strategy），即用以货币价值量化的市场定价筹码去交换所需要的商品、服务、承诺等。但这种方法只是意味着公平占主导地位，并不代表所有人都会遵守规则。商业关系有以下特点：

（1）人们在商业关系中没有自主选择权。我们能根据自己的喜好选择朋友，所以朋友至少有着与我们差距不大的价值观，有我们欣赏的闪光点。但我们在工作伙伴上的选择权很小，对谈判对象甚至完全丧失选择权。可能你遇见的谈判对象举止粗鲁、唯利是图，但你不得不考虑到为公司争取利益而选择忍受，直到完成整场谈判。例如，女权主义者的谈判对象可能歧视女性；高学历者的谈判对象可能笃信“读书无用”论；无神论者的谈判对象可能是虔诚的原教徒——但作为商业关系中的谈判者，我们别无选择。

（2）商业关系中通常存在地位和等级差异。在一段友谊里，我们不太可能有明确的地位和等级差异。可能会有朋友表达自己的意愿，以引导大家做出他更想要的选择，但这并不意味着有对别人“必须说‘好’”的隐性约束。但在商业关系中，情况完全不同，表现为通常存在地位和等级差异。例如，公司有与自身发展匹配的组织架构；同一间办公室里有明确的上下级关系（a clear distinction between superior and subordinate）。研究表明，地位平等的谈判者之间的谈判气氛更轻松，更容易保持良好的商业关系，但更倾向于进行分配式谈判（distributive negotiation）。而等级关系明确的谈判虽然常伴随着更漫长的谈判过程和更脆弱的商务关系，却更容易达成整合式谈判结果，使双方获得更大的谈判蛋糕。

（3）新型商务关系日渐显现。我们时常需要在还没有太深入了解对方之前，就快速建立商务关系，共同合作，然后分享成果，未来不再有商务往来。这种新型商务关系要求快速建立信任、整合团队。与和朋友、亲人的长期关系相比，这种一次性的短暂的商务关系要求更专注业务，以解决问题为导向开展合作。但即使个人之间的关系会随着一次商务活动的结束而结束，绝对意义上的一次性关系也正在逐渐消失。即使商务活动结束了，参与者所代表的公司未来也可能会在市场中一直互相影响。

（三）嵌合式关系

朋友关系与商业关系虽然大不相同，但有时它们也可能共存。这时，我们称其为嵌合式关系（dual relationship：combination of friendship and business relationship）。这种关系有减少监控成本、协调成本的优势，但也会带来很多问题。嵌合式关系有以下三个特点：

（1）情绪“缓冲区”消失。在工作上遇到麻烦时我们可以向朋友倾诉，在与朋友发生矛盾时我们可以选择将更多时间精力投入工作来转移注意力。但当工作伙伴就是朋友或家人时，有些朋友关系可能会因嵌合了商务关系而破裂。许多家族成员因共同经营家族企业而矛盾不断，最终甚至断绝关系。在谈判桌上，我们可能也会因身为朋友的谈判对象太过于专注利益、忽略关系而感到沮丧，即使这只是正常的谈判行为。

（2）会出现价值冲突。我们选择朋友时可能是基于共同的兴趣爱好和价值取向，但一个令人满意的朋友不一定是一个好的工作伙伴；我们希望寻找能力强、长处互补的工作伙伴，但这些理想的工作伙伴不一定能成为好朋友，甚至在某些方面还会使我们感到恼火。这种内部价值的冲突使人们在处于嵌合式关系时感到为难。当朋友同时是我们的商业伙伴时，仅按朋友或仅按商业伙伴来做判断都容易出错，优先选择能力还是喜好，是一个艰难的抉择。

（3）如果我们仅选择与自己人际关系网中的人进行商业往来，那么我们的**信息会过于闭塞，因而容易短视。**同一个圈子里的人一定有一些共同点，或者在某些方面持有相同的观点，这样就会缺乏意见差异性。如果大家的思维方式相同，对同一个想法说“好”，缺少因考虑不同意见而优化决策的过程，就不能得到最优的结果。但不得不承认，人们在遇到问题时，更倾向于从熟悉的人那儿获取信息，即使双方拥有的信息源相同。因此在谈判桌上，与既是朋友又是商业伙伴的对象谈判时，我们更容易因信息同源和存在感知偏见而面临一个双输的局面。

正如列维奇、桑德斯和巴里在《国际商务谈判》（*International Business Negotiation*）中所述，谈判行为总是在某种关系下发生的，无论以往的、当前的还是未来的关系，都会影响谈判的进程。谈判各方之间的关系往往与声誉（reputation）、信任（trust）、公正（fairness）这三个要素息息相关。可以想象，如果谈判者发现谈判对手没有公平或公正地对待自己，那么就很可能对谈判对手不再信任，谈判对手的声誉也会因此受到影响。接下来，我们将介绍谈判中哪些策略和行为可能会被认为是不公正的或不符合道德规范的，以及这些行为产生的原因和我们的应对办法。

三、谈判中的道德规范

商务谈判是不同利益主体之间的交易行为。很多时候，鉴于谈判双方的利益存在冲突，谈判双方不会全盘托出，而是虚虚实实地互相试探。因此，在这个去伪存真的谈判过程中，谈判双方也就不可避免地需要面对道德规范问题（ethical considerations）。

道德体现了不同文化、情景、人际关系中的社会规范。① 很多时候，对谈判中道德的判断标准并不是绝对的，这使得一些谈判策略与技巧的运用面临着道德困惑和风险。因此，我们需要了解谈判中具有争议的策略和行为、这些行为产生的原因，以及应对这些行为的方法。

（一）有争议的谈判策略与行为（questionable negotiation strategies and behaviors to consider）

1. 说谎（lying）

说谎是谈判中惯用的伎俩，且往往被认为是不道德的，情节严重的甚至构成恶意欺诈（也可被认定为犯罪行为）。谈判者可以通过主动或被动虚假陈述来传递不真实的信息。主动虚假陈述（active misrepresentation）是指谈判一方主动歪曲自己的优先事项，就自己的偏好说谎；被动虚假陈述（passive misrepresentation）是指谈判者不直接提及自己真正的偏好，而是诱导谈判对手得出错误结论。②

常见的说谎内容主要涉及立场（position）、利益（interest）、最佳替代方案（BATNA）、保留价格（reservation price）、优先事项（priority）、偏好（preference）、关键事实（key fact）、决策权（decision right）等。例如，历经几番唇枪舌剑后，导购往往会对消费者说："这已经是最低价格了，我自己还要倒贴 80 元。"虽然这不是真实的保留价格，但这么说能让一些消费者产生恻隐之心，从而放弃在谈判中进一步争取自己的利益。再如，红鲱鱼策略（red herring）就是通过利用优先事项来达到自己的目的，即谈判者先就一个对己方来说不是那么重要的事项（如对方送货延迟了）向谈判对手提出质疑，并强调这个事项非常重要，甚至会导致谈判破裂。当谈判对手对这一质疑感到压力巨大时，谈判者会提出服务于自己真正的优先利益的方案（如只要降低价格，就不追究送货延迟），引诱谈判对手做出妥协。

虽然在谈判中，谈判者并没有义务如实地表明自己的立场、利益、最佳替代方案、保留价格、优先事项等信息，但谈判者过分夸大或歪曲相关信息以追求利益最大化的行为往往被认为是不齿的。谈判者在谈判中往往会从自身利益角度出发为自己的立场设计论据，纵使这种行为可以被认定为是合理的，它也不是明智且富有战略

①② 利·L. 汤普森. 谈判者心智（第 2 版）. 北京：中国人民大学出版社，2005.

远见的。[①]

2. 违背谈判协议（reneging on negotiated agreement）

有些谈判者会在谈判中夸大自己的决策权，以试探另一方的态度和立场。在有些情况下，夸大自己的决策权的谈判者会直接向对方施压，以迫使对方做出让步。在谈妥条件后，这些谈判者会将后续工作移交给己方真正的决策者，并借机否定已承诺条款。而另一方出于机会成本的考虑，不愿空手而归，往往只好做出妥协。现实中，对于谈判者是否有权背弃非正式协议（如口头承诺），存在很大的争议。

3. 蚕食策略（nickel and diming）

在谈判中，对方提出的要求相较己方核心利益而言可能微不足道，但耐不住积少成多，如果对方长时间持续地提出小要求，那么己方利益最终也会受到损害。例如，在谈判结束后要求"再加一条"的策略虽然打破了谈判结束的彻底性和不二性原则（completeness and irreversibility principle），但也会有谈判者出于对边际成本（marginal cost）和边际收益（marginal benefit）等因素的考量而做出妥协。

4. 红白脸（good guy and bad guy）

红白脸策略又叫作软硬兼施策略（the carrot-and-stick strategy），是指在谈判中两个人分别扮演红脸和白脸，也可以一人兼饰两角。红脸负责坚守原则，白脸负责圆场，最终达成谈判结果。通俗来说，就是通过一唱一和、软硬兼施来迷惑谈判对手。中国教育中颇负盛名的"严父慈母"就是典型例子。

5. 摘樱桃（cherry-picking）

"摘樱桃"是买家对付卖家的一种策略，即买方想方设法让多个卖家分别报价，然后综合各方出价和协议条款，形成最优决策。毫无疑问，摘樱桃策略的关键就是信息。比如，当你准备添一套家具时，你会多方打听，货比三家。在这个过程中，你会发现每个家具店各有千秋——有的价格低，有的保修时间长，有的可以免费送到家。于是在和家具店老板议价时，你就可以充分利用手中的信息，要求家具店老板既承诺低价，又免费送到家，并长期保修。

除以上行为以外，传统的讨价还价（bargaining）、不正当地收集信息（gathering information wrongly）、表达不真实情绪（expressing untrue emotions）等都是常见的、具有争议的谈判策略和行为。

（二）不道德的谈判行为的产生原因（causes of unethical negotiation behavior）

俗话说"有果必有因"，导致谈判者做出不道德行为的因素有很多，但大致可以归

---

① Harinck, "F. Persuasive arguments and beating around the bush in negotiations." *Group processes and Intergroup Relations*, 2004, 7 (1), pp. 5 - 18.

纳为以下几种：诱惑（temptation）、不确定性（uncertainty）、弱势无力感（feelings of vulnerability and powerlessness）、受害者匿名（victim anonymity）。[①] 说谎通常被认为是不道德的行为，但通过说谎获得的经济利益越大，谈判者就越有可能说谎。[②] 同时，对谈判者来说，对方对事实了解得越少，他们说谎的可能性也越大。还有研究表明，团队或者小组中的谈判者说谎的倾向比单个谈判者更强。与谈判团队相比，处于相同讨价还价情景下的单个谈判者往往更加诚实。[③]

“人性之善也，犹水之就下也。人无有不善，水无有不下。”诚如孟子所言，谈判者也并非天生邪恶，而是因为与利益密切相关的权衡取舍出现偏差，所以才做出了不道德的行为。由于个人心理偏见的存在，人们常常认为自己的行为合乎伦理道德，这就导致偏差难以消弭。以下是几种常见的个人心理偏见：

1. 有限道德（bounded ethicality）

因没有意识到信息不充分或未掌握充分信息，人们在做出决策时往往局限于有限道德。[④] 也就是说，人们在做出某些行为的过程中并没有意识到这不合乎道德规范，但实际上确实损害了他人的利益，也违反了道德标准。常见的有限道德行为包括内隐偏见（implicit bias）、内群体互惠（intergroup reciprocity）等。

2. 优越感错觉（illusion of superiority）

人们通常对自己和自己的行为抱有更积极的看法和更高的容忍度。[⑤] 换言之，优越感错觉会使人们不自主地对实际情况视而不见，认为自己比他人更诚实、更善良、更加遵守道德规范。

3. 过度自信（overconfidence）

过度自信是一种普遍且常见的心理偏差，是指由于受到诸如信念（belief）、情绪

---

① Tenbrunsel, A. E. and Diekmann, K. A. “When you are tempted to deceive.” *Negotiation*, 2007, 10 (7), pp. 1 - 3.

② Bazerman, M. H., Tenbrunsel, A. E. and Wade-Benzoni, K. “Negotiation with yourself and losing: Making decisions with comparing internal preferences.” *Academy of Management Review*, 1998, 23 (2), pp. 225 - 241; Grover, S. L. “The truth, the whole truth and nothing but the truth: The causes and management of workplace lying.” *Academy of Management Executive*, 2005, 19 (2), pp. 148 - 157.

③ Stwaiski, S., Tindale, S. R. and Dykema-Engblade, A. “The effects of ethical climate on group and individual level deception in negotiation.” *International Journal of Conflict Management*, 2009, 20 (3), pp. 287 - 308.

④ Chugh, D., Banaji, M. R. and Bazerman, M. H. “Bounded ethicality as a psychological barrier to recognizing conflicts of interest.” In D. A. Moore, D. M. Cain, G. Loewenstein and M. Bazerman (Eds.). *Conflicts of Interest: Problems and Solutions from Law, Medicine and Organizational Settings*. London: Cambridge University Press, 2005, pp. 74 - 95.

⑤ Taylor, S. E. and Brown, J. “Illusion and well-being: A social-psychological perspective.” Psychological Bulletin, 1998 (103), pp. 193 - 210.

(emotion)、偏见（prejudice）和感觉（feeling）等主观心理因素的影响，人们常常过度相信自己的判断能力，高估自己成功的概率和私人信息的准确性。[①] 过度自信的谈判者总是对他们所掌握的数据、材料等信息过分自信，即使谈判的客观环境发生了变化，谈判者也不愿意更改自己的目标和计划。

同时，有研究显示，谈判者在某些情景下更容易使用具有争议的谈判策略。例如：(1) 谈判者认为谈判对手在说谎；(2) 谈判者认为谈判不涉及长期关系，即只是一次性谈判；(3) 谈判者使用具有争议的谈判策略将获得更多利益；(4) 谈判者认为即便使用了不道德行为也不会被发现或不会被惩罚。

(三) 跨文化语境下的道德规范挑战（ethical challenges in cross-cultural contexts）

"一千个人眼中有一千个哈姆雷特"，不同的文化有不同的道德标准，不同人对道德有不同的理解，因此，对于"有争议的谈判策略和行为"道德与否这一问题的答案也因人而异。值得注意的是，在涉及不同文化思维及行为方式的跨文化谈判中，双方常常由于对不道德策略的理解差异，难以有效交流。因此，在跨文化谈判中，谈判方要充分了解谈判对手的文化背景，包括习俗、行为准则、价值观念和商业惯例，评估使用各类策略的潜在风险及其可能产生的影响，拟定各种防范风险的措施。

例如，有研究者发现，东西方谈判者在谈判的伦理和道德观念上存在一定差异：东方文化注重从伦理道德角度考虑问题，而西方更多从法律角度考虑问题。比如，在中国，"伦理至上"的观念始终在人们的思想中占据着重要地位，人们相信"得道多助，失道寡助"。其他文化中的谈判者则与此不同，他们习惯用法律手段处理纠纷，崇尚"法无禁止即可为"。

鉴于道德规范在不同文化中可能存在较大差异，跨文化谈判者要了解己方和对方的道德标准，确保自己的道德底线符合所在组织的目标、本国的法律和东道国的法律，同时也不要认为同一文化中的所有人都会遵循同样的道德标准。

(四) 谈判中伦理道德的判断标准（criteria for ethics in negotiations）

既然不同谈判者、不同组织、不同文化所遵循的道德规范可能不同，那么谈判者该如何判断某种谈判策略与行为是否符合道德标准呢？

以下是几种判断方法：

1. 换位思考（put yourself in others' shoes）

《论语》中有言："己所不欲，勿施于人。"在谈判中也是如此，谈判者应该以别人

---

① 参见 MBA 智库·百科。

对待自己的行为为参照来对待别人。除不使用撒谎等不道德的策略外，在使用谈判策略和技巧之前，谈判者还应换位思考。例如，可以问自己："如果对方这样对我，我会是什么感受?""这是否会令我感到不适?"如果面对这样的自我追问，谈判者犹豫不决，那么谈判者就应当对自己使用的策略再加以斟酌。

2. 公众审判（public trial）

在决定是否使用某一策略前，谈判者还可以假设使用该策略的公众审判是否会使自己陷入困境，例如，媒体对谈判者使用该策略的报道是否会使得谈判者的社会形象"翻车"、社会角色"脱轨"，是否会对谈判者往后的社交行为产生不利影响。另外，谈判者也可以反问自己，通过这种策略所树立起来的个人形象是否会引起自己和他人的认知失调（cognitive dissonance）（即此行为与自己先前一贯的自我认知存在分歧）。

3. 第三方策略（third-party strategy）

在保证信息不泄露的情况下，谈判者也可以向可靠的第三方，如相关的财务部门或法务部门征求意见。谈判者也可以想象自己能否坦然地向第三方阐述自己的策略以及第三方是否会对谈判者的道德产生怀疑，如想象一下如果自己这样做，孩子是否会觉得自己是可靠的家长。

4. 行为榜样（role model）

在决定是否使用某一策略前，谈判者还可以向自己提出"我会建议其他人这样做吗""如果我的孩子这样谈判，我会为之感到自豪吗"等类似问题，以对这一策略或行为进行道德判断。

此外，谈判准备越充分、最佳替代方案越好，谈判者使用有争议的谈判策略的可能性就越小。因此，谈判者在谈判前应尽量提升己方的谈判力，以降低使用不道德的谈判策略的风险。

（五）对不道德的策略的应对（solution to unethical strategies）

谈判者不仅要约束自己的谈判行为，识别他人的不道德的策略，还要学会如何应对他人的不道德的策略。在谈判过程中，即使谈判者发现对方在使用不道德的策略，也没有必要感到不安、气愤，或者做出无谓的让步。优秀的谈判者总是就事论事，主动、灵活地对对方这些不道德的策略做出应对。以下是几种常见的应对方法：

1. 以直报怨（recompensing injury with justice）

《论语·宪问》中曾言"以直报怨，以德报德"，意思是用公道正直的态度来对待自己怨恨的人。在谈判中也是如此，当谈判者意识到对方正在使用不道德的策略时，可以采取真诚坦率的态度和对方进行洽谈。例如，当对方采用摘樱桃策略，告诉你他要去问一下隔壁那家店的价格时，谈判者可以对其决定不予置评，而是真诚地为其分析那家店的情况，并指出己方在此交易中的优势和劣势。在这种情况下，对方就会意识到谈判者对其竞争对手的情况了如指掌，摘樱桃策略也就不攻自破。

2. 制定规则（making the rule）

规则是谈判所遵循的法则，是谈判顺利进行的基础和前提。制定规则就是谈判双方为维护共同利益而形成针对谈判行为的基本约定。在谈判中，为有效地展开谈判，推动合作进程，谈判者可以事先和对方真诚地交流，并就谈判的行为规则达成一定的共识。例如，双方都承诺以诚相待，开门见山地讨论核心问题。

3. 按捺不发（holding back）

俗话说："小不忍则乱大谋。"在谈判中，虽然直接和对方翻脸、咬牙切齿地表示再也不和对方打交道是简单直白的做法，但是大多数情况下这种做法是鲁莽、粗暴且无效的。此时，谈判者可以保持安静，按捺不发。当然，这个策略并不总是有效，因为隐忍可能会让对方得寸进尺。例如，在第二次世界大战爆发前，英国首相张伯伦飞往德国和希特勒进行谈判。希特勒毫不掩饰自己的野心，要求把捷克斯洛伐克西部和西北部领土划给德国。为此，他将不惜面对任何战争，甚至甘冒引起世界大战的风险。希特勒还表示，在苏台德问题解决后，德国"在其他地区再也不存在任何领土要求了"。张伯伦和法国商讨后，一起做出退让，并对捷克斯洛伐克施压。但英法两国的退让反而使得希特勒的脚步愈加坚定，最终第二次世界大战还是爆发了。

通过对这一部分的学习，相信大家对于本章的核心知识已经有了更加深入的了解，接下来我们将通过具体的案例来学习如何运用所学到的这些知识。

第二部分　【通过案例学谈判】

山东 M 钢铁集团与泰国 SF 公司的收购谈判

本章第一部分介绍了谈判中的信任、关系以及道德规范问题。我们现在运用所学，通过山东 M 钢铁集团与泰国 SF 公司的收购谈判案例，进一步分析信任在谈判中的重要作用。

我们将下面的案例分成了“背景与准备”“进程与策略”“协议达成与反思”三个阶段进行介绍，在每个阶段的内容介绍后分别设置了“问题与任务”，便于您结合本章的有关知识进行思考与讨论。带着问题和任务，您可以阅读“案例分析”的有关内容，从而更好地理解和掌握本章知识。

一、背景与准备

（一）案例背景

1. 谈判双方简介

中方：山东 M 钢铁集团

山东 M 钢铁集团（下称“M 集团”）总部位于山东省济南市平阴县，始建于 1961 年，是历史悠久的大型跨国企业集团。它不仅是中国山东 100 强出口企业之一，而且是全球管道流体输送产品和电力金具铸铁件知名生产商。经过 60 多年的发展，M 集团不断壮大，积极拓展业务领域，在海内外设立了多个生产基地，成为中国民营企业的标杆。据中国品牌建设促进会发布的 2021 年中国品牌价值评价信息，M 集团品牌强度为 887，品牌价值约为 73.16 亿元，在业内拥有较大的影响力和较为雄厚的资金实力。

M 集团的经营范围包括：五金产品制造、零售、批发和研发；金属材料制造和销售；金属制品研发、修理和销售；安防设备制造和销售；水资源专用机械设备制造；机械零件、零部件销售和加工；工业机器人制造和销售；等等。

M 集团积极承担社会责任，响应国家绿色发展、创新智造的号召，不断转型，并在 2022 年北京冬奥会场馆的建设中贡献力量。同时，M 集团也致力于追求国际化发展，其生产的阀门、螺纹管件、沟槽管件等产品销售网络遍布全球 130 多个国家和地区，在全球价值链中发挥着重要作用。

外方：泰国 Siam Fittings 有限公司

泰国 Siam Fittings 有限公司（下称“SF 公司”）创立于 1968 年，是拥有 50 年历史和完备的技术生产体系的中型玛钢管件和铜管件生产企业，也是泰国最大的玛钢管件生产企业。其生产的玛钢管件和铜管件拥有多重权威认证，畅销本土及海外市场。SF 公司是一家国际化程度很高的公司，其客户遍布北美洲、欧洲、中东以及亚洲国家。SF 公司也是最早打入美国钢管市场的泰国企业，具有一定的市场优势，在美、日等国的高端市场中有一定的客户基础，具有一定的世界影响力。

但近年来，在日趋激烈的市场竞争中，SF 公司的发展陷入停滞，资金运转遇到障碍，因此股东们有意在世界范围内寻找买家，整体或部分出售公司股份。

2. 谈判背景

钢铁行业是我国外贸产生摩擦的主要领域。商务部统计数据显示，2016 年，我国遭遇的贸易救济调查案件中，有 49 起案件涉及钢铁产品，占到全国贸易调查案件总数的 41%；涉案金额达 78.95 亿美元，占到全国贸易调查案件总金额的 55%。而美国则是发起钢铁贸易战的主力，其针对中国的钢材贸易壁垒覆盖面广，包括冷轧、热轧、不锈钢、特钢制品等。此时正值我国钢铁产业转型升级的关键期，美国对我国钢材反倾销的重点开始从管材、热轧碳钢等品种向不锈钢、硅钢、特钢、钢材加工制品等高端产品转移。

随着世界经济格局的改变和产业链的发展，M 集团作为一家 70%的产品出口欧美的外向型企业，在迎来发展机遇的同时，也不断经受着挑战。早在 2012 年 2 月，欧盟委员会就对来自中国、泰国和印度尼西亚的玛钢管件发起了反倾销调查，产品对欧出口量迅速下降，出口额由年均 2 500 万美元下降到 1 000 万美元。在这样的大背景下，M 集团的玛钢管件出口也受到了很大的影响，对欧出口量比反倾销前下降了约 40%。面对反倾销调查，尽管大多数企业放弃上诉，但 M 集团仍坚持上诉，并于 2016 年 10 月迎来了第一次胜诉裁决，成功运用 WTO 规则抵制了欧盟对中国企业的打压，维护了海外市场。随后，M 集团在其他海外市场也逐渐突破贸易保护的限制，出口条件有所改善。为进一步减少贸易摩擦带来的限制，M 集团积极推动研发和营销的转型，强调深度开发海外市场，以“市场国际化”（欧美认证）、“生产国际化”（全球资源配置）作为其未来的重要发展方向。

2013 年，习近平主席提出了共建“一带一路”的重大倡议，并与“一带一路”沿线各国签订优惠双边协定，为中国企业“走出去”创造了良好条件。为响应国家号召，落实全球化布局，M 集团在得知国际上久负盛名的 SF 公司有意出售股份后，第一时间向泰方表达了收购意向，并迅速组建了包括总经理、销售代表、财务总监、法务代表及律师在内的谈判团队。M 集团初步拟定了谈判策略，即谈判前期以律所人员为谈判主力，谈判后期以公司人员为谈判主力。

M 集团于 2017 年启动对泰国 SF 公司的跨国收购项目，与 SF 公司就企业并购开展了一系列谈判。

经过 2017 年 11 月第一轮谈判，双方初步了解了对方公司的经营状况和彼此的意向。SF 公司的产品质量好，品牌的海外影响力大，员工对企业的忠诚度高，是理想的收购对象。但是，由于入驻泰国的时间不长，中方也面临着行政审批、文化沟通等方面的层层阻碍，谈判初期一度面临“互不了解、互不信任”的窘境，谈判进程缓慢。同时，双方在股权比例和价格条款上僵持不下，M 集团坚持 100%收购 SF 公司，拥有百分之百的管理权，但是泰方 70 多位股东内部存在分歧和矛盾，双方无法进行下一步的深入沟通。

（二）问题与任务

阅读了以上的案例背景后，请思考和讨论以下问题：

（1）根据以上谈判背景，并结合第一部分中的核心知识，你认为中外双方间的信任和关系会对谈判进程造成何种影响？

（2）作为中方的谈判代表，你认为中方应在谈判前进行哪些准备，以便更好地与外方建立信任、开展沟通？

（三）案例分析

我们都知道，信任是人与人之间了解和沟通的基础。在市场经济中，如果没有买方对卖方产品或卖方对买方支付手段和方式的信任，交易就不会发生。可以说，信任是经济社会得以良好发展的前提所在。一些行为经济学的实验数据也表明：信任关系引起的博弈很可能会大大提高收益分配结果的公平程度。①

正因为如此，在商务谈判中，信任的重要性不容小觑：缺乏信任会大幅增加谈判的成本，使谈判效果大打折扣，而良好的信任关系不仅可以作为谈判时的润滑剂，使双方在信息沟通方面事半功倍，从而高效有力地推动谈判进程，使双方尽快达成共识，而且可以帮助谈判者构建融洽的人际关系，为双方长期合作奠定坚实的基础。

然而，信任也要“适度”。经验告诉我们，在谈判交易中，过度谨慎怀疑可能会造成双方不必要的误解，但过度的信任也可能导致我们被对方利用，蒙受损失。因此，谈判者应在谨慎合作（cooperating cautiously）的基础上，先确定对方是否值得信任，然后再与对方进行紧密的联系与沟通。

在本章案例中，M 集团就对对方保持了适度的信任，为谈判取得良好的结果奠定了基础。在谈判前期，中泰双方都聘请业界较为知名的财税和法务公司对彼此进行了深入的调查，充分了解了对方的实力、意向和动机，在有了一定了解的基础上，双方逐渐建立起了基于了解的信任，为接下来的谈判进程奠定了良好的基础，也推动了中泰双方之后基于认同的信任的迅速建立。

同学们可以根据本章核心知识，结合对泰国文化和中泰贸易情况的基本了解（见附录），继续思考 M 集团应如何与泰方建立良好的信任，并对接下来的谈判进程加以分析和理解。比如，根据霍夫斯泰德的文化维度理论，中泰两国文化差异主要体现在长

---

① Fahr, R. and Irlenbusch, B. “Fairness as a constraint on trust in reciprocity: Earned property rights in a reciprocal exchange experiment.” *Economics Letters*, 2000 (66), pp. 275 - 282.

期取向上：中方更看重长期成果，而泰方更偏好短期成果。M集团在与泰方的谈判中，就充分结合了两国文化特点，善于抓住共同利益，与对方建立信任，同时考虑到泰国人对短期成果的重视，在商务谈判和制定收购细则时，兼顾短期效益和长期可持续发展，得到了泰方的高度认可。

表6-1是中方拟订的谈判准备文案，供大家参考：

表6-1 谈判准备文案

	中方	泰方
谈判事项（issues）	收购价格、收购方式、收购后的管理与发展战略等	
最佳谈判替代方案（BATNA）	寻求其他同类型企业进行收购	寻求其他潜在买家（如已有的来自日本、泰国等国家的买家）
核心利益诉求（interests）	为了使经营更有弹性、调整空间更大，M集团计划收购泰国SF公司，以完善全球化布局，借助SF公司已有的良好商誉，扩大国际市场，提升产品定位	为了解决近年来的发展停滞问题，实现经济利益，解决土地所有权问题，以一个理想的交易价格出让公司，并且希望SF公司在被M集团接管后能有更好的发展
双方关系分析（relationship）	在初期的接触中，双方都抱有疑虑，对对方的税务、财务、法律、人才资源等进行了长时间、大量的摸底调查。中方对泰方的并购诚意有所疑虑，泰方则对中方企业实力不够信任。缺乏信任是双方建立良好合作关系的最大阻碍	
谈判方案与策略（strategies）	对双方来说，建立信任是并购成功的基础。基于此，中方应通过聘请相关公司对对方进行财务、法律、税务尽职调查，了解对方背景，摸清对方底牌。同时，在谈判初期，中方可采取多种措施，秉持诚信直率、共赢的原则，建立良好的信任，以推进谈判	

二、进程与策略

（一）谈判进程与策略

对并购方来说，早一天收购就早一天盈利，晚一天收购就会增加很多不确定性。为了更好地打破僵局，加速收购进程，中方拟出了以下具体的谈判目标（见表6-2）。

表 6-2 中方谈判目标

事项	目标（第一轮）	争取（第二轮）	底线（最后一轮）
股权比例	100%	100%	100%
收购支付方式	采用纯证券支付方式，M 集团通过发行新股来换取 SF 公司的股票	50%的股权收购采用现金支付方式，剩下的50%采用证券支付方式	向共管账户打入一定数额的资金，表达中方的合作诚意，之后再进行纯现金支付
管理团队	更换大部分员工，保留部分基层员工并发放离职赔偿金，采用中国公司的管理团队	更换公司原有的高层管理者，保持一定比例的本地基层管理人员	原有战略部门不受到制约，能够自由地做出相关决策，企业的高层管理者和基层员工基本保留，但会引进一批新的高层管理者
SF 公司未来的发展方向和经营模式	工艺转型，选用优质原料，使用优质工具，聘请日本专家协助制定工艺标准，通过严格的质量管控打造高端产品；市场转型，玛钢管件重点开发美国、中东、日本高端市场；铜管件重点开发美国、欧洲、日本高端市场	不干涉泰国 SF 公司原有发展战略，引导泰方管理人员与工人注重企业利益以提质增效	向 SF 公司做出承诺，在维持本地化的管理原则和激励式协调的前提下，通过实现自动化生产、改善生产环境（使员工舒心地投入工作）、双边取长补短（以提高效率）三方面的措施完成三年内年收入翻倍的目标

依据以上谈判目标，中方在谈判中采取了以下具体策略：

（1）通过线下的非正式会谈与交流加深并购双方对彼此的企业文化、未来战略以及管理理念、管理能力等的了解。

（2）通过开设双方公司共同账户并存入占预期收购价格一定比例的资金，加强泰方对中方资金实力的信任，使泰方看到中方的管理能力和诚意。

（3）提议通过代管的方式使泰方企业的营业额在短期内实现提升，以证明中方的管理能力，同时以此为契机加深对泰方企业文化、制度等方面的了解。

（4）加强与泰方政府有关部门的联系与交流，聘请顾问了解相应的程序，识别风险，扫清行政审批障碍。

（5）搜集泰方企业财务、法务、业务、管理、文化等各方面的详尽信息，做好尽职调查，为后续谈判奠定基础。

（6）在谈判过程中提出向泰方企业提供生产线改造服务，使其生产线变得更为环保，作为100%收购的条件，同时说服泰方接受中方合理的报价。

（二）问题与任务

（1）根据以上谈判准备文案、谈判目标和具体策略，你能总结出中方在与外方建立信任时使用的一般策略吗？除了中方采用的以上策略外，你还能想到增进谈判双方信任的其他方法吗？

（2）你认为在谈判中使用哪些策略可能会使谈判者陷入道德困境？你认为在跨文化谈判中应该如何避免陷入伦理道德困境？如果对方使用不道德的策略，那么己方应该怎么应对？

（三）案例分析

1. 在谈判中建立信任的策略

信任是谈判双方建立密切关系的基石，同时也是推动谈判进行的润滑剂。在了解了对方的基本背景的情况下，我们应该如何在谈判中建立信任呢？以下是一些常用的策略：

（1）诚实、尊重和理解。

诚实、尊重和理解看似是三个十分普通又教条的词语，然而它们却是建立信任的关键。

在M集团与SF公司的谈判中，双方的坦诚交流对谈判成功起到了关键作用。例如，在有关收购价格的谈判中，泰方没有漫天要价，使中方感受到了其诚意；同时，中方聘请了专业估值团队，得出SF公司的价值，并且在谈判过程中提出为泰方提供生产线改造服务，使其生产线变得更为环保，同时说服泰方接受中方合理的报价。此外，中方还在确定收购价格之后马上向共管账户汇款以表达诚意。

除了诚实之外，尊重与理解在谈判中也十分重要。在谈判中，尊重与理解常常是双向的，这种双向的尊重与理解可以减少双方的抵触情绪，促使双方更快更好地共同解决问题。

（2）善用非正式会谈加深了解。

为了解除文化差异引发的信任危机，在谈判开始之前，谈判双方应该深入了解彼此之间的文化差异，熟悉对方的行为模式和文化习惯，采用尊重、包容的态度来应对跨文化障碍。

比如，在本章的案例中，M集团的谈判成员们就充分发挥山东人热情好客的优点，本着“先做朋友，后做生意”的态度，与SF公司中高层及当地政府部门的相关人员一起喝茶小聚，使得外方对中方的诚意以及未来的管理战略有了更加深刻的理解，增强了对中方的认同感。

(3) 找到双方的共同利益以达成共识。

在建立信任的途径中，找到双方的共同利益是最简单易行的。比如，本章案例中的中泰两方就找到了它们的共同利益——对企业未来的共同期许。M 集团想要通过收购泰国 SF 公司来完善其全球化布局，再加上其本身历史悠久、经验丰富、技术先进、产品远销海外，且具有较高的知名度和品牌价值，在接管 SF 公司后可以让其实现更好的发展。而泰方恰好希望自己的企业在被收购之后能够摆脱衰退的局面，有更长足的发展，期待着中方能够给 SF 公司的老品牌注入新活力，使其扭亏为盈，未来能有更大的发展潜力。有了这一共同利益，双方很快就在合作的各个层面达成了共识。

(4) 应对跨文化障碍。

不同国家的政治、经济、社会和文化环境往往有很大的差异，这些都会导致双方在短时间内难以快速建立起信任。为了解除文化差异引发的信任危机，在谈判开始之前，谈判双方要了解彼此之间的文化差异，熟悉对方的行为模式和文化习惯，采用尊重、包容的态度来应对跨文化障碍。

这是 M 集团第一次跨国收购公司，由于缺乏经验，此次收购面临着行政审批、文化沟通等各方面的层层阻碍。泰国的政治、经济、社会和文化环境与中国有很大的差异。在开展投资合作之前，M 集团对泰国的投资合作环境、泰国当地规范外国投资合作的法律法规以及相关注意事项没有足够的了解，并且缺乏与当地政府、议会、工会、居民、媒体以及执法部门打交道的经验。

因此，中方提前了解了泰国当地的社会习俗和文化准则，并逐步和当地政府、议会、工会、居民、媒体以及执法部门建立联系，加强与泰国政府有关部门的交流，了解相应的程序，积累相关经验，以便识别风险，扫清行政审批障碍。

(5) 提前做好充分准备。

在很多情况下，导致双方不信任的原因之一是谈判双方互不了解，对对方的经营状况没有做好充分的调查研究。

在开展投资合作之前，中方对 SF 公司以往的信用记录、经营状况、财务状况、贸易往来等情况进行了充分的调查，确保对方是个值得信赖的合作伙伴。同时，中方还对泰国的投资合作环境、泰国当地规范外国投资合作的法律法规以及相关注意事项做了足够的了解。这为后续谈判的顺利进行做了铺垫。

2. 谈判中的伦理问题

(1) 选择不道德行为的风险。

在谈判中，故意隐瞒己方的立场、利益、优先事项或者客观事实等都可能被对方视为撒谎，容易使己方陷入困境。在这个案例中，中方曾考虑过采用红鲱鱼策略，即中方想通过隐瞒己方的优先事项，佯装退步，以换取对方让步，从而达到己方目标。

但是我们不妨思考一下谈判中的撒谎行为是否一定会奏效。如果对方未能识破你的撒谎策略，那么撒谎可能是有效的，但是如果对方发现自己被欺骗，那么对方会感到愤怒，甚至会选择报复。特别是在拥有亲密关系的谈判者之间，撒谎是大忌，容易导致双方关系破裂。另外，我们需要注意的是，谈判者的声誉对谈判进程来说至关重要。拥有好的声誉能让谈判者在谈判伊始就给对方留下良好印象，从而促进谈判的推进和双赢的达成。相反，不好的声誉会让对方在谈判中不愿做出让步，甚至拒绝谈判。

因此，作为谈判者，我们要始终以道德为原则来维护自己的声誉，在采取任何不道德的策略之前，我们可以反问自己：这些策略是否会影响我的个人声誉？这些策略会如何影响我和对方未来的关系？

（2）对不道德的策略的应对。

当然，谈判者除了严格要求自己不使用不道德的策略之外，还应该学会如何应对不道德的策略。首先，谈判者应该在谈判前进行充分的准备。这是因为：一方面，准备越充分，谈判者越容易识破对方的谎言；另一方面，当谈判者明显准备充分时，对方也不敢轻易撒谎。其次，谈判者应该致力于促进双方合作。当谈判双方拥有良好的合作关系时，对方就不会因为一些蝇头小利而采取道德上模棱两可的策略，因为这容易使双方关系破裂，最终得不偿失。另外，向对方直接提问也不失为一种好办法。这是因为：一方面，通过问具体的问题可以探清对方是否存在隐瞒行为；另一方面，通过明知故问也可以核查对方是否存在撒谎的动机。

在这个案例中，虽然中方最终放弃使用红鲱鱼策略，但我们仍不妨思考一下己方在谈判中应该如何应对对方的红鲱鱼策略。首先，己方需要保持谈判思路清晰，对己方核心利益和优先事项有坚定的立场。其次，己方应该主动识别对方可能使用的红鲱鱼策略，如凭空捏造的无关紧要的条件。最后，己方可以对对方可能的红鲱鱼策略做出一定的回应，如在做出让步后立即要求对方给予相应的回报。这样做可以避免己方的让步随着时间的推移而贬值，也可以暗示对方让步是有代价的，永无止境的索取是不可取的。

（3）跨文化谈判中的伦理道德标准的复杂性。

不同的文化会有不同的伦理道德标准，在跨文化交际和贸易中，这种伦理道德标准的复杂性就显得尤为重要。下面这个模型显示了不同文化下伦理道德标准的复杂性（见图 6－1）：

- 平常行为指的是既合乎法律又合乎情理的行为；
- 非正式行为指的是处在法律边缘但在当前文化情景下通常被认为合乎情理的行为；
- 犯罪行为指的是违背法律且不合乎情理的行为；
- 合法暴力指的是合乎法律但不合乎情理的行为。

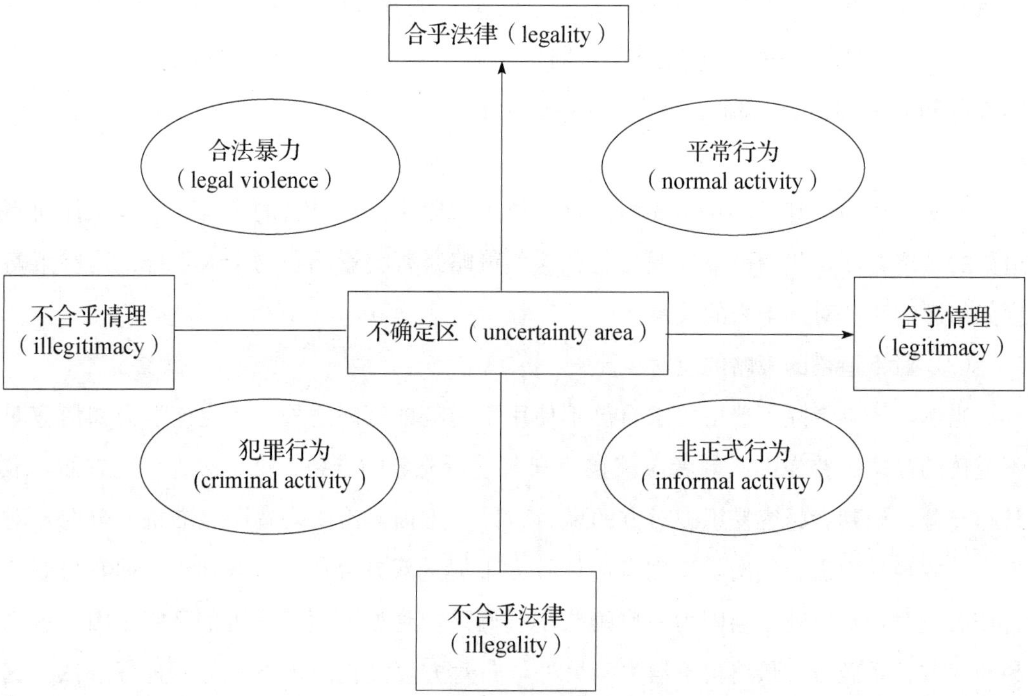

图 6-1　理解文化相对性下的伦理道德框架

依据图 6-1 中的模型，我们可以看到，在不同法律法规（纵轴）和社会文化规范（横轴）下，一种行为所归属的象限可能也会不同。即便在同一文化情境下，一些行为也会处于“不确定区”内，让人难以判断。

在跨文化背景下，为避免陷入伦理道德困境，己方应充分了解对方的文化背景，包括习俗、行为准则、价值观念和商业惯例，评估使用不道德的策略的各种潜在风险及其可能产生的影响，拟定各种防范风险的措施。

三、协议达成与反思

（一）协议达成与收购后发展

在前期充分准备与细致分析的基础上，谈判双方逐步建立了良好的信任关系，谈判渐入佳境。很快，泰方股东内部也达成一致，并于 2018 年 1 月完成股权认购协议

(SPA)的签订，收购进入了双方共管期。

在双方共管期，中方向企业注入资金，恢复企业活力，在盘活企业的同时再一次展示了自己强大的经济实力。同时，中方善用舆论扩大影响，积极利用当地报纸等媒体对企业经营情况、获得的政府支持以及各项重大活动进行报道，推动交易的顺利进行。

以下是对中方在本次谈判各阶段所采用的策略的梳理和总结。

1. 协议达成过程

【开局阶段】

● 目标

(1) 为谈判营造良好的氛围，明确共同议程、议题并约定共同规程，熟悉对方人员的表达方式、风格、心理特征、思维方式，展示中方诚意。

(2) 建立信任。由于前期双方缺少了解，彼此缺乏信任，因此谈判进展缓慢。中方需要采取措施打破僵局，缓解双方的情绪，让 SF 公司了解中方公司的实力以及管理能力，增强对己方的信任。

● 策略

(1) “严阵以待，步步为营”——前期由财务团队和法务团队展现专业水平，打消对方企业的顾虑，推动双方逐步建立信任；证明中方拥有雄厚的资金实力，可以保证收购后公司的持续正常运转；先公开一些信息，以表明己方的诚意。后期由公司的管理团队展现公司的友好态度、企业文化和管理效能，并考察泰方的国家文化和企业文化，保证两方的文化不会产生大范围冲突。

(2) “醉翁之意不在酒”——通过非正式会谈与标的企业建立关系，提出“托管管理”，使对方企业更加相信中方的实力。

● 准备材料

(1) 对方的基本资料，包括 SF 公司谈判团队的谈判目标、策略、计划、人员构成、谈判风格，首席谈判代表的个人情况，谈判团队其他成员的权限；等等。

(2) 泰国 SF 公司的基本情况，包括产业结构、技术水平、价格水平、盈利状况等。

(3) 双方筹码——谈判可能涉及的己方和对方的备选公司及其基本情况：中国陕西太古玛钢、江西赣玛实业、Viking Group、American Cast Iron Pipe、Mueller Industries、Smith-Cooper、Ward Manufacturing 等公司的信息和相关法律文件。

【磋商阶段】

● 目标

中方要求在 SF 公司日后的发展问题上拥有绝对的话语权，所以在磋商阶段的目标是以尽量低的价格收购 SF 公司更多的股权。关注的首要问题是股权比例，其次是价格。

● 策略

（1）“开门见山”——摆明谈判目的，即达到共赢：中方想通过收购 SF 公司达到完善全球化布局的目的，同时能为 SF 公司提供全新的技术和管理理念，解决其发展停滞问题，在收购完成后会对泰方已经老化落后的生产线进行自动化、智能化改造，使其变得更加环保，还会派驻运营和管理团队，帮助其扭亏为盈。

（2）“抛砖引玉，欲取先予”——采取迂回战术，以达到最终目的。中方最在意的是价格与股权收购比例，而泰方在其他方面也有诉求，中方最终用收购款项支付方式、泰方雇员去留问题、新技术引入承诺等方面的利益打动了泰方，使其在中方的根本利益上做出了让步。

● 准备材料

（1）双方可能存在分歧的方面：收购价格（资金的组成和比例）；人员的任用；核心技术的转让；品牌的使用权及期限。

（2）并购前、中、后期的整合计划及让步方案。

【成交阶段】

● 目标

泰方企业管理层开始接受出让 SF 公司 100%股权，但希望抬高价格，并对企业基层员工的去留存有疑虑，中方的目标是采取措施打消泰方疑虑。

● 策略

（1）中方企业管理层与泰方企业雇员开展了多轮沟通，明确表示收购完成后会保留泰方企业所有基层员工及管理者，同时会设置专门的人力资源与管理部门保障泰方员工的薪酬福利，促进泰国当地居民的就业。

（2）中方企业管理层表示维持原定价，但愿意将支付方式由原来的现金及股票方式改为纯现金方式，SF 公司无须承担证券风险，也不会受到收购后公司未来发展前景及汇率的影响。除此之外，中方还愿意协同泰方一起制定承诺补偿协议，如果中方违反了以上承诺中任意一条，那么中方会严格按照补偿协议对利益相关者进行补偿。

（3）为了表明诚意，中方管理层明确表示会与当地各政府机构，包括当地警察局、移民局、投资促进委员会①以及工商局建立良好关系，使得企业与各机构沟通顺畅、交往顺利，并且会多渠道关注竞争对手的市场策略和客户特征，然后相应调整 SF 公司的

---

① 泰国投资促进委员会（BOI）的主要使命是通过给予相关企业投资优惠政策促进投资、增强泰国国家竞争力、避免陷入中等收入陷阱、保持经济可持续发展。

发展战略。

- 准备材料

（1）谈判备忘录；

（2）对泰国当地各政府机构的调查资料以及沟通计划书；

（3）最终合同。

2. 收购后的发展

经过近两年的谈判，M 集团与 SF 公司签署了 100%股权收购协议。2018 年 6 月 25 日，M 集团与 SF 公司在泰国福建会馆举办了股权交割仪式，正式宣布成功收购 SF 公司。此后，中方为实现与泰方原有生产和市场资源的协同互补及收购后企业（下称“泰钢”）的长足发展，实施了一些新的发展战略。

【公共关系】

对于外来企业来说，如何快速在国外站稳脚跟至关重要。在经历了接管初期的重重困难，如被警察局、移民局和工商局“特别关照”的狼狈和惶恐后，稳定企业经营成为泰钢的当务之急。为此，泰钢开展了一系列公关项目，与当地政府机关及时建立起了友好关系。如今，泰钢与当地警察局、移民局、投资促进委员会以及工商局都保持了良好的关系。得益于当地政府与相关机构对中方的信任，中方来泰人员签证办理十分顺畅，泰钢也成功开展了铜部件投资促进委员会（BOI）政策申报项目以及三级绿色企业的申报工作。

【经营战略】

（1）工艺转型。M 集团投入 2 000 多万美元实施了相关技术改造项目，把集团新的生产工艺嫁接到泰国，提高了泰国工厂的生产质量、减少了人力成本，为泰钢的跨越性发展注入了新的活力。同时，在泰国环保形势日益严峻的情况下，新生产线改用 M 集团先进设备与技术，明显改善了粉尘和烟气治理效果，顺利通过了环保评估，实现了绿色合规运行。

（2）市场转型。收购后泰钢选用优质原料，使用优质工具，聘请日本专家协助制定工艺标准，通过严格的质量过程管控打造高端品质。其玛钢管件重点开发美国、中东、日本高端市场；铜管件重点开发美国、欧洲、日本高端市场。

（3）化敌为友。美国第二大生产商 W＋曾扬言要对泰钢进行反倾销制裁，这一直是悬在泰国玛钢行业头上的一把达摩克利斯之剑。泰钢一直与 W＋公司联系未果。于是泰钢抓住该公司负责人来泰国看望友人的机会，与其加强沟通和联系，让对方了解中方的诚意，逐步建立起对中方的信任，最终成功消除了美方对中方的戒备和顾虑。同时，泰钢十分注重客户关系的培养以及与同行业优质企业的交流，自 2018 年 8 月至今，泰钢共邀请日本、美国等国家的客户来访32次，前往日本、德国、美国、越南、菲律宾等12个国家拜访15次。这些举措帮助泰钢与客户建立了良好的长期合作关系，同时有利于营造与竞争企业互相学习、共同进步的友好氛围。

（4）把握机遇。泰钢重视并多渠道关注竞争对手的市场策略和客户特征，然后相应地调整公司的发展战略，以把握机遇。例如，泰钢目前在中东市场已经成功击败其他竞争对手，泰钢生产的SA品牌和Hitachi品牌的产品独领风骚。同时，鉴于美国301条款[①]，泰钢在两年半的时间内对美国市场涨价4次，涨幅超过28%，不仅开辟了高端市场，还增加了利润。

【管理战略】

（1）导入理念。中方将低成本、短交期、高质量、高效率、高服务的理念导入泰方管理人员与工人，促进了企业提质增效。

（2）引入先进的企业管理方法和优秀模式。M集团引入项目管理、流程管理、战略目标管理、三级互控等先进的企业管理方法，同时引入计件日考核、专业例会、技术比武、岗位拆分、民主测评等优秀模式，大大提高了企业绩效。

（二）问题与任务

被收购后的泰钢为适应当地商务环境做出了哪些努力？如何处理与各利益相关者之间的关系？这些努力和做法对企业的未来发展有什么积极影响？

（三）案例分析

1. 信任与企业发展

一家企业与利益相关者建立了信任后，就能极大地减少双方摩擦，降低双方交易成本，提高争端解决能力，进而提高经营效益，提升竞争力。不轻易承诺且承诺后言出必行是企业获得信任的关键。

本案例中M集团在收购时曾向泰方承诺，收购后将妥善经营企业、提高企业绩效，帮助企业开辟新的发展天地。收购后M集团恪守诺言，通过引进先进技术帮助泰钢提高生产、管理效率，使其扭亏为盈，实现了高质量发展。卓越的改革成效、优秀的业绩使得原企业管理层倍感欣慰，也使各国客户、当地政府及其他组织感受到了中方的诚意，因而愿意与其合作并实现共赢，这些都为泰钢的长期发展奠定了坚实的基础。

2. 跨文化视角下的关系处理

企业出海发展最重要的是要融入当地的文化，这要求企业拥有处理跨文化关系的

---

① “301条款”是美国《1974年贸易法》第301条的俗称，一般而言，“301条款”是美国贸易法中有关对外国立法或行政上违反协定、损害美国利益的行为采取单边行动的立法授权条款。

意识和能力，即企业应对与本民族文化有差异或冲突的文化现象、风俗、习惯有充分的认识，并在此基础上以包容的态度接受和适应，同时针对这些差异采取不同的方式与客户、竞争者、政府及其他机构进行交流与合作。

在本案例中，中方通过与当地各政府机构建立良好的信任关系，与各机构实现了顺畅沟通，最终成功完成了此次收购。泰钢通过邀请客户来访、外出参访的方式与客户建立了长期合作关系；化敌为友，与竞争厂商建立了友好合作关系。这些都显示出中方及泰钢在跨文化背景下优秀的关系处理能力。

3. 建立良好关系

无论是在商业方面还是在个人社交方面，一段关系出现问题通常都是从缺乏理解、信任开始的。同一条信息可能被不同的主体做出不同的甚至相反的解读，从而造成误解。所以，在商务谈判（尤其是跨文化的商务谈判）中，让双方加深了解、化解潜在的误会是达成共识非常重要的一步。在本案例中，在接触的初期，M 集团与 SF 公司都因信息不对称、对彼此的行为不理解、不能坦诚相待而对此次收购抱有疑虑。当双方经过尽职调查，摸清对方的财务、技术等背景，做到知己知彼后，才在建立有利于谈判达成双赢的关系上迈出了第一步。

除了理解、信任外，共情也是建立并维护关系的必要基础。在本案例中，M 集团在谈判一开始就摆明了收购的目的，即将 SF 公司纳入 M 集团旗下，以完善自身的全球化布局。收购 SF 公司是 M 集团的最优选择，但不是唯一选择。此次收购能为泰方引入全新的技术和管理理念，从而解决发展停滞问题，扭转亏损。所以，M 集团始终让自己处于问题解决者的位置，从而在对价格问题的谈判中更有底气。

交换不同优先级的条款也有利于双方建立良好的关系。由于不同商业主体对同一个问题的重视程度不同，所以交换对双方来说价值有差异的资产有利于实现双方利益最大化，从而有助于双方建立良好关系。在本案例中，M 集团看重对被收购公司的100%控股，而 SF 公司在泰方雇员去留、收购款项支付方式等方面有诉求。显而易见，双方能通过在不同问题上的让步达成双赢协议。

本章小结

信任（trust）和关系（relationship）对于谈判成功至关重要。若谈判双方彼此信任，那么谈判就能顺利推进，最终双方也较易达成合作；若谈判双方缺乏对彼此的信任或以往关系不佳，则会互相提防、猜忌，消耗双方的时间、精力，使谈判难以推进。在跨文化谈判中，由于双方在语言（language）、宗教信仰（religious belief）、行为模式（behavior pattern）等方面存在差异，建立信任和关系时也会面临极大的阻碍。要快速与具有不同文化背景的谈判对手度过磨合期并建立起信任和合作关系，我们就必须在了解对方的前提下怀揣诚意、共谋利益。为此，我们可通过非正式的交流增进双方谈判人员对彼此的了解，以打破隔阂，进而推动谈判顺利进行。

由于有限道德、优越感错觉和过度自信等原因，谈判者有可能在谈判中选择说谎等有争议的谈判策略和行为。这些策略和行为有可能严重损害谈判双方的关系，使谈判双方丧失对彼此的信任。由于道德规范在不同文化中可能存在差异，谈判者在跨文化谈判中往往面临更多的道德风险和挑战。因此，谈判者需要掌握判断谈判策略是否符合道德规范的方法，并学会应对使用不道德的策略的谈判对手。

本章中，M 集团在收购 SF 公司前，为了打消泰方对中方经济实力和合作诚意的顾虑，将部分钱款打至共同账户。同时，中方企业多次主动与泰方企业管理层交流，增进了双方感情，使双方逐步建立了信任，为正式谈判的顺利推进奠定了基础。在正式收购 SF 公司后，中方也与当地各机构建立了良好的关系，为新企业的发展铺好了道路。

习题

1. 请结合以下情景，分别分析这些情景中的信任关系属于哪一种，并详细说说信任在这些关系中起到了什么作用。

(1) 在网上购物时，商家会有 7 日无理由退换货的规定；在点外卖时，也会有类似超时宝等附加服务，这些条款使消费者可以更放心地购买商品。

(2) 一些投资者常常会将自己的资产交给资深的专业人士来负责管理和投资。

(3)《三国演义》中，刘备“三顾茅庐”，请诸葛亮出山做自己的军师。此后，诸葛亮辅佐刘备 16 年，并在刘备托孤于他后，又尽心尽力地辅佐幼帝。

2. 在谈判的各个阶段，M 集团为建立良好关系做了哪些努力？

3. 在阅读以下材料后，请您分析侯公在说服项王释放太公的过程中使用了哪些不道德的策略。

古代谈判智慧——代侯公说项羽辞（节选）

汉王四年，遣辩士陆贾东说项王，请还太公。项羽弗听，贾还……汉王嘻戏曰："吾惟不孝不武，而太公暴露拘辱于楚者，三年矣。吾重念天下大计，未获即死之，此吾所以早夜痛心疾首东向而不忘也。顾为之奈何?"侯公曰："臣虽不敏，愿大王假臣革车一乘，骑卒十人，臣朝驰至楚壁，而暮与太公骖乘而归，可乎?"……汉王曰："善。"即饬车十乘，骑卒百人，以遣侯公……

项王曰："太公之不得归必矣，若将何言?"侯公曰："夫汉王失职，怏怏而西，因思归之士，收豪杰之伍，举梁汉之师，下巴蜀之粟，并三秦，定齐魏，日引而东，以与大王决一旦之命，大王视其志，固将一天下，朝诸侯，建七庙，定大号，为万世基业耶？抑将区区狗匹夫之节，为曾参之孝而已者耶？且连兵带垒，与楚百战以决雌雄，乃有天下三分之二，大王军覆将死，自救不暇，凡所以运奇决胜为大王之勍敌者，在汉王与诸将了事耶？抑太公实为之也耶？虽庸人孺子固知之。然则太公，独一亡似人耳，不足为楚、汉之轻重。大王幸虏获之，而祸福实系焉，视其用之如何耳。得所以用而用之者强，失所以用而用之者亡。苟为失其所用，未若不获之为善也。大王所以久拘而不归者，固以要之。诚是也。且要而能致之，则权在我。要而不能致，则权在人。权之所在，以战必克。则要者，名也；归者，实也。大王苟不得志于名，当速收效于实，无为两失而自遗其患。是以臣窃为大王慎惜此举也。大王固尝置之俎上而命之矣，彼报之曰：'必欲烹之，愿分羹焉。'且父子相爱之情，岂相远哉。方汉王窘于彭城，二子同载，推堕捐之，弗顾也，安知其视父不与子同也。太公之囚楚者，三年矣，彼诚笃于爱父，固将捐兵解甲，膝行顿颡楚之辕门，为之请一旦之命，今励士方力，督战方急，无一日而忘与楚従从事，此其志在天下，无以亲为也。大王今不归之，以收其实，将久留之，以执其名，故曰似不恤楚也。"

项王怒气少息，徐曰："顾吾所仇者汉王尔，其父何与耶？且汉王亲以其身投吾掌握者，数矣，我常易而释之，今乃曰东向必欲亡楚而后已，故吾深仇之，欲菹醢其父，聊快于一时，况与之归耶?"……

项王曰："孤所以恩汉者亦至矣。然去辄背我，今其父在此，犹日急斗，诚一旦归之，徒益其气尔。"侯公曰："不然。臣闻怀敌者强，怒敌者亡。大王于汉，有足怀而制之，乃欲怒而斗之，臣意天溺大王之衷，将遂孤楚矣……"

项王曰："善。吾听公，姑无烹。公第还，语而王令罢兵，吾今归之矣。"

附录

一、泰国文化与贸易政策介绍[①]

【基本情况】

泰国地处中南半岛中部，东南濒临太平洋泰国湾，西南濒临印度洋安达曼海。西部及西北部与缅甸交界，东北部与老挝毗邻，东连柬埔寨，南接马来西亚。泰国全国大部分地区属热带季风气候。

泰国全国分为北部、中部、南部、东部和东北部五个地区，共有76个府，府下设县、区、村。首都曼谷是唯一的府级直辖市，曼谷市长由直选产生。各府府尹为公务员，由内政部任命。

【政治】

泰国实行君主立宪制。国王是国家元首和军队的最高统帅，是国家主权和统一的象征。民主党是泰国历史最悠久的政党，维持君主立宪制度，维护中产阶级的利益，曾多次作为执政党执政。

【语言】

泰国的国语为泰语，官方语言为泰语和英语。泰国每个地区都有自己的方言，但以中部曼谷地区的方言为标准语。潮州话、海南话、广东话在泰籍华人中使用较为普遍。此外，泰国还有马来语和高棉语。

【宗教】

泰国的宗教主要有佛教、伊斯兰教、天主教和印度教。其中，佛教是泰国的国教，是泰国宗教和文化的重要组成部分。伊斯兰教是泰国第二大宗教，伊斯兰教信徒占泰国全国人口的3.8%，主要为泰南马来人。

【习俗与禁忌】

泰国人注重礼仪，推崇长幼有序。人们见面时，常将双手合十于胸前，互致问候。觐见王室成员时，一般鞠躬致敬；见僧侣时，一般以合十回礼。女性不得与僧侣握手或递送物品。

皇室成员在泰国享有崇高的地位，人们不得随意在公开场合议论与皇室有关的话题。

泰国人视头部为最神圣的部位，忌讳别人触摸。

---

① 参照我国商务部发布的《对外投资合作国别（地区）指南：泰国》。

到泰国寺庙烧香拜佛或参观时，须衣冠整洁，脱鞋。

泰国人以大米为主食，菜肴口味以酸、甜、辣为特色，烹饪方式以煎、烤、炸为主。

泰国人着装考究，衣服穿着前均要熨烫。在正式场合和庄重的仪式上，男士一般穿西装或民族服装，妇女一般穿过膝裙服，一般不着长裤。政府官员出席有王室成员出席或主持的活动时，需着白色文官服。

泰国节假日较多，国际性节日、与宗教有关的节日以及王室纪念日都是法定节假日。

【霍夫斯泰德的文化维度理论下的中泰文化比较】

根据霍夫斯泰德的文化维度理论对中泰文化进行比较的结果见图 6－2 和表 6－3。

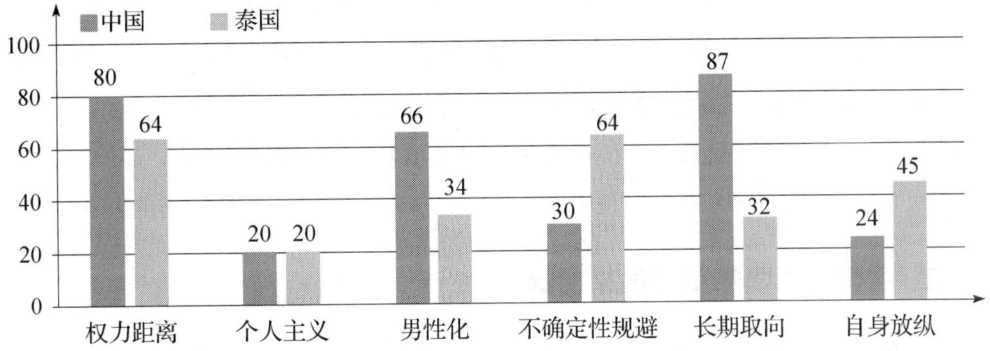

图 6－2　霍夫斯泰德的文化维度理论下中泰得分比较

资料来源：https://www.hofstede-insights.com/country-comparison/china，thailand/.

表 6－3　中泰文化比较

比较维度	中泰对比分析
权力距离	中泰两国均表现出等级秩序严格、权力分配不平等的特征，中国在这方面比泰国表现得更突出
个人主义	中泰两国均表现出集体主义倾向，注重集体主义文化，看重团队协作精神
男性化	中国得分较高，社会的男性化倾向明显，男性化气质如竞争性、独断性表现突出。泰国得分仅为 34，在较多方面表现出女性化特点
不确定性规避	中国文化倾向于接受变化和挑战。泰国得分远高于中国，表现出强烈的不确定性规避倾向，说明其社会不轻易接受变化和挑战，严格、谨慎地坚持其信仰和行为准则
长期取向	中国更看重长期成果。泰国注重迅速取得成果，为未来筹划的倾向相对较弱
自身放纵	在中国文化中，社会成员对延迟其物质、情感、社会需求的满足的接受程度较高，社会对人们享乐的允许程度较低。泰国对享乐的允许程度相对较高

【对外贸易】

泰国是WTO的正式成员，与澳大利亚、新西兰、日本、印度、秘鲁等国家有双边优惠贸易安排，并通过东盟与中国、韩国、日本、印度、澳大利亚和新西兰等国签订了自由贸易协定。

作为以贸易立国的外向型经济发展国家，泰国与多国签署了自由贸易协定，与各主要经济大国的贸易关系融洽。下一步，伴随东盟共同体的建成及东盟“10＋3”、东盟“10＋6”以及亚太地区各项贸易安排的推进，其市场地位有望进一步提升。

优良的投资环境使泰国在吸收外资方面取得了显著成绩，尤其是在1995—2005年期间，外国投资大幅增加，年均增长率约为10%。伴随中国-东盟自贸区的全面建成及东盟经济共同体的建成，泰国外来投资重新进入快速增长期。联合国贸发会议发布的《世界投资报告（2018年）》显示，2017年，泰国吸收外国直接投资流量为76.35亿美元；截至2017年底，泰国吸收外国直接投资存量为2 193.68亿美元。据泰国BOI统计，受政府出台的十大重点产业、产业集群、东部经济走廊等一系列投资促进政策的影响，2017年泰国共接受外商直接投资优惠申请项目818个，同比减少6.94%；涉及投资额2 826.96亿泰铢，同比增长12.30%。

二、中国与泰国的贸易往来现状

自1978年签订贸易协定以来，中泰一直保持互信合作的重要贸易伙伴关系，泰国是中国第十二大贸易伙伴，中国是泰国第一大贸易伙伴、第一大游客来源国。自2015年起，随着泰国政局趋稳，政府采取了一系列经济刺激措施，而中国企业正值开拓国际市场的高峰时期，2015—2017年间，中泰双向投资流量均实现了大幅增长。2019年末，随着疫情暴发，全球经济低迷，但这并未影响到中泰日益密切的交流与合作：2020年，中泰双边贸易逆势增长7.5%，达到986.3亿美元。其中，中国对泰出口505.3亿美元，自泰进口481亿美元，同比分别增长10.8%和4.2%。中国企业对泰全行业直接投资达8.2亿美元，泰国对华投资为1.1亿美元。中泰在铁路、5G、电商、疫苗等领域的合作不断提速。

来自中国的投资对泰国经济发展助力巨大。2019年，中国超过日本成为泰国最大的境外投资来源地。中国市场持续强大的购买力为泰国出口商品尤其是水果产品带来了更多机遇。泰国商业部外贸厅厅长吉拉迪表示，2021年第一季度泰中跨境贸易额达672.1亿泰铢，中国位居泰跨境贸易国首位。中国是泰国水果的主要进口国之一，每年订购水果多达22个品种，价值超过1 000亿泰铢。

自中国提出“一带一路”倡议以来，泰国积极响应，与中国邻近省份建立起了密切的经贸关系。2021 年 6 月 8 日，中国国务委员兼外长王毅在重庆会见泰国副总理兼外长敦。王毅表示，双方要加紧磋商“一带一路”合作规划纲要，以中泰铁路项目为引领，提升中泰互联互通水平。敦表示，愿以东盟-中国建立对话关系 30 周年和澜湄合作 5 周年为契机，加快推动共建“一带一路”，共同推进区域合作健康发展，维护地区和平稳定。

延伸阅读

Balancing Trust and Cynicism

第七章 谈判中的谈判力

学习目标

通过本章的学习，您将：

- 理解谈判力的来源
- 了解提升谈判力的方法
- 掌握谈判中的说服体系及其应用

引言

商务谈判已经深入社会的各个角落，小到和小贩讨价还价、和老板商量提薪，大到和企业法人之间的合作、国与国之间的商务交流，都离不开商务谈判。本章您将通过理解最佳替代方案、谈判中的心理优势（psychological power）等内容理解谈判力的来源，通过双线谈判体系（two-line negotiation system）、NOTRICKS体系等提升谈判中的说服技巧，最后结合北非与苏丹的贸易环境以及经济发展状况，运用所学知识分析东华公司与苏丹银行的外汇额度（foreign exchange quota）谈判，进一步了解中国企业是如何通过正确分析双方谈判力、提升自身谈判力，最终在谈判中获得令人满意的结果的。

第一部分 【核心知识】 谈判力的来源与分析

一、谈判力的主要来源与谈判中的说服

谈判力是指谈判人员获得谈判优势或实现谈判目标的能力。① 谈判力可以帮助谈判者影响谈判对手的决策，实现解决争端或达到谈判既定目标的目的。

（一）谈判力的主要来源

美国西北大学教授亚当·加林斯基（Adam D. Galinsky）和纽约大学教授乔·马吉（Joe C. Magee）② 指出，谈判力有以下三个主要来源：

1. 最佳替代方案带来的谈判力

最佳替代方案是谈判力最重要的来源。在前面的章节中，我们已经了解了制订最佳替代方案的重要性，学习了用最佳替代方案作为谈判的分析工具能够帮助谈判者就谈判进行准备和分析。现在我们先来回顾一下确定最佳替代方案的三个步骤：首先，列出如果谈判达成一致您可能会采取的行动的清单；其次，基于现实依据，评估行动清单中各个替代方案所能提供的价值；最后，挑选出您认为价值最高的替代方案，即最佳替代方案，并努力改进它，使这一方案更加确定和有吸引力。

通过以上努力，您便确定了最佳替代方案。最佳替代方案越好，您对谈判过程越有信心，改进谈判协议条款的能力就越强。汤普森在《谈判者心智》一书中给出了三个改进最佳替代方案的小技巧：

（1）保持选择的多样性。即使到了最终的谈判桌上，谈判者也要保证拥有一定的选择权，因为谈判可能会在达成一致之前的任何时候因各种因素而破裂。由于商务谈判不受时空的限制，所以合作对象的选择范围十分广泛。这就要求谈判者围绕本次商务谈判的最终目的，广泛搜集信息，了解市场行情，并选择适当的方式与潜在的合作对象保持广泛的联系。

（2）在谈判开始前评估对方的替代方案。了解对方的替代方案是增强谈判力的源泉之一。谈判者对另一方的替代方案了解得越多，对谈判的准备就越充分。掌握了对

---

① Lewicki et al. *Essentials of Negotiation*. 5th edition. McGraw-Hill Companies，Inc.，2011.

② Galinsky，A. D. and Magee，J. C. "Power plays." *Negotiation*，2006 (4)，pp. 1 - 4.

方的替代方案，己方就能实事求是地评估自身的方案，预估对方对于谈判的期望值。如果对方高估了自己的最佳替代方案，或模糊地认为自己有大量的替代方案，那么他们可能会对谈判破裂后自己的选择过于乐观，从而影响谈判的顺利进行，所以己方必须想办法改变他们的想法。

（3）适当透露有吸引力的最佳替代方案的信息。如果己方的最佳替代方案非常具有吸引力，比如已经有其他客户等待与己方合作，那么给对方一个己方已经拥有最佳替代方案的信号会增强己方的谈判力。当然，己方没有必要透露最佳替代方案的具体内容。

除了考虑使用以上三个小技巧之外，在使用最佳替代方案时还要注意以下三点：

（1）不要透露较差的最佳替代方案。哈佛商学院的教授狄帕克·马哈特拉（Deepak Malhotra）和马克斯·布莱泽曼（Max H. Blazerman）在《谈判天才》（*Negotiation Genius*）一书中提到，无论己方多么努力地去尝试制订一个强大的最佳替代方案，都有可能面临失败的结果。[①] 如果己方的最佳替代方案没有对方所设想的那么好，那么向对方透露己方的最佳替代方案只会削弱己方的谈判力。

（2）要不断更新最佳替代方案。己方的最佳替代方案不仅应该是一个行之有效的评判标准，而且应该是一个富有新意的解决方案。如果两方的最佳谈判方案都无法推动谈判的顺利进行，那么此时可以尝试对最佳谈判方案进行创新。比如，当就某种商品的价格进行谈判时，若双方的心理价格都无法满足对方的预期，那么可以考虑改变付款方式，如改变付款条件或付款截止日期等来创新最佳替代方案，以达成谈判。

（3）要设定一条警戒线。警戒线是一个虽然远不如理想目标，但略优于最佳替代方案的协议方案。这条警戒线应是事先确定的，不会因为对方提出的条件而更改。例如，如果您通过确认最佳替代方案，知道自己应该以高于270万元的价格出售您的房子，那么您可以把300万元作为警戒线。当谈判对手的出价比这一价格低时，意味着它已经非常接近您的底线了，您可能需要慎重考虑，避免在谈判过程中因一时冲动而引发不良后果。

一个有利的最佳替代方案可以成为谈判桌上的一张王牌，使各方能够根据事实而不是情绪来确立自己的立场和底线。同时，它还可以在双方协商失败时提供备用计划。己方的最佳替代方案越有利，达成对己方来说理想的协议的可能性就越大。例如奔迈公司在其被收购过程中，通过引发竞标战的方式提升自身的市值，吸引了包括苹果、

---

① Malhotra D. and Blazerman, M. H. *Negotiation Genius*. Tantor Media, Inc., 2007.

谷歌、惠普等在内的多家公司的竞价。最终惠普以 12 亿美元的高价收购奔迈。[①]

当然，制订最佳替代方案也有成本。寻找最佳替代方案本身可能就是一个漫长而昂贵的过程，而且不是一个绝对可靠的过程，谈判者需要冒因计算错误而产生的损失或忽视某些可能性所带来的风险。除此之外，尽管谈判者明白最佳替代方案的价值，但如果在制订或选择最佳替代方案时犹豫不决，或没有仔细考虑谈判失败后的具体措施，也会造成较为严重的后果。

2. 心理优势（psychological power）带来的谈判力

商务谈判是人与人的交往行为，心理因素悄无声息地影响着谈判的结果。有时一项双方均有利可图的交易之所以失败，并不是因为存在更有竞争力的第三者或者其他原因，而是因为谈判双方存在心理对抗。

谈判者可以把心理优势带到谈判桌上，这有助于揣摩谈判对方的心理，实施心理诱导，针对对方不同的心理状况采用不同的策略，把握谈判的主动权，使谈判向有利于己方的方向发展。强大的心理优势有助于恰当地表达和（或）掩饰己方的谈判心理（如情绪、需求、动机、期望目标、行为倾向等）。

提升心理优势的最重要途径是理解对手。理解对手就是理解对手的行为动因——包括理性的和非理性的、表面的和潜意识的。谈判者如果能理解对方自己都未意识到的重要心理因素，就掌握了谈判的主动权。从心理学的角度来了解商务谈判中对方容易产生的心理反应，有助于更好地理解对方的心理。

以下为商务谈判中对方常会做出的几种心理反应：

（1）文饰（dissimulation）。这是指对方因无意中把事情办砸了，于是有意无意地为自己开脱。此时谈判者可以顺应对方的“文饰”以获得最大的利益。如谈判对手无意中泄露了底价，因而失去了谈判的主动权，于是会自然地“文饰”自己的行为，如暗示自己“对方早已知道了底价”，此时己方可以顺应对方的说法，以达成交易。

（2）移置（displacement）。这是指对方因受到外部打击而情绪颓丧时，往往会将情绪带到商务谈判中。此时谈判者应当采取妥善的措施来维持谈判的顺利进行；在此基础上，老练的谈判者还可以尝试利用对方的情绪波动来为己方争取利益。

（3）投射（projection）。这就是所谓的“以小人之心度君子之腹”。实际上，许多谈判者在谈判过程中都会无意识地进行投射。在商务谈判中，充分了解投射现象有利

---

① Frommer，D. “Apple tried to buy palm before hp won the bidding war—and rim completely blew the deal.” Businessinsider. com，2010 - 07 - 15.

于揭穿欺诈行为，进而使自己立于不败之地。

（4）自我意象（self-image）。自我意象是对“我属于哪种人”这一问题的自我回答。人们会根据过往的经历以及他人的评价形成一个关于自身的意象，并积极维护这个意象。在商务谈判中，迎合对方的自我意象有利于促进交易。

（5）成就需要（need of achievement）。这是指人们往往希望自己的工作和努力得到肯定，如上级的口头表扬、同事的赞许和羡慕、对手的钦佩等。谈判者可以利用谈判过程中的动作细节（如用一个钦佩的手势或一个赞许的眼神给予对方鼓励）来满足对方的成就需要，从而促成交易。

在了解了对方的心理反应后，学会一些小技巧可以增强您的谈判力：

（1）善于利用威胁的手段来促成谈判。在对方犹豫不定时，可以恰当地采用威胁的手段，迫使对方权衡利弊，做出选择，从而达到己方想要的效果。

（2）在谈判中为己方留足后路。在商务谈判中，要给自己留下可谈判的空间。对于商务谈判中突如其来的意外情况，可以采用模糊的语言避其锋芒，以争取时间进行必要的研究并商量出相应的对策。

（3）站在对方的角度进行诱导。在谈判中，可以适度利用对方的心理加以诱导，如站在对方的角度上，强调谈判的达成会给他带来某些好处，不断强化谈判成功的意义，使其潜意识中倾向于谈判成功。再如，在不损害己方利益的情况下，适当让步，给予优惠，激发对方的欲望，促进谈判成功。

（4）投对方所好，多加赞赏。心理研究表明，积极情感可以引发理解、接纳与合作。因此，在商务谈判中，要多尊重对手，以表示双方处于同等地位；同时，要赞赏对方，使对方心情愉悦，从而促进谈判的顺利进行。

3. 身份角色带来的谈判力

谈判力还可以来自强大的角色、头衔或职位。例如，在下属与老板谈判时，由于他处于较高的地位，所以下属有时可能需要服从他的偏好。在商务谈判中，谈判者可以强调自己的角色或身份，以此表明自身的立场，并给予对方一定的威慑，从而增强自己的谈判力。

在商务谈判过程中，企业主要负责人有时候并不会直接到谈判现场。他们会以委托人的身份，安排代理人参与商务谈判。在这种情况下，企业实力——包括企业的资金、技术与市场地位等，往往是代理人在谈判过程中的底气与话语权的重要来源。

（二）谈判力大小的判断

受谈判的时间和地点、双方的经济实力、获取的信息量、准备情况等多种因素的影响，谈判者在谈判中的谈判力体现出因人而异、因时而异的特征。国际商务谈判按谈判者的谈判力可大致分为优势谈判、劣势谈判和均势谈判三种类型。那么如何判别己方的谈判力的大小呢?

谈判力的强弱是相对而言的。谈判中的各方会基于八个方面的要素产生联系，并通过比较得出谈判地位的优劣。这八个方面也可以概括为8个字母，即NOTRICKS，其中每一个字母都代表一种影响谈判力的核心因素。

“N”代表需求（need）。如果买方的需求更急迫，那么卖方就拥有相对较强的谈判力。反之，卖方的需求更急迫，那么买方就拥有相对较强的谈判力。

“O”代表选择（option）。如果己方可选择的机会很多，但对方没有太多选择余地，甚至认为己方的产品或服务是其唯一的选择，那么己方就拥有较强的谈判力。

“T”代表时间（time）。这主要是指谈判中可能出现的有时间限制的紧急事件。如果买方有时间方面的压力，那么卖方的谈判力自然会增强。

“R”代表关系（relationship）。谈判者与潜在客户的关系决定了谈判者的谈判力的大小。谈判者与客户的牢固关系对于商务谈判很有帮助，这不仅意味着商务谈判的双方有了信任的基础，而且意味着双方的日常沟通也能变得更加轻松而随意。与相熟的客户打交道有别于同陌生人交往，因为人们很容易对一个陌生的“对手”产生敌意，而对于朋友，有时只需要一句玩笑或者一句闲聊就能轻而易举地缓解紧张的氛围。但现实中，也有客户觉得卖方只是为了推销，因而不愿与之建立深入的关系。在这种情况下，卖方谈判者在谈判过程中就会比较吃力。

“I”代表投资（investment）。谈判者在商务谈判中的投资包括时间与精力的投入以及向对方做出的承诺。谈判者在谈判中投入的时间与精力越多、向对方做出的承诺越多，意味着他越渴望协议达成，于是他的谈判力也就越弱。

“C”代表可信度（credibility）。谈判者的可信度也会影响谈判力。如果卖方的推销人员知道己方曾经使用过的某种产品，且这一产品具有价格和质量等方面的优势，那么卖方的可信度无疑会提高，尽管这一点并不意味着最后一定能够成交。

“K”代表知识（knowledge）。知识就是力量。谈判者如果能够借助专业知识和能力充分了解对方的问题和需求，能够与对方进行有效的沟通，进而说服对方，就可以直接引导和影响对方对谈判区间的认识，从而使谈判区间向有利于己方的方向发展。同时，谈判者在彻底了解客户的问题和需求后，可以预测到己方提供的产品或服务将如何满足顾客的需求，给出有利于满足对方需求的方案，这无疑增强了己方的谈判力。反之，如果顾客对产品拥有更多的知识和经验，顾客就有较强的谈判力。

“S”代表技能（skill）。这可能是增强谈判力最重要的内容了。不过，谈判技能是一门综合性学问，需要有广博的知识、雄辩的口才、敏捷的思维……[①]谈判过程中存在巨大的不确定性，谈判者不但要善于察言观色，还要能够对所见所闻做出正确的分析和判断，及时了解对手的动态，因时、因地、因事灵活调整，把握谈判进程。

通过以上 8 个要素的对比，很容易确定谈判时谈判各方的优势和劣势。

一般而言，经济实力较强、知识面广、需求不急迫、替代方案更多的一方在谈判中处于优势地位。处于优势地位的谈判者拥有更多的选择空间和谈判余地，一般有较大的话语权，是谈判进程的主要推动者。处于优势地位的谈判者要努力把控谈判节奏，让自己在谈判中更得心应手、游刃有余。反之，处于劣势地位的谈判者由于一些客观性不足（比如经济实力弱，对对方的依赖程度高等），应在维护好立场的前提下努力减少损失，并尝试扭转不利条件，变被动为主动。对于水平相当的均势谈判（即谈判双方的经济实力、对对方的依赖程度、选择余地等相当），双方需要把精力更多地放在求同存异、互利互惠的目标上。

（三）谈判力的其他来源

1. 谈判者的道德水平

有道德的谈判者是值得信赖的，这也意味着他们拥有更强的谈判力。商务谈判虽然是建立在相互尊重、相互平等的基础上的，但谈判过程中也难免出现紧张、对立与争执。因此，具有良好的道德修养的谈判者应该保持良好的自制力，言谈举止得当，推动谈判顺利进行。当被对方认为是公正的、有道德的、值得信赖的时，谈判者就更容易获得对方的认可和支持，具有更强的谈判力。

2. 谈判动机

谈判动机是指谈判者希望通过谈判获取利益的愿望与期待。谈判者的谈判动机越强，则谈判力越弱。这与 NOTRICKS 中的需求（N）这一要素一致。因此，通过向谈判对方展示条件的诱人之处，积极暗示谈判达成后谈判对方可以获得的利益，获取第三方合作伙伴对于谈判条件的支持等方式，可以提升已方的谈判力。

3. 谈判者对谈判对方的依赖程度

谈判者对谈判对方的依赖是指谈判者为了推动谈判进行或实现谈判目标而对谈判对方的需求。谈判者对谈判对方的依赖程度越高，其谈判力越弱。这与 NOTRICKS 中的选择（O）这一要素一致。因此，通过减少对方资源，削弱对方独立工作的能力，让对方意识到其合作伙伴放弃与其合作等方式，可以提升已方的谈判力。

---

① 刘园．国际商务谈判．2 版．北京：北京大学出版社，2016.

4. 公司的信誉与市场份额

公司的信誉与市场份额也是谈判力的来源。商品经济运行的根本基石是商业信誉。完善的财务管理、现金流与成本等信息有利于公司树立良好的信誉，而良好的信誉使公司更容易获得潜在客户。除此之外，公司的市场份额在很大程度上反映了企业的竞争地位和盈利能力，是企业非常重视的一个指标。公司的市场份额越大，其谈判力越强。

我们以上介绍的谈判力来源基本涵盖了列维奇等在《谈判精要》中归纳的五大谈判力来源：信息（包括对谈判对方和谈判情景的了解以及专业信息）、个人（包括动机、道德水平、谈判技巧等）、地位（包括法定地位与资源）、关系（包括依赖程度和人际网络等）、情景（包括最佳替代方案和企业文化等）。

可以说，只要能在谈判中增强己方优势，几乎任何因素都可以成为谈判力的来源。然而，谈判力终归只是能够增强谈判优势的能力，能否利用这个能力真正影响谈判对方和谈判进程，还要看谈判者运用这一能力的技巧。接下来，我们就来介绍谈判中的说服技巧。

二、谈判中的说服

谈判力不仅取决于前文介绍的经济实力与前期准备等因素，还取决于“说服”的技巧。在商务谈判中，情况往往变幻莫测，受谈判时间、地点、需求、选择等多种因素的影响，谈判者需要面对不同风格的商务谈判，甚至在同一场谈判中应对突发情况。如果没有掌握一定的技巧，那就很难在唇枪舌剑的谈判中获得想要的利益。那么在国际商务谈判中怎样才能成功说服对方呢？

现实中有着众多的谈判技巧，其背后形成了多种不同的体系，不同体系中有对谈判者类别的不同划分和认识，方便谈判者归纳总结面对各种情况时的说服技巧与方案。这些体系作为谈判者的基本谈判素养和品质的一部分，便于高效设计谈判方案或快速应对谈判中的变数。

本小节将基于不同的说服体系，展开对“说服”的分析。

（一）双路径说服[①]体系

在谈判过程中，谈判者通常会有两个潜在需求；一是被支持和被尊重；二是被认为理性、有逻辑。这两种潜在需求衍生出了两种基本的说服路径：中心路径（central route）和外围路径（peripheral route）。根据不同的谈判对象，谈判者可以灵活运用这两种说服路径。下面我们详细讲解两种路径的说服技巧及其心理学原理。

---

① 利·L. 汤普森. 谈判者心智（第2版）. 北京：中国人民大学出版社，2005.

1. 中心路径

中心路径借助强有力的论据进行说服，主要针对能够积极主动地基于数据、事实等信息深思熟虑的谈判对象。这是一种展现出强理性和强逻辑性的说服方式，能促使对方理性思考，从而认可己方观点。比如在大学学生会主席的竞选演讲中，如果某位竞选者的发言有理有据、逻辑清晰，那就很可能赢得更多选票。这位竞选者运用的方法就是中心路径说服方法。

心理学中著名的框架效应（framing effect）就属于一种中心路径说服方法。框架效应由特维斯基（Tversky）和卡尼曼（Kahneman）于1981年首次提出，是指面对同一问题，如果采用不同方式进行表达，那么人们会做出不同决策的现象。根据框架（即表达方式中出现的词语受人喜爱的程度）的区别，可以将框架划分为积极框架和消极框架。下面我们通过一些实验来进行更直观的了解。

实验一：

桌上有两盘带标签的牛肉供大家选择。牛肉A标注着90%的瘦肉，牛肉B标注着10%的肥肉。

多数人都选择了牛肉A，因为消费者喜欢“瘦肉”，这个词是积极的。然而两盘牛肉其实是完全一样的——90%的瘦肉，10%的肥肉。

对于此案例中的牛肉，即同一问题，用不同表述方式将其放入不同框架，就会影响人们的决策。

实验二：

假设现在为600名患有一种致死性疾病的患者提供救助方案，并将同一方案以不同框架表达：

（1）积极框架。

说法一：这个方案能够救200人。

说法二：这个方案有33.3%的可能救600人，有66.7%的可能一个也救不了。

结果显示有72%的人选择了说法一。

在这个框架中，“救人”这个词是积极的，大多数人认为“救人”是一种收益，人们在面临收益的时候会选择风险规避，所以会更加害怕损失，不愿意接受看起来有风险的说法二。

（2）消极框架。

说法一：使用这个方案，400人将死亡。

说法二：使用这个方案，有33.3%的可能救600人，有66.7%的可能一个也救不了。

结果显示有 72%的人选择了说法二。

在面对损失时，人们通常抱着“试一试”的心态，希望能有更好的结果，即倾向于选择风险。“死亡”对于人们来说是消极的，因此，大多数人选择了看起来有希望的说法二。

根据以上两个实验，我们可以总结出框架效应在商务谈判领域的潜在影响。第一，当谈判对方认为某一条件带来的是“损失”而非“收益”时，就会自发产生警惕和抗拒心理，此时应该注意使用积极的谈判语言。第二，如果希望谈判对方做出风险规避类决策，就应该设定积极型框架；反之，如果希望谈判对方做出风险追求类决策，就应该设定消极型框架。

总之，有目的地设计表达方式会无形之中增强说服效果。当然，联系双路径说服体系不难发现，框架效应等中心路径说服方法更适用于理性的、擅长自主思考且愿意了解核心条件的谈判者。

2. 外围路径

相较于中心路径，外围路径没有特别强的逻辑，而是针对人们与生俱来的被喜欢、被信任、被赞同的需求来进行说服。尤其是对于那些感性的、不愿进行深入的理性分析的谈判对方，外围路径说服方法能让他们感受到自己的需求被重视、被认可，由此产生对己方的信任，继而支持己方的观点。

外围路径说服技巧与心理学中的现象呼应。抓住不同类型的谈判者的一些不同需求进行说服，会让对方在潜移默化中受到影响。下面我们列举四种外围路径说服方法。

（1）利用社会认同效应。

社会认同（social proof）效应是指群体或多数意见会对个人或少数意见产生一定程度的影响，也就是社会中普遍存在的从众效应。社会认同效应是群体保持协调统一的前提，也是人的社会合作性的体现。

20 世纪 30 年代和 50 年代，有两个非常著名的心理学实验为有关社会认同效应的研究做出了重要的贡献，它们分别是谢里夫（Muzafer Sherif）的自动移动光效果实验和阿希（Solomon Asch）的线段实验。

1）谢里夫的自动移动光效果实验。

人的神经系统在灯光昏暗的环境中会过度补偿，从而对静止的灯光产生移动错觉。实验中的被试并不知晓这一现象。基于此，实验者让被试分别在个人和群体两种情景下对灯光移动的距离做出判断。实验结果发现，在个人情景下做的判断彼此差异很大；但在群体情景中，个人会因受群体的影响而对自己的判断不断地加以调整和修正，最后个人的判断结果越来越接近群体判断结果的平均值，并且这个判断结果会固定下来，并在以后的判断中发挥作用。

这个实验结果显示了在模糊未知的情景下群体依赖和群体压力的存在以及群体规范的形成，同时，群体的影响或压力能够超越群体的存在，出现在没有群体的环境中。

2）阿希的线段实验。

阿希的实验中有七名被试，其中六名是假被试（即为配合实验而故意安排的助手），一名是真被试。实验者每次向大家出示两张卡片，其中一张画有标准线 X，另一张画有三条线段 A、B、C。标准线 X 的长度明显与 A、B、C 三条线段中的一条等长。实验者要求被试判断标准线 X 与 A、B、C 三条线段中的哪一条等长。实验者总是把真被试的回答顺序安排在最后。在第一、第二次测试中，大家的回答没有区别；在第三至第十二次测试中，前六名假被试按事先要求故意给出错误答案，借此观察真被试是否会做出从众行为。实验结果显示，有 76％的真被试至少会因为屈服于小组的压力而做出错误判断一次。

阿希的实验表明：人们愿意追随群体的意见，即使这种意见与自己通过感觉得来的信息相互抵触；群体压力导致了明显的从众行为，哪怕是对于从未彼此见过的偶然群体。

社会认同效应在商业中被广泛应用，例如，情景喜剧中预先录制“哄堂大笑”；佳洁士、舒肤佳等品牌在拍摄广告时使用穿白大褂、戴眼镜、有播音腔的演员；利用关键意见领袖（KOL，包括网红、明星、大 V 等）效应营销；等等。在国际商务谈判中，谈判者可以利用好社会认同效应，使自己的谈判力大幅提升。

（2）得寸进尺（foot-in-the-door）。

斯坦福大学的费里德曼（Freedman）和弗雷泽（Fraser）在《无压力服从：得寸进尺策略》（Compliance Without Pressure：The Foot-in-the-Door Technique）一文中介绍了一个心理学实验。[①] 这个心理学实验被分为两个步骤。

第一步：实验者拜访了很多家庭，向他们介绍自己来自社区交通安全委员会，为了提高民众的专注驾驶意识，该委员会希望社区居民能把一个提醒驾驶员专注驾驶的小标志放在窗台上或者车上 。这个小标志有三平方英寸大小，背面没有胶，上面写着“小心驾驶”（Be a Safe Driver）。如果被试同意，研究者就会把这个小标志发给他，并记录其反应。

第二步：相隔两周后，实验者再次拜访第一轮中表示同意的家庭。这一次实验者

① Freedman，J. L. and Fraser，S. C. “Compliance without pressure：The foot-in-the-door technique.” *Journal of Personality and Social Psychology*，1966，4（2），pp. 195－202.

会给被试看一张照片［照片上是一栋漂亮的房子前有一个很大的专注驾驶的标志（几乎会把门挡住）］，并且询问能否也在自己家的院子里放一个很大的专注驾驶的牌子。同样，研究者会记录被试的反应。

实验结果显示，直接提出摆放大标志的要求时，同意的人数仅占实验总人数的约17%，而先要求摆放小标志再要求摆放大标志时，同意的人数占实验总人数的比例高达76%。这说明，如果先提出小要求，再提出大要求，那么人们同意这个大要求的可能性会增大。

（3）以退为进（door-in-the-face）。

在这种策略下，劝说者先提出一个过分的、对方必然会拒绝的要求，接着退一步提出一个较为合理的要求，以获得对方的同意。由于对方因拒绝了第一个要求而可能会产生愧疚感，加之在第一个要求作为参照物的情况下，第二个要求往往显得易于接受，因此对方通常会同意第二个要求。下面的实验数据证实了这一点。

《影响力》的作者西奥迪尼（Cialdini）曾邀请学生参加少年犯委员会志愿活动，每周两小时，持续两年。两年的时间太长，对学生而言通常属于一个过分的要求。在学生们拒绝这一邀请后，西奥迪尼询问他们是否愿意陪同少年犯进行为期一天的动物园之旅。实验结果显示，有50%的学生同意陪同少年犯前往动物园，而直接邀请学生陪同少年犯去动物园时，表示同意的学生的比例仅为17%。

在国际商务谈判中，可以利用这一策略试探对方的底线，更有效地推测对方的弱点、对方面临的一些潜在的外在威胁，从而给己方创造机会。谈判中的“狮子大开口”就是典型的以退为进策略——谈判者先提出一个离谱的高价，在对方拒绝后再提出一个更为合理的、谈判者真正希望获得的价格，从而增加对方接受这一价格的可能性。

（4）“走为上计”。

“走为上计”策略中的“走”并不是真的离开谈判桌，放弃这次谈判机会，而是指在谈判陷入僵局或过于紧张时，谈判者可以选择休会等迂回调整策略。例如，休会类似于球赛的中场休息，在合适的时间休会是恢复体力、调整谈判战略、分析谈判形势的良好时机。

（二）五种说服风格

谈判者不仅需要掌握说服策略，还需要洞悉说服风格，现在我们介绍五种说服风格。首先让我们回顾一下第四章“谈判风格”中介绍的五种冲突解决模式，这五种冲突解决模式分别对应了五种谈判风格，与这里的五种说服风格异曲同工，对此我们可以做知识点的迁移。目前可以将说服风格划分为五种：竞争风格、合作风格、折中风格、随和风格、回避风格。

1. 竞争风格

采用这种说服风格的谈判者的合作意愿较弱而且难以更改。谈判者希望把自己的意愿和需求强加于另一方，以此扩大自己的利益。谈判者为达成自己的目的可能会放弃合作关系，所以这种谈判模式本质上是一种零和博弈。这样的说服方式容易导致矛盾激化，限制谈判的灵活性。对方可能会出于压力而被迫答应谈判者的条件，但也可能因为压力过大而放弃谈判，从而导致双方错失合作机会。

2. 合作风格

采用这种说服风格的谈判者的合作意愿很强，而且对此比较坚定。谈判者会坚持不懈地思考新的方法，会比较充分地考虑双方的需求和利益。这种谈判模式需要双方都有强烈的合作意愿，愿意考虑对方的利益，理解对方的需求，并且建立相互信任。在这种谈判模式下，往往会产生创新性突破，但这种谈判模式对于谈判者的合作意愿有很高的要求。

3. 折中风格

采用这种说服风格的谈判者的合作意愿及其坚定程度一般。通常有这样两种情况：第一种情况是，谈判双方为了更快地做出一些决定或达成一些协议，双方各退一步，做出一定程度的妥协。第二种情况是，谈判双方因为某些原因没有找到更好的方案，于是谈判不了了之，没有达到真正的目的。

4. 随和风格

采用这种说服风格的谈判者的合作意愿较强，但不坚定。与采用竞争风格的谈判者截然不同，采用随和风格的谈判者不惜牺牲自己的利益和放弃自己的目标去迎合别人的要求。采取这种"直接投降"的策略可能是屈服于对方强有力的手段，也可能是为了维持一种重要的友好关系。此种谈判的利弊应该根据实际情况来判断。

5. 回避风格

采用这种说服风格的谈判者的合作意愿较弱，也不太坚定。谈判者不考虑对手的利益，也不考虑自己的利益，只想回避。此谈判的利弊得失较为明显；回避可以遮掩自己的利益或立场，但也阻止了有效信息的获取；回避或许能方便以后寻找更利己的方案，但会给谈判对方留下不好的印象；回避是一种非常谨慎和保守的方式，但过分频繁地回避也会降低自己的期望值。

五种说服风格各有利弊，应随着谈判形势的变化采用不同的说服风格。谈判者可以通过评估双方的利益关系、合作需求估计自己的谈判力，然后选择相应的说服风格。谈判者可以阅读大量谈判案例，并按五种说服风格对这些案例进行分类，从而积累谈判经验。

现在，您已经初步了解了谈判力的来源，认识了谈判中的说服技巧。那么我们该如何将所学知识运用到实践之中，借助这些商务谈判技巧推动谈判更加顺利地进行，最终促进协议的达成呢？接下来我们将分析东华公司与苏丹银行的外汇额度谈判。通过对此案例的学习与分析，我们可以进一步掌握本章知识，并将它们熟练地运用于实践中。

第二部分 【通过案例学谈判】

东华公司与苏丹银行的外汇额度谈判

在本章的第一部分中，我们介绍了最佳替代方案等谈判力的主要来源，以及中心路径说服方法和外围路径说服方法。

我们将下面的案例分成了“背景与准备”和“进程与策略”两个阶段进行介绍，在每一阶段的内容介绍后均设置了问题与任务，便于您结合本章的有关知识进行思考与讨论。带着问题和答案，您可以阅读“案例分析”的有关内容，从而更好地理解和掌握本章知识。

一、背景与准备

（一）案例背景

1. 谈判双方背景

东华投资控股有限公司

东华投资控股有限公司（下称“东华公司”）成立于1987年，是全球领先的信息与通信技术（information and communications technology，ICT）解决方案供应商。东华公司专注于ICT领域，坚持稳健经营、持续创新、开放合作，在电信运营商、企业、终端和云计算等领域构筑了端到端的解决方案优势，为运营商客户、企业客户和消费者提供有竞争力的ICT解决方案、产品和服务，并致力于实现未来信息社会、构建更美好的全联接世界。目前，东华公司的产品和解决方案已经应用于全球170多个国家，服务全球运营商50强中的45家及全球1/3的人口。

苏丹银行

苏丹为伊斯兰国家，经济结构单一，以农牧业为主，工业落后，对自然环境及外援的依赖程度高，是联合国宣布的世界最不发达的国家之一。受益于石油大量出口及高油价的拉动，苏丹一度成为非洲经济增速最快的国家之一。

2011年南苏丹独立，苏丹经济受到冲击，物价上涨，货币贬值，财政收入锐减。为消除消极影响，苏丹政府一方面逐步加大对水利、道路、铁路、电站等基础设施以及教育、卫生等民生项目的投入力度，另一方面努力改变财政严重依赖石油出口的现状，将发展农业作为长期战略。

外贸在苏丹经济中占有重要地位，但苏丹的外汇储备紧缺、本币贬值压力大，使得贸易国在苏丹面临的资金风险较大。苏丹前五大贸易伙伴国依次为中国、阿联酋、沙特阿拉伯、埃及和印度。

苏丹银行历史悠久，是由中央管理的大型国有银行，资金储备比较丰富。但受全球金融环境的负面影响，苏丹的通货膨胀压力上升、外汇需求增加、外汇增长乏力，苏丹银行的发展也受到了局限。为保证业务健康、持续发展，苏丹银行对于外汇的管理和分配更加谨慎。

2. 谈判背景

经济发展水平决定了电信发展水平。非洲一直以来都是世界上发展水平最低的大洲，经济总量约占世界的3%，因此，非洲电信业发展总体比较落后。根据世界银行报告，非洲国家每年用于数字投资的费用约占其年度国民生产总值的1.1%，而发达经济体的这一比例平均达3.2%。国际电信联盟（ITU）提供的数据显示，在互联网使用率方面，非洲在全球排名垫底，仅有28.2%的人口使用互联网，低于世界平均水平（53.6%），远低于欧洲水平（82.5%）。非洲人主要通过手机上网，截至2019年底，非洲移动互联网用户数为3.35亿。然而，这些用户中仅有10%使用4G网络。全球移动通信系统协会（GSMA）预测，未来五年将有720万部智能手机在非洲市场上投入使用，非洲的移动宽带覆盖率将提高到60%。改善网络连接将增强非洲国家的竞争力，提高其人口的创新能力，扩大综合产能。

东华公司是非洲最大的电信供应商，这不仅是因为其以设备廉价且高质量著称，而且是因为其有在偏远地区经营的经验。东华公司已成为许多国家政府不可或缺的合作伙伴，这帮助东华公司在非洲打下了比诺基亚和爱立信更牢固的根基。南非研究机构World Wide Worx的总经理亚瑟·戈德斯塔克说："东华公司的设备占整个非洲无线宽带基础设施的70%，它与整个非洲大陆的移动网络运营商有着密切的关系。"为充分抓住在非洲的商业机遇，东华公司通过支持运营商降低总体运营成本、缩短投资回报周期、提高站点效率等一系列举措，帮助运营商加速ICT建设。东华公司提出了"Three-Star"站点解决方案，针对不同场景提供定制化的解决方案，助力运营商以简单、快速、经济和高效的方式部署更多站点。

由于基础薄弱、国际金融封锁等原因，苏丹的电信技术十分滞后。苏丹之前使用的2G和3G技术部分是由中国东华公司及中兴公司帮助建设的。后苏丹推出4G无线通信服务，成为非洲少数几个跻身“4G俱乐部”的国家之一，东华公司也受邀提供技术支持和服务。

在苏丹开展相关业务的过程中，东华公司的重中之重是从当地银行争取更多的外汇额度。目前东华公司在苏丹的年盈利达到一亿美元左右，但是由于外汇额度限制，资金沉淀（capital precipitation）仅为一两千万美元，即只能转换一两千万美元的外汇。为此，东华公司需要与苏丹的地方银行进行谈判，确保己方在当地拥有足够的外汇额度来进行资金的转换。苏丹的地方银行可利用其对特定额度的外汇支配权来与东华公司合作，从而吸纳更多存款和发展对外业务。

东华公司在谈判前进行了充分的准备，并对双方的优势、劣势、机会、威胁（SWOT）进行了分析，结果汇总在表7-1中。

表7-1　东华公司与苏丹银行的SWOT分析对比

	东华公司	苏丹银行
优势（S）	实力雄厚，国际和国内业务发展稳定，是外方银行在市场上优质的合作伙伴； 东华公司内控制度完善，信用风险小，合规性、安全性高； 东华公司在任何一个国家都能保证长期持续经营	在外汇额度配置方面拥有一定的主动权； 作为当地大型银行，资金风险相对较低，符合中方寻找合作银行的要求
劣势（W）	苏丹每年的外汇额度有限，仅为2亿～3亿美元，因此中方的谈判空间有限	外汇额度有限，对中方的吸引力不强； 苏丹以农牧业为主，经济极度不发达，银行资金也处于短缺状态
机会（O）	银行不止一家，因此即使谈判破裂也可以寻找下一家，也可以此在谈判过程中对外方银行进行一定程度的施压； 东华公司与在当地投资的中国央企在收付款方面存在利益互换点，因此与这些央企进行外汇交换可以补充东华公司对于外汇额度的需求	东华公司在苏丹不断拓展业务，可发展为外方稳定的合作伙伴； 除东华公司之外，还有其他具有存款实力的外资企业有外汇额度需求； 本币汇率不稳定，中方迫切需要进行货币转换
威胁（T）	外方的口头承诺存在不被履行的可能性，如果这些口头承诺在被执行的过程中出现偏离，那么可能会给中方造成损失； 苏丹的汇率波动大，中方面临汇率风险	外汇额度有限，存在竞争对手，谈判存在破裂可能； 中方存在其他资金转换渠道，如与在当地投资的中国央企交换货币，从而替代跨境汇款

（二）问题与任务

阅读了以上案例背景后，请思考和讨论以下问题：

结合第一部分中介绍的谈判力的主要来源，您认为双方在此谈判中的谈判力如何？

有了答案之后，请阅读本章接下来的内容，比较一下以下案例分析是否与您的答案一致。我们的答案或许会对您有所启发。

（三）案例分析

在谈判过程中，谈判力有多种来源，如环境条件、组织实力、人员素质等。其中，最佳谈判替代方案是谈判力最重要的来源，也是打破谈判僵局的重要手段。商务谈判失败的原因多是替代方案不利，在双方争执不下的时候，没有其他解决方案，于是谈判最终只会陷入僵局或实现单赢。同时，最佳谈判替代方案既是己方的一条“退路”，又是给对方的“压力”。一个好的最佳替代方案可以有效减少己方对对方的依赖，提高己方的谈判力。

在本案例中，对于中方来说，争取更多的换汇额度并与当地金融机构保持长期合作具有重要的意义。由于苏丹汇率不稳定，东华公司面临汇率风险，因此，东华公司迫切需要进行货币转换以减少风险，这是东华公司依赖苏丹银行的原因。外方银行是当地大型银行，在外汇额度配置方面拥有一定的主动权，资金风险相对较低，符合中方寻找合作银行的要求。当然，当地银行不只有一家，因此即便谈判破裂也可以寻找下一家。也可在谈判过程中对外方进行一定程度的施压。同时，中方在资金转换过程中也可以考虑其他渠道，如购买当地大宗产品（如棉花等农产品）。因此，东华公司在谈判准备时期应寻找多个有利的替代方案，并在谈判过程中及时做出调整，降低谈判陷入僵局的概率，维护自己的利益。

对于外方银行来说，如果此次谈判成功，那么可以以有限的外汇额度换取银行的业务量，并有机会与当地外方大企业保持长期合作。但除东华公司之外，还有其他具有存款实力的外资企业有外汇额度需求，东华公司不是唯一的客户，但也是不应轻易失去的客户。东华公司实力雄厚，国际业务和国内业务稳定发展，是市场上优质的合作伙伴；其内控制度完善，信用风险小，合规性、安全性高；能保证长期持续经营。

为进一步提升谈判力，东华公司应在谈判前明确苏丹银行吸纳更多存款和发展对外业务的需求；利用多种途径积极了解苏丹银行的基本信息，如业务范围与决策链条；积极了解苏丹银行的合作伙伴等，评估交易对手的替代方案。苏丹银行应在谈判前明确东华公司的需求，即在苏丹拥有足够的外汇额度来进行资金转换；对东华公司进行详尽的调查，了解其实力及对银行相关产品的需求，以确定可给予的外汇额度数量及与之捆绑的本行业务。

二、进程与策略

（一）谈判进程

谈判前期，双方进行了充分的准备。中方首先对银行进行了筛选，以选出合适的合作对象，最终从资金安全角度选择了资金规模较大、综合评价较高、有广泛的区域合作业务的某银行。同时，积极了解该银行的业务范围以及决策链条，并尝试给关键决策人留下良好印象，并与之建立友好关系。该银行也对寻求外汇额度的东华公司进行了详尽的调查，了解了该公司的实力及对银行相关产品的需求，从而确定可给予该公司的外汇额度数量及与之捆绑的本行业务。

自 2019 年开始，东华公司与苏丹银行就外汇额度协议开展了一系列谈判。但由于苏丹银行受苏丹整体外汇额度的限制，所以东华公司可以争取到的最高外汇额度本身存在天花板，双方的谈判空间有限。

同时，东华公司也对双方的最佳替代方案、核心诉求进行了分析。

东华公司的替代方案主要有以下几个：首先，东华公司可以利用保函业务（guarantee business）、信用证业务（letter of credit business）、贷款业务（loan business）来换取外汇。其次，东华公司可以选择与在当地投资的中国央企合作换取外汇。中国央企在苏丹进行投资的过程中与东华公司一样存在货币转换的需求，此时两者拥有合作基础，可以不通过当地银行而是两者自行协商进行货币转换，这样的话中国央企可减少交易成本，东华公司也增加了换汇渠道。东华公司的法务和税务团队十分专业且对在当地投资的中国央企了解全面，东华公司换汇的安全性和持续性可以得到保障。东华公司在选择合作对象之前，会准备问题清单，以了解其营业状况等信息，从而对合作对象进行全面的考量。最后，东华公司也可以通过购买当地大宗产品或者选择与别的银行合作来实现自身利益最大化。

基于以上分析和准备，东华公司提出可以通过某些业务换取外汇。同时，东华公司在谈判前期还制订了其他外汇转换方案，即通过与在当地投资的中国央企合作和购买当地大宗产品、与其他银行合作的途径，实现外汇转换。因此，在有充分准备的情况下，中方代表得以在谈判中淡定自如地与外方开展洽谈与沟通。

最终，双方达成协议：中方按照约定获得外方银行的外汇额度，并且与银行合作发展其他相关业务（包括保函业务、信用证业务、贷款业务）等。

此次协议的达成实际上有着极大的积极意义。对于东华公司而言，获得一定的外汇额度可以加快资金的国内外流动，从而在投融资方面拥有更多主动权。另外，东华公司也拓展了在银行的业务。对于外方银行而言，与资金雄厚的东华公司合作可以增加一定的资金储备。

（二）问题与任务

阅读以上案例背景后，请思考和讨论以下问题：

您认为中方在本谈判中面临的难点有哪些？中方是如何提升自己在谈判中的谈判力的？

有了答案之后，请阅读本章接下来的内容，比较一下以下案例分析是否与您的答案一致。我们的答案或许会对您有所启发。

（三）案例分析

1. 谈判难点

（1）商务谈判存在较强的政治性，国际政治因素会给谈判带来困难。在国际商务谈判中，谈判双方来自两个国家，会受到两个国家的政治、经济、外交等关系的影响。

（2）受到全球金融环境的负面影响，苏丹的通货膨胀压力上升、外汇需求增加、国家外汇增长乏力，苏丹银行的发展也受到局限，对于外汇的管理和分配会更加谨慎，东华公司可以争取到的外汇额度本身存在天花板，所以双方的谈判空间有限。

（3）苏丹的外汇储备紧缺、本币贬值压力大，使得贸易国在该国面临的资金风险较大。苏丹的银行虽跨国经营，但基础较薄弱，存在难以满足中方外汇需求的风险。

（4）中国与苏丹存在语言、风俗习惯、文化价值理念、思维方式等多方面的差异，跨文化障碍可能导致中方在与苏丹银行谈判的过程中沟通不畅，不利于谈判的顺利进行。

2. 提升谈判力的策略

在本章案例中，双方的核心议题是外汇额度。为了促进谈判顺利进行并使双方获利更多，谈判过程中可运用的提升谈判力的策略包括以下几个：

（1）寻找最佳替代方案，降低己方对对方的依赖程度。

从东华公司准备的最佳替代方案可知，东华公司不必完全依赖苏丹银行，而是可以通过购买当地大宗产品或者选择与别的银行合作来达到自己的目标，这是东华公司的“退路”。另外，东华公司还可以选择和在当地投资的中国央企合作来换汇，开辟另一种换汇渠道。在这一方案中，东华公司提到了第三方——在当地投资的中国央企。这些中国央企与东华公司一样拥有外汇额度需求，也有可能在寻求合作。如果东华公司与苏丹银行的合作破裂，从而选择与第三方合作进行货币转换，那么苏丹银行的努力就会“竹篮打水一场空”，这就给苏丹银行施加了一定的“压力”。由以上分析，我们可以了解到，对对方的依赖程度的提高有损于己方的谈判力，而对方的可替代程度的提高有助于提升己方的谈判力。

（2）激发对方的谈判动机。

谈判动机是指谈判者希望通过谈判获取利益的愿望与期待。在谈判中，己方可以通过诱导等方式激发对方的谈判动机，从而达到削弱对方谈判力的目的。

在本案例中，苏丹银行的外汇额度有限，并且存在竞争对手，谈判存在破裂可能。并且，通过调查我们可以发现，苏丹银行的核心利益诉求在于以有限的外汇额度换取银行业务量，并且希望与外方企业保持长期合作。针对这一点，东华公司的替代方案之一就是利用保函业务、信用证业务、贷款业务来换取外汇额度。而这一替代方案可以说是抓准了苏丹银行的“胃口”，向对方展示了诱人的条件，从而达到了激发对方的谈判动机、削弱对方谈判力的目的。

（3）做好充分的准备。

通过对核心知识的学习，我们可以认识到，谈判者为谈判做好充分的准备也是谈判力的重要来源。谈判者利用自己所掌握的知识与专业能力，为谈判做好充分的准备，有利于与谈判对手进行积极高效的沟通，而且体现了谈判者对于本次谈判的重视程度，以及对谈判对手的尊重。商务谈判的最终目的是达成合作，谈判者的高素质可以给谈判对手留下良好的印象，有利于双方建立友好的合作关系，推动商务谈判向着双方皆满意的方向发展。

在本章案例中，东华公司的谈判者（团队）在谈判之前进行了充分的准备：

第一，利用多种途径积极了解苏丹银行的基本信息，如业务范围与决策链条；积极了解苏丹银行的合作伙伴等第三方机构，在谈判开始前评估交易对手的替代方案。得益于前期的充分准备，东华公司的谈判团队能够在谈判中淡定自如地与外方开展洽谈与沟通，充分展示了谈判团队的专业性及东华公司对于本次谈判的重视程度，展现了东华公司作为一家大企业的风貌，从而给对方留下了较好的印象，促进了商务谈判的顺利进行。

第二，东华公司重视国际商务谈判中的跨文化障碍研究，对苏丹的文化习俗尤其是禁忌进行了深入了解，显著提升了谈判代表对文化差异的敏感程度，从而为与苏丹银行的国际商务谈判的良好、顺利进行提供了可靠保障。

第三，东华公司的谈判代表在谈判之前拟定了谈判目标，明确了谈判的最终目的。东华公司在调查研究的基础上，结合自身的实际情况确立了一条合理的底线，使自身在谈判中更有底气。对需要谈判的议题，东华公司拟定了周全的商务谈判策略，分清了主次，合理安排了谈判的先后顺序，明确了对每一议题应当掌握的分寸和尺度，准备了当谈判出现某些变化时应采取的对策，力争本次谈判取得成功。

（4）运用谈判中的说服技巧。

在本章的核心知识部分，我们详细介绍了框架效应、社会认同、得寸进尺、以退为进等说服技巧。有了理论基础后，我们还将学习如何将这些核心知识运用于实践中。接下来，我们将以本章案例为例，简要谈谈如何在谈判中运用说服技巧。

利用框架效应。根据前文介绍，人们在面临积极框架和消极框架时的选择是不同的。因此，谈判者应综合考虑对方的风险承受能力和风险偏好后再有针对性地提出条件。在本章案例中，苏丹银行业的发展受整体金融环境的影响有所滞后。在这种情况下，东华公司谈判人员在提出条件之前必须谨慎考虑苏丹银行的风险承受能力和风险偏好。同时，苏丹银行的核心利益诉求在于以有限的外汇额度换取银行业务量，此时，与银行业务相关的词语便会成为对方谈判人员眼中的积极词语。因此，在谈判过程中，东华公司谈判人员在提到有关银行业务的词语的同时，应适当规避对风险的描述，引导对方谈判人员更加注意“银行业务”将给其带来的利益，从而有效帮助东华公司谈判人员提高谈判力。

利用社会认同。在谈判过程中，东华公司谈判人员可以利用社会认同和从众心理，介绍其他银行为当地外资企业提供的支持性政策，引导对方接受己方提出的类似方案，促进双方顺利达成合作共识。

得寸进尺。得寸进尺的关键在于先“得寸”，再“进尺”。在本章案例中，由于苏丹银行受苏丹整体外汇额度的限制，东华公司可以争取到的最高外汇额度本身存在天花板。在谈判中采用“得寸进尺”的策略可以通过不断“逼迫”让对方谈判人员暴露自己的底线。东华公司谈判人员在谈判初期可先提出一个对方容易接受的较低的外汇额度，得到基本的“寸”。接下来，再通过提出与苏丹银行在各种业务方面合作，诱惑对方提高外汇额度，或者再以更换合作对象等施压，反逼对方不断让步，从而达到“进尺”的目的。正如中国的名言“事缓则圆”，得寸进尺策略的潜在逻辑就在于“慢慢来”，一步一步地试探对方的底线，最终为己方争取到超出预期的利益。

以退为进。“以退为进”是以“退”为表象，先让一步，使对方放松心理戒备，从而满足己方要求。结合本章案例，东华公司谈判人员在谈判初期可以提出一个高于对方预期的外汇额度，在对方的讨价还价中逐步做出退让，假意顺从，然后争取主动，提出无法再降低外汇额度的要求，反守为攻，最后争取较高的外汇额度。值得注意的是，当谈判人员在谈判过程中运用此种策略时，初期“高价”的设置和对让步“节奏”的把控也十分重要。首先，虽然要提“高价”，但也不能漫天要价，应将要价控制在一个合理的范围内。其次，在谈判过程中，谈判人员要注意把控让步幅度和让步次数。通常来讲，让步幅度需逐步递减，让步时间需逐步拉长。如果谈判人员没有控制好让步幅度与次数，那么反而会让对方谈判人员认为己方的让步很容易，于是提高对己方让步的期待，提出越来越高的需求。另外，采用以退为进的策略时，让步次数也有讲究。俗话说“事不过三”，一般情况下让步次数不超过三次。次数太多反而会给对方谈判人员期待。最后，在谈判过程中，谈判人员需明确坚守自己的底线，保持头脑清醒，以免出现最终反而丢失了自身利益的结果。

除以上策略之外，设定最后期限、显示己方的强硬态度、强调己方方案、威胁双方关系等策略也常被应用于谈判中，以增强己方的谈判力。

本章小结

本章介绍了谈判力的主要来源，如最佳替代方案、心理优势以及身份角色等。谈判协议的最佳替代方案是指在谈判失败的情况下，一方可以采取的最有利的替代行动方案。双方相对谈判力的大小主要取决于替代方案对各方的吸引力的大小。现实中，在谈判双方正式磋商前，两方都会准备多种替代方案，并选出最佳替代方案，从而增加己方的谈判筹码并减少谈判破裂给己方带来的损失。一方的最佳替代方案越好，其对谈判过程就越有信心，改进谈判协议条款的能力就越强。同时，谈判者可以通过理性的中心说服路径和（或）感性的外围说服路径，影响并改变谈判对手的态度和行为。具体的说服技巧包括利用框架效应、社会认同等。

在本章案例中，东华公司的核心利益诉求是尽可能多地换取外汇，但苏丹银行的外汇额度十分有限，于是双方展开谈判。为使谈判效果达到最佳，东华公司在谈判前准备了多种替代方案，包括利用业务换取外汇、通过与在当地投资的中国央企合作换取外汇、购买当地大宗产品（如原油和棉花）以及与其他银行合作等。在谈判陷入僵局时，东华公司可以提出替代方案，向对方施加压力，从而有效推动谈判进程。

习题

1. 下面这个案例中，A/B 两位谈判者谁最终获得了谈判优势？他采用了双路径说服体系中的哪种路径？

谈判代表A：您知道的，这是一个买家市场。我强烈建议您在拒绝我之前，考虑一下我（对您房子）的报价。很可能您的房子会长时间无人问津。

谈判代表B：实际上，有很多人对我的房子感兴趣。

谈判代表A：在这个市场？这听起来不大可能。其实，我姐姐正在卖她的房子，还没有人去问她呢。

谈判代表B：其实就在上周，有个来自其他州的人看到了我的房子，并说他本周可能会给出23万美元的价格。如果您不相信我，您可以问我的代理人。

谈判代表A：那太有意思了。就在昨晚我的爱人和我决定出23.1万美元买下您的房子。多巧！

2. 讨论在以下情况中应如何降低己方对对方的依赖程度，以便在两国的贸易谈判中增强己方的谈判力。

(1) A国与B国是邻国关系，A国出口企业长期依赖B国市场。然而近年，B国遭遇了金融危机，市场长期处于萎缩状态，这造成了A国出口的严重下降。

(2) A国一年中大部分时间都很寒冷，其蔬菜长期依赖从B国进口，因此A国市场对于蔬菜价格变动十分敏感。

3. 阅读以下材料后，结合本章所学的“以退为进”方法，您认为公孙弘可以怎么回答汉武帝？

古代谈判智慧——公孙弘

汉代公孙弘年轻时家贫，后来虽贵为丞相，但生活依然十分俭朴，吃饭只有一个荤菜，睡觉只盖普通棉被。就因为这样，大臣汲黯向汉武帝参了一本，批评公孙弘位列三公，有相当可观的俸禄，却只盖普通棉被，实质上是使诈，目的是骗取俭朴清廉的美名。

汉武帝便问公孙弘：“汲黯所说的都是事实吗？”

附录

学习完本章的核心知识与相关案例之后，您可以阅读下面的补充知识。希望这能帮助您更好地理解本章案例，掌握并运用核心知识。

一、名词解释

外汇：货币当局以银行存款、财政部证券、长短期政府证券等形式持有的，在国际收支逆差时可以使用的债权。它是国际贸易的产物，是国际贸易清偿的支付手段。

外汇额度：经外汇管理部门核准的留给各企业使用的外汇指标。外汇额度是我国外汇管理采用的主要方式之一，除批准实行外汇现汇留存的企业和地区外，其他企业和地区都必须实行外汇额度留成的办法。

资金沉淀：在日常的资金流入流出过程中，账户中留下的一定数量的稳定资金。这种说法比较形象，常见于银行和企业。

保函：依据商务合同开出，但又不依附于商务合同的具有独立法律效力的文件。当受益人在保函项下合理索赔时，担保行就必须承担付款责任，而不论申请人是否同意付款，也不管合同履行的实际事实，即保函是独立的承诺并且基本上是单证化的交易业务。

信用证：国际结算方式的一种。信用证方式是典型的逆汇，即由债权人主动出具票据，委托银行向债务人收取一定金额款项的方式，结算工具是由债权人转移给债务人，资金是由债务人转移给债权人。

贷款业务：又称为信贷资产或信贷业务，即通过将款项贷放给借款人，按期收取利息，到期收回本金的业务。它是商业银行最重要的资产业务，也是商业银行的主要利润来源。

二、相关核心知识

（一）谈判对手的谈判风格

在谈判过程中，了解不同谈判对手的谈判风格，有利于谈判人员掌控谈判进程，把握谈判节奏。例如，欧洲的谈判对手较谨慎，倾向于严格遵循工作时间，并且对于谈判条款的细节很较真，审批手续复杂。而非洲的谈判对手的谈判风格比较随意，因此与非洲人谈判的效率也会更高。

国企与私企的谈判风格也各有不同：国企对于谈判事项十分谨慎，因为国企的关注点为保证业务的持续性，即确保公司不会面临很大的风险或者发生违规事件；成本收益不是国企最大的关注点，而私企对于谈判细节很较真，尤其是在成本收益方面分毫必争，尽职调查过程也十分严格。

（二）【谈判礼仪】

由于文化差异的存在，各国的谈判礼仪有所不同。例如，在非洲斋月时，当地人在日落前禁食，可能造成外方谈判人员精神欠佳，从而影响谈判效果，因此谈判时间应避开斋月。此外，若当地人不饮酒，那么中方在商务宴请方面也应入乡随俗。

三、北非及苏丹的地理环境、社会文化和商业环境

（一）北非及苏丹的地理环境和社会文化

【地理环境】

北非即非洲大陆北部地区，通常指撒哈拉沙漠以北的广大区域。其面积共837万平方公里，包括埃及、利比亚、突尼斯、阿尔及利亚、摩洛哥、苏丹等。北非北隔地中海望欧洲，南接南部非洲，西临大西洋，东有红海。北非有西北部的直布罗陀海峡扼守地中海与大西洋的通道，东北部的苏伊士运河扼守地中海与红海通道，二者联合起来扼守印度洋与大西洋的战略性通道。北非也是陆上交通亚欧非三洲间的重要中转站，战略地位极为重要。

苏丹位于非洲东北部、红海沿岸、撒哈拉沙漠东端。国土面积约为188.6万平方公里，为非洲面积第三大国。苏丹的经济结构单一，以农牧业为主，工业落后，基础薄弱，对自然及外援的依赖程度高，是世界上最不发达的国家之一。

【语言】

北非地区以前以阿拉伯语和柏柏尔语为主，但在之后的发展中，阿拉伯语开始逐步取缔、驱逐和融合柏柏尔语。到了今日，除了内地和沙漠地区还讲柏柏尔语外，其余大体上都以阿拉伯语为主。此外，有些商务活动中也会使用法语。

苏丹的官方语言为阿拉伯语。

【自然资源】

北非地区有铁、银、铬、铜、锰、金、铝、铅、铀、锌、钨、石棉、石膏、云母、滑石、钻石、石油、天然气和木材等丰富的自然资源。

【人口与民族】

北非地区的主要人种是白人，大部分是阿拉伯人，还有北非土著柏柏尔人。多数阿拉伯人是穆斯林，也有部分是基督教教徒，所以他们的生活方式带有伊斯兰教文化色彩。

【农业】

农业是苏丹的主要经济支柱。苏丹的农业人口占全国总人口的80％，农作物主要有高粱、玉米和小麦。经济作物在农业生产中占有重要地位，占农产品出口额的66％，主要有棉花、花生、芝麻和阿拉伯胶。苏丹的长绒棉产量仅次于埃及，居世界第二；花生产量居阿拉伯国家之首，在世界上仅次于美国、中国和印度；芝麻产量在阿拉伯国家和非洲国家中居于首位，出口量占世界的一半左右；产出阿拉伯胶的金合欢树的种植面积约为504万公顷，年均产量约为6万吨，占世界总产量的80％。

【习俗】

按照苏丹的习俗，商务人士冬天宜穿保守式样的西装。访问政府机关或大公司须提前预约。最好使用英文与阿拉伯文对照的名片。苏丹商人几乎都会说英语。首次与苏丹人做生意时，务必要求对方开出不可撤销信用证。报价最好用苏丹镑报 CIF 价，勿报 FOB 价。对方敬咖啡或邀请您至咖啡馆坐时，不宜拒绝，否则会被认为有失面子。应邀至苏丹人家中参加晚宴时，只能有男性参加，且切记带份礼物给对方，但不要给他的太太带礼物。

【禁忌】

北非国家有许多禁忌，如未经主人允许不脱鞋不能进屋；认为“13”是一个不吉利的数字；认为白色象征贫穷，白色的衣服令人厌弃；进入清真寺必须脱鞋。在苏丹，贝鲁族人忌讳直呼女性的姓名。这个民族妇女的地位比男性高，如果有人当着一位贝鲁族男性的面直呼他家中女眷的姓名，他会当场大发雷霆，导致宾主双方都很不愉快。对于贝鲁族来说，日常生活中忌讳打骂儿童。

（二）苏丹的商业环境

【金融】

苏丹共有 38 家银行，其中包括 1 家中央银行（苏丹银行，建于 1959 年）、4 家国有银行（分别为苏丹农业银行、苏丹社会发展储蓄银行、苏丹工业发展银行以及苏丹双尼罗银行）、25 家合资银行、8 家外资银行。

【对外贸易】

对外贸易在苏丹经济中占有重要地位。2018 年，苏丹对外贸易总额为 113.3 亿美元，其中出口额为 34.8 亿美元，进口额为 78.5 亿美元。中国、阿联酋、沙特阿拉伯、印度、埃及等国家是其主要贸易伙伴。20 世纪 70 年代，苏丹对外贸易的发展速度较快。然而进入 80 年代后，由于世界经济衰退、国际贸易萎缩、石油价格长期疲软和国际势力的干预，苏丹的对外贸易受到抑制。

北非地区经济的最大弱点是结构单一，偏重石油生产和出口。尽管在过去的发展中采取了一系列措施，做出了巨大的努力，但问题并没有得到根本性解决。目前该地区国家的对外贸易存在以下问题：市场发展不平衡，出口仍集中在油气输出方面，石油收入受世界石油市场的制约，极易受国际石油市场价格的影响，出口贸易和外汇收入随着油价的波动而波动；贸易对象以西方发达国家为主，主要从西方发达国家进口商品，进口市场几乎被垄断。20 世纪 90 年代后，发展中国家为争夺该地区的市场，与发达国家展开了激烈的竞争，而北非地区的出口对象国也以发达国家为主；北非地区各国之间的经济互补性仍不强，受北非地区持续战乱的影响，各国经贸往来明显减少，经济增长速度低于世界其他地区；尽管近年来北非地区国家的对外贸易发展速度较快，但该地区的贸易在世界贸易中的比例仍较小；债务负担重，购买力低，缺乏资金，内部矛盾重重，经济过分依赖石油。

【北非及苏丹银行业发展现状】①

北非的银行有两个主要特点：其一是北非的银行多以本国业务为主，跨国经营比较少；其二是外国银行在北非的分支机构相对较少。北非银行业正着手进行一些改革，这些改革侧重于出售合资银行中的国有股份、将国有银行私有化以及将国有银行进行其他形式的重组，以提高银行的运营质量。

尽管北非银行业的发展在非洲不算落后，但是依然存在市场渗透率低的问题。调查显示，中东和北非地区仅有50%的成年人拥有银行账户，而在高收入的经济体中，每10个成年人中就有9人能在正规的银行机构拥有一个账户。另一份调查结果表明，在北非，只有相对较少的企业能获得银行金融服务，大部分企业称难以获得贷款成为其实施商务计划的主要制约因素，只有较小比例的人口使用支票账户或自动取款机。银行贷款被发放给少量借贷者，许多有潜力借助金融服务实现增长的公司被排除在外，这些问题不仅存在于该地区石油出口国不发达的银行系统，而且存在于高收入石油出口国较发达的银行系统，这表明获得的金融服务不足是制约北非地区经济增长的关键所在。

由于北非是一个深受穆斯林传统文化影响的地区，伊斯兰银行业在北非金融市场亦占有一定的份额。自20世纪70年代开始，伊斯兰银行业就在北非发展起来，目前总的市场份额低于5%。导致伊斯兰银行业在非洲地区发展不佳的原因主要有：一是所处的金融环境不同，总体上北非零售银行业的发展受到限制，为政府所拥有的企业和一些私营部门服务的银行在北非占有重要地位。二是民众对伊斯兰银行缺乏了解。三是政府的支持力度不够，这主要体现在立法和监管方面。四是由于《古兰经》中有禁止利息的原则，所以伊斯兰银行不能通过发行短期国债或在中央银行进行储蓄来支付或收取利息，这就使得它的收益远低于传统银行的竞争对手。

苏丹银行业的发展也因受整体金融环境的影响而有所滞后。通货膨胀压力上升、外汇需求增加、国家外汇增长乏力等都给苏丹银行业的发展造成了负面影响，并限制了其融入区域和全球银行体系的能力。

四、中国与苏丹的贸易往来现状

（一）中国与苏丹的双边货物进出口额

华经产业研究院的数据显示：2020年中国与苏丹的双边货物进出口额为32.78亿

① 沈虹．北非银行业发展进程及现状．金融经济，2015（8）：167-168.

美元，相比 2019 年增长了 2.44 亿美元，同比增长了 8.0%（见图 7-1）。

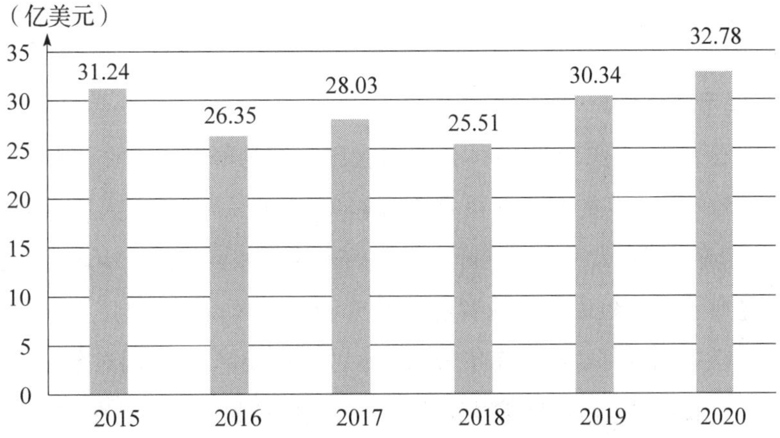

图 7－1　2015—2020 年中国与苏丹的双边货物进出口额

资料来源：华经产业研究院.

2020 年，中国对苏丹出口的商品总值为 25.12 亿美元，相比 2019 年增长了 2.22 亿美元，同比增长了 9.7%；2020 年，中国自苏丹进口的商品总值为 7.66 亿美元，相比 2019 年增长了 0.22 亿美元，同比增长了 3.0%（见图 7-2）。

图 7－2　2015—2020 年中国自苏丹进口及向苏丹出口的商品总值

资料来源：中国海关、华经产业研究院.

（二）中国对苏丹的投资情况

截至 2018 年底，中国企业对苏丹的直接投资存量达 13.3 亿美元。2020 年 1—6 月，中国企业对苏丹全行业的直接投资额为 1 476 万美元，全部为非金融类。

（三）中国在苏丹的工程承包情况

2020 年 1—6 月，中国在苏丹新签工程承包合同额达 1.8 亿美元，同比增长了

15%；完成营业额 1.1 亿美元，同比下降了 45.6%。

五、其他问题补充

【关于人民币国际化】

随着中国成为世界第二大经济体，中国在国际贸易舞台上的作用和影响力越来越大，人民币成为一种主要的储备货币是不可避免的趋势。但是，人民币的国际化目前仍然处在“初生阶段”，人民币在国际交易中的占比还相当有限。中国企业在对外贸易的过程中也遇到了一些阻碍，易受贸易国政策和外汇风险的影响。以东华公司为例，2019 年 5 月，美国商务部宣布将东华公司列入“实体清单”。美国对东华公司的打压包括两方面：一是给盟国施压，要求其禁用东华公司的产品，尤其是在 5G 建设中将东华公司排除在外；二是限制相关国家向东华公司提供元器件，试图掐断其供应链。受美国打压，东华公司以往的合作银行如汇丰银行和渣打银行因风险太高而切断了与东华公司的业务往来，导致东华公司在国际结算中也遇到了困难，面临的问询次数也有所增加。为应对不利境况，东华公司将合作银行逐渐转换为区域性银行和国内大型银行，以缓解其货币结算压力。与此同时，东华公司与中国工商银行合作，为数字人民币支付赋能，在一定程度上推动了人民币国际化。

/ 延伸阅读 /

When a Little Power Is a Dangerous Thing

第八章 团队谈判和多边谈判

/ 学习目标 /

通过本章案例的学习，您将：

- 掌握团队谈判的基本特征和常用策略
- 掌握多边谈判的基本特征和常用策略

/ 引言 /

本章学习内容分为两部分。第一部分将介绍团队谈判和多边谈判相关的核心知识。第二部分将在“实战”中巩固并运用所学知识——通过对区域全面经济伙伴关系（RCEP）协定谈判实例的学习，理解现实世界中的多边谈判（multiparty negotiation）是如何进行的，了解中国在区域合作谈判中所扮演的角色。同时，我们在此案例中还设置了对应的学习任务，以便大家带着问题对案例进行思考。

第一部分 【核心知识】

团队谈判和多边谈判的概念、特点、挑战与策略

一、团队谈判

在商务谈判中，人们很多时候不是孤军奋战，而是与团队成员一起，共同代表谈判一方的利益。下面我们分别介绍团队谈判（team negotiation）、团队间谈判（teamon-team or inter-group negotiation）和多边谈判的特点及可以采用的策略。

（一）团队谈判的特征

相对于单人谈判，团队谈判在某些情况下可以取得更好的结果，也可以为团队中的谈判者带来更多的安全感和优势。首先，在复杂的谈判形势下，团队能够推动创新型整合式解决方案的提出。研究显示，在三种类型的谈判配置（团队对团队、团队对单人以及单人对单人）中，谈判桌上团队的存在可以增加谈判的整体利益，即存在团队效能效应（team efficacy effect）。原因在于，团队谈判使得谈判者可以就其利益和优先事项交换更多信息，这种信息交流提高了各方利益判断的准确性，并进一步促进了综合协议的达成。其次，相较单人谈判而言，团队谈判更有助于增强己方的谈判力，形成谈判优势。此外，团队谈判还具有团队晕轮效应（team halo effect），即对于同一性质的谈判失利，当团队谈判失利时，人们对团队的谴责相对更少，但当个体谈判失利时，人们对个体谈判者的谴责相对更多。原因在于，当谈判失利时，人们更倾向于设想个体谈判者如何能做得更好，但很难设想出整个团队如何能做得更好。此外，团队谈判还有助于彰显己方对这场谈判的重视程度，以及在谈判中反映多样化的利益诉求。

然而，团队谈判也存在一定的成本和风险，例如，需要付出更高的成本，需要进行充分的准备，可能因为内部意见不一致或私人关系问题导致团队缺乏凝聚力等。

（二）谈判团队的组织与管理

1. 团队成员的选择

在选择谈判团队成员时，可以考虑以下方面：

（1）谈判技能。具有良好的谈判技能的人在面临复杂的情况时，能够制订整合式解决方案，为整个谈判争取双赢的结果。同时，他们能够进行有效的谈判准备，避免团队陷入谈判误区，推动问题的创造性解决。

（2）专业技能。在确定团队成员时，我们需要考虑该成员是否具有相关方面的专业技能。团队往往可以根据各成员的专业技能进行明确的分工，从而提高谈判效率。

（3）人际交往能力。谈判涉及人际交往能力的方方面面，例如建立融洽关系和进行有效沟通的能力，以及将基于权力或权利的论点转向基于利益的论点的能力。我们需要在选择团队成员时对成员的这些能力进行考察。

2. 团队的组织与管理

谈判团队规模通常是4～12人，具体数量视情况而定。需要考虑的因素有谈判内容及难易程度、谈判规模及主题的重要性等。通常而言，最优团队规模是5人左右。这是因为，随着团队规模的扩大，团队中的从众压力（conformity pressure）也会相应增大，同时团队规模过大还会产生协调成本过高的问题。

团队凝聚力有三个重要来源：士气、动力、努力的一致性。如果成员是熟人或相互了解，沟通或信息共享就会更容易。团队成员还要有共同的话语体系以及共同的问题解决方式，这样整个团队才能顺利沟通。

在信息处理方面，团队通常面临着两种选择：一种选择是由不同成员负责不同的信息，这种方式可以提高团队效率，但也容易导致成员之间的依赖性增加，一旦缺少了一位成员，团队就会缺失该成员负责的信息；另一种选择是由团队共享信息，这种方式可以减少成员间的依赖性，但存在效率低下等问题。

（三）团队谈判的策略

团队内部的认同度越高，出现任务冲突和关系冲突的概率越低，因此谈判团队需要保证团队内部在目标和战略上的一致，避免整个谈判因团队内部分歧而低效或失利。

为了使团队内部在目标和战略上达成一致，集体准备谈判就显得非常重要。集体准备有利于“交互记忆系统”的创建。在这个系统中，团队成员可以了解其他人拥有的信息，并清楚地知道如何以及何时使用这些信息。除个人准备外，还需要整个团队集体准备，准备的具体内容包括决定流程、明确事实和信息、制定策略（见表 8-1）。

表 8-1　准备的步骤及内容

步骤	准备内容
第一步　个人准备	● 确定谈判事项 ● 确定最佳替代方案 ● 确定你认为的己方的“最坏情况” ● 确定你认为的己方的“最佳情况” ● 写下这些情况并准备与团队成员分享
第二步　团队准备：确定会议流程	● 谁来主持会议 ● 会议上需要用到哪些物品（计算器、挂图、电脑等），谁来负责准备这些物品 ● 安排时间表及执行负责人
第三步　团队准备：明确事实和信息	● 梳理“立场与利益” ● 明确己方优先事项和对方可能的优先事项 ● 明确需要从对方那里获得哪些信息 ● 确定己方的最佳替代方案，并讨论对对方的最佳替代方案了解多少 ● 确定最坏的情况（即保留价格） ● 确定最佳的情况（即谈判目标） ● 识别在任何情况下都不能透露的敏感信息 ● 确定己方愿意与对方分享的信息

续表

步骤	准备内容
第四步　团队准备：制定谈判策略	● 确定初始报价 ● 确定团队角色（如谁负责主谈、谁负责记录等） ● 确定休会信号

资料来源：利·L. 汤普森．谈判者心智（第2版）．北京：中国人民大学出版社，2005.

在团队谈判过程中要善于安排休会，让团队成员能够在必要时进行内部讨论。但需要注意，许多团队花了太多时间在内部讨论上，而在谈判桌上却没有足够的时间。这种行为最终是不利于谈判的。

二、团队间谈判

（一）团队间谈判的特征

前文中的团队谈判侧重于讲解同一团队内部的组织和管理，而本部分“团队间谈判”则重点讲解团队与团队间谈判面临的问题和可以采用的策略。团队间谈判是指谈判者认同各自的团队，并以其成员身份与另一方进行的谈判。[①]

当人们与不同群体或团队进行谈判时，往往会对其他群体或团队存在偏见。例如，人们往往认同自己的群体，而对其他群体的成员形成负面印象（即刻板印象）。再如，鉴于**身份认同效应**的存在，不同身份的群体之间的谈判更加缺乏互惠性。同时，当人们与其他群体或团队进行谈判时，通常会进行向下的社会比较（downward social comparison），即倾向于认为对方团队在智力、能力和可信度等维度上劣于己方团队的成员。此外，处于冲突中的团队对另一方的观点往往缺乏准确的理解，每一方都认为对方持有比实际情况更极端的观点。人们倾向于认为，与自己持有不同意见的人的主要意图并非宣传他们的核心价值观，而是反对自己的核心价值观，并把持不同意见的人视为脱离现实的极端主义者。

（二）团队间谈判的策略

1. 关注冲突的真正原因

许多团队间冲突的根源不是资源稀缺，而是价值观差异。例如，在保持冲突的性质不变的情况下，当冲突发生在不同团队的成员之间时，会比发生在同一团队成员之间更难解决。此外，当人们了解到对方的实际观点而不是自己假设的对方的观点时，他们会对团队间谈判持有更加乐观的态度。

① 利·L. 汤普森．谈判者心智（第2版）．北京：中国人民大学出版社，2005.

2. 寻找共同身份

当处于冲突中的不同群体拥有共同身份时，它们之间的冲突和竞争就会迅速缓解。在与群体外的成员打交道时，找到共同身份可能比真正了解他们的潜在利益更有效。研究显示，与群体内成员进行谈判时，分享有关自身潜在利益的信息有利于促进合作。相反，当与群体外成员进行谈判时，不分享有关潜在利益的信息反而会有利于合作。

3. 避免外群同质效应

外群同质效应（out-group homogeneity effect）是指一种认知偏差，即人们倾向于认为外群成员具有更加固定和刻板的特征，而内群则更加多样化。这一效应常见于各类社会群体（如具有不同政治立场、种族、年龄、性别的群体）。因此，为避免这一认知偏差，把外群成员当作个体来看待十分重要。

4. 进行更多接触

人们倾向于喜欢和信任自己熟悉的事物。同样，不同群体的成员之间进行更多接触也可以促进群体之间的合作。然而，多接触并不一定能保证形成积极的群体间关系。在某些情况下，接触甚至可能恶化群体之间的不良关系。双方通过更多接触以减少偏见，需要具备以下几个条件：（1）社会和制度支持；（2）双方的接触有足够的频率、足够的时间和足够的亲密度，以保证通过接触能够建立有意义的关系；（3）双方有平等的地位；（4）双方有共同的目标；（5）双方建立了跨团队友谊。

5. GRIT 策略

上述策略大多是预防性的，可以避免群体之间不健康的、破坏性的竞争。在冲突爆发后，管理者和领导者可以采取 GRIT 策略来解决冲突。

GRIT（graduated and reciprocal initiative in tension reduction）策略又称渐进互惠降低紧张策略。这一策略源于减少群体间冲突的模型，最初被用于国际裁军谈判项目，随后被用于较小规模团队间的谈判。其目标是增加群体之间的沟通和互惠，减少不信任和敌意，创造更多的可能性。该模型规定了一系列的步骤，要求群体之间进行特定的交流，以期建立“游戏规则”。它阐明了在长期冲突的各方之间建立信任所固有的困难，虽然未必适用于所有的冲突，但其所提及的明确意图、承诺让步和匹配互惠等做法对处理大多数冲突都有实践意义。

三、多边谈判

多边谈判往往涉及两个以上的利益主体，是多个利益主体试图解决分歧、力求实现集体目标的谈判。与双边谈判不同，多边谈判的过程管理和各方的互动更加复杂（国际环境下的多边谈判进程尤其复杂和困难），信息处理需求呈指数级增长，而且往往会有部分谈判方在谈判中形成联盟（coalition）。

（一）多边谈判中的挑战

1. 处理联盟问题

在多边谈判中，两方或多方可能组成一个联盟，以集中他们的资源，对谈判结果施加影响。联盟面临两个核心问题：一是如何建立和维护联盟以增加谈判力；二是如何处理联盟内部的利益分配问题。因此，联盟中的各方既有合作关系，也有竞争关系。

2. 选择条件交换方式

在多边谈判中，谈判各方的条件交换可以是互惠式的，也可以是循环式的。互惠式条件交换意味着多边谈判中的两方谈判者通过条件交换达成整合式协议。循环式条件交换则要求每一方都按照以下方式进行条件交换：A 方在某事项上向 B 方做出让步，以此换取 C 方在另一事项上对 A 方做出让步。跟互惠式条件交换相比，循环式条件交换的风险显然更大。

3. 优化决策方式

多边谈判常常使用投票和多数裁定原则（majority rule）进行最终决策。但如果使用不当，这些决策方式可能会阻碍有效的谈判，既无法实现整体利益的扩大，也不利于利益的合理分配。

例如，多数裁定原则无法反映投票者对决议的偏好强度，即无论是对决议强烈支持，还是一般支持，每个投票者都只能投出一票。因此，使用这种投票方式进行决策时，谈判各方无法基于不同偏好进行整合式条件交换。同时，群体偏好是由个体偏好推导而来的，而且是不确定的。用投票的方式不可能把个人的偏好集中起来，形成合乎理性的社会偏好，即存在“阿罗不可能定理”（Arrow’s impossibility theorem）。

如果不使用多数裁定原则，而是选择一致同意原则（concensus rule），那就意味着最终协议需要谈判各方都同意才具有约束力。然而，各方意见往往不一致，所以达成协议费时费力。同时，通过这种方式进行决策往往会导致妥协，即各方最终确定一个为所有人所接受的折中方案。虽然这种协议看起来公平，但它通常也是低效的、非最优的。

4. 保障有效沟通

在多边环境中，多方同时发送和接收信息，因此沟通的复杂性会增加。谈判方越多，沟通会越困难。作为谈判者，我们需要确认已成功传递了己方信息、信息内容是准确无误的、接收方已正确理解了己方传递的信息。

在谈判方较多时，有些谈判者会选择与几个谈判方私下会晤，这往往对于建立联盟非常有利，但可能会损害谈判结果的公平性，并增强各方在谈判中的竞争意识。

（二）多边谈判的策略

1. 联盟的建立、维护和内部利益分配

多边谈判中最常采用的策略之一是建立联盟。两方或多方有可能组成联盟，以便在谈判中充分调动资源，产生更大的影响力，最终影响谈判结果。

（1）联盟的建立。

通常情况下，实力较弱的各方会联合起来，与实力更强的一方抗争，增强看似软弱的参与者的群体力量。工会可能是最明显的例子：当员工通过工会集体讨价还价时，往往会获得更具竞争力的薪酬和福利。但是，如果合并资源并不足以影响谈判结果，或者利益冲突使得多方难以合作，则不太可能形成联盟。

要结成一个联盟，双方之间的沟通非常重要。例如，谈判者可以在谈判前联系并说服潜在的联盟成员，阐明结盟的潜在利益。如果沟通受到限制，则很难结成联盟。

（2）联盟的维持。

联盟通常是难以维持的。这是因为：一方面，联盟成员总是会受到诱惑而加入其他联盟；另一方面，若结成联盟时的协议或承诺不具有可行性，即联盟的成本和收益发生变化，不再有利可图，那么原有的联盟成员就会选择离开，从而影响联盟的稳定性。

信任可以促进联盟的稳定。因此，在建立联盟时，谈判方都希望选择能履行承诺的联盟成员。同时，协议有助于维持联盟关系。因此，谈判各方在建立联盟时会尝试寻求口头承诺。这些口头承诺即使没有法律效力，也可能是具有一定约束力的。维护联盟的另一个策略是建立超出利益关系的人际关系，从而增加离开联盟的成本。

（3）联盟内部的利益分配。

联盟不同于二元谈判，其内部资源和利益的分配更多地取决于各方的权力大小和分配的公平性。联盟成员间资源的分配很复杂，因为世上不存在一种绝对规范、公平的分配方式。每一种方式都会有其自身的逻辑。重要的并不是应该选择哪一种分配方式，而是联盟各个成员要认同这一分配方式的公平性和合理性。

权力和联盟的形成与成员间资源的分配密切相关。联盟成员之间权力的失衡可能对联盟有害。相比平衡的权力关系，不平衡的权力关系会导致叛变、分歧、僵局和恶意竞争。权力失衡问题对联盟成员来说十分重要，因为联盟成员最关心的是如何保护自身利益。然而，对联盟来说最好的方案对联盟中形成的小集团来说通常不是最优解。

联盟是多边谈判中的重要策略，谈判者除了建立和维护联盟外，还需要阻止其他谈判方建立针对己方的联盟（blocking coalition）。例如，当发现谈判对手在试图控制沟通与交流时，要警惕谈判对手建立针对己方的联盟。如果针对己方的联盟已经存在，则应观察联盟动态，找出最有可能脱离该联盟的个体，并尝试诱导该个体脱离该联盟。

2. 多边谈判的其他常用策略

（1）谈判前。

明确谈判对手：首先要了解各方谈判者，他们所代表的个人、群体、机构或国家，他们背后的其他支持者及其利益（不能仅仅通过谈判者的陈述来进行判断）。

系统管理信息：制作一个矩阵图，列出谈判涉及的多个议题，记录每个议题中各方的利益和偏好。这些信息在一定程度上可以被公开展示，以帮助各方达成共赢。

合理运用头脑风暴：与独立思考的个体相比，群体提出的想法往往更少，质量也更低。因此，建议先进行个人头脑风暴，然后再由群体进行评估。

（2）谈判中。

分配流程角色：多边谈判需要计时员、流程管理员和信息记录员。谈判各方可以轮流担任这些角色，以确保公平。

不要中途离开谈判桌：在多边谈判中，当一方中途离开谈判桌时，其他谈判方更有可能形成联盟。因此，不要中途离开谈判桌。

避免协议偏见：不要认为多边谈判中的每一方都想达成协议。在某些情形下，有些谈判者的目标就是破坏或拖延协议的达成。

避免逐个事项谈判：多边谈判有时会就各事项逐个进行谈判和表决，然而这样做会阻碍跨事项条件交换的可能。因此，应提倡多事项谈判，促成基于条件交换的一揽子协议。

以上是关于团队与多边谈判的知识。下面让我们通过 RCEP 协定谈判，看看实际生活中是如何运用这些谈判知识的吧！

第二部分 【通过案例学谈判】

区域全面经济伙伴关系（RCEP）协定谈判

一、谈判各方简介与谈判背景

（一）谈判各方简介

东盟：东盟十国中，新加坡是发达国家，文莱是能源国，马来西亚、泰国、印度尼西亚、菲律宾是新兴工业化国家，越南正在积极进行改革，柬埔寨、老挝、缅甸仍是世界上最不发达国家。人均 GDP 最高的新加坡的人均 GDP 是人均 GDP 最低的缅甸的约 80 倍，是老挝、越南的 40 倍。RCEP 协定没有设置过高的准入标准，原因在于 RCEP 协定重视区域内的综合利益，旨在化解新兴经济体与发达经济体间由于经济发展不平衡而出现的贸易分歧，注重平等兼顾各方的利益，以求达到最大的共赢。

2012 年，东盟各国的 GDP 虽比与之签订自由贸易协定（FAT）的各国要低，但是整体来说东盟的实力是能够支持其主体地位的。随着东盟国家内部政治经济改革的进行，东盟国家的实力和地位大幅提高，国际社会的支持增加。东盟国家已分别与中国、日本、韩国等国签署了双边自由贸易协定，但这些双边自由贸易协定均属东盟与单个国家之间签署的协定，规则过多、操作繁杂，有必要重新规划，进一步提升自贸区水准。其他六国也均表示支持在东盟主导下建立 RCEP，而且 RCEP 框架下已经建立的 5 个 FTA 目前均是围绕东盟建立的。

中国：中国与东盟的贸易保持强劲增长势头。中国商务部的数据显示，2012 年，中国与东盟的贸易额达 4 000.93 亿元，其中，中国对东盟出口 2 042.72 亿元，同比增长了 20.1%；自东盟进口 1 958.21 亿元，同比增长了 1.5%。中国政府已经明确表示愿意加入 RCEP 协定并支持东盟组建 RCEP。这主要基于四个原因：一是中国-东盟自由贸易区自成立以来运转良好，取得了很好的成绩。2012 年，东盟是中国的第三大贸易伙伴，中国是东盟的第一大贸易伙伴。二是 RCEP 符合中国的外交政策。在与邻国的关系上，中国主张东盟在地区合作中发挥主导作用。三是 RCEP 有利于提高本区域的经济一体化程度。四是 RCEP 的组建有可行性。有 5 份自由贸易协定作为基础，RCEP 协定在谈判和实施上都有现实基础。

日本：日本的财政赤字已达到本国 GDP 的两倍以上，债务危机成为制约日本当前经济发展的主要障碍。全球经济放缓导致需求不断下滑，日元持续走强继续打击出口，能源价格反弹令灾后关闭核能增加石油进口的成本攀升……日本经济在未来一段时间可能加速下滑，全年经济甚至很可能零增长。亚太市场对日本有相当大的吸引力。中日韩合作成果显著，且仍有很大发展空间亟待开拓。

韩国：相比日本，韩国经济尽管没有出现大幅下滑的迹象，但由于半岛局势不稳定，外部环境没有改观，也存在一定的不确定因素。亚太市场对韩国也有相当大的吸引力。

澳大利亚：澳大利亚自 1974 年起成为东盟的对话伙伴。澳大利亚是经合组织成员国之一，自然资源丰富，农产品和矿产出口较多。中澳自由贸易协定已启动谈判。

新西兰：新西兰是推崇自由贸易的国家。随着东亚经济一体化合作的深入，新西兰的贸易自由度和便利度将进一步提升，投资环境和营商环境将进一步改善。

印度（未加入 RCEP 协定）：作为新兴经济体，印度在全球经济中的作用显著上升。

（二）谈判背景

RCEP 协定是由东盟十国发起的，旨在通过削减关税及非关税壁垒建立统一市场的自由贸易协定。

有关 RCEP 协定的设想于 2007 年被提出，但当时不具备相关基础和条件。2008 年，日本与东盟签订自由贸易协定；2009 年，东盟与澳大利亚、新西兰签署综合自由贸易协定；2010 年，中国-东盟自贸区正式建成，随后东盟-韩国自由贸易协定生效。随着条件的成熟，东盟提议建立区域性自贸协定，并于 2011 年正式提出 RCEP 概念，于 2012 年在东亚领导人峰会上正式启动 RCEP 协定谈判。2020 年，东盟十国和中国、日本、韩国、澳大利亚、新西兰共 15 个亚太国家共同推动达成了 RCEP 协定，产生了目前全球经济体量最大的自由贸易区。

RCEP 协定谈判的背景主要包括以下几个方面：

（1）世界贸易组织谈判受阻，全球性贸易投资的自由化进程缓慢。

世界贸易组织（WTO）是具有权威性和代表性的全球性组织。长期以来，WTO 通过多轮谈判显著降低了世界货物贸易关税水平和非关税壁垒，大幅提升了服务贸易自由化程度，促进了贸易争端解决机制的建立健全，为世界经济长期繁荣稳定提供了大量公共产品。但是，多哈回合谈判的失败阻碍了世界贸易和投资自由化进程。与此同时，后危机时代部分国家采用贸易壁垒和片面性产业回流政策，使得全球经贸体系面临的不确定性大幅上升，WTO 自身也面临推动改革的客观压力。全球性贸易投资自由化进程放缓客观上提升了签署区域自由贸易协定的必要性和紧迫性，东盟和中日韩“10＋3”机制应运而生。在此基础上，2012 年 8 月底，东盟十国分别与中国、日本、韩国、印度、澳大利亚和新西兰签署了自由贸易协定，这些自由贸易协定构成了签订 RCEP 协定的外部推力。

（2）东亚区域价值链整合度提升，全球价值链分工内卷化。

2019 年的统计数据显示，RCEP 协定中 15 个成员国的人口占全球的比例接近三成，GDP 占比达 29.3%，区域内贸易额占全球贸易总额的 27.4%，东亚区域价值链整合趋势显著提升。与此同时，全球形成了以美国为核心的北美区域价值链和以德国为核心的欧洲区域价值链，全球价值链正逐步由扁平化和分散化向区域化和集中化方向发展，未来全球价值链的效率优先原则将转向兼顾效率和安全双原则。全球价值链分工内卷化反映了各国技术水平和产业升级的动态演进趋势，构成了签订 RCEP 协定的内部拉力。

（3）逆全球化趋势日益显著，中美经贸摩擦呈现长期性、趋势性。

2018 年 3 月 22 日，美国政府单方面基于“232 调查”对中国进口钢铁和铝实施惩罚性关税措施，拉开了中美经贸摩擦的序幕。自此之后，中美经贸摩擦逐步由贸易领域转向技术领域，再进一步转向更深层次的国家竞争领域，美国对华政策发生了根本性转变。2018 年和 2019 年全球贸易增速分别为 3.0%和−0.4%，显著低于中美经贸摩擦发生之前的预期值，逆全球化趋势下东亚经济体与欧美经济体双向互动、深度分工和价值链整合的格局遭遇重创。在中美竞争的背景下，中国产业链“缺芯少魂”和制造业“卡脖子”问题日益凸显，产业链创新链大而不强的困境颇为突出，东亚地区成为优化产业链创新链双向开放的优先选择，这构成了签订 RCEP 协定的近期动力。①

由于以上原因和历史背景条件，中国与东盟国家从 2011 年起就 RCEP 协定的签订展开了谈判。

（三）问题与任务

（1）基于第一部分中对多边谈判的介绍，作为中方的谈判代表，您认为本多边谈判的主要难点可能有哪些？应该如何进行谈判准备以取得更好的谈判结果？

（2）根据以上谈判背景，您认为各谈判方的优势和劣势分别是什么？哪些因素会影响多边谈判中各方的谈判力？

（四）案例分析

1. 谈判难点

在多边谈判中，多个谈判方的利益诉求各不相同，影响各方关系的信息更多，各谈判方之间的互动和协调也更加困难。RCEP 协定谈判处于国际大环境下，各国政治、经济、外交等诸多维度的利益混杂在一起，这让谈判进程变得更加复杂和困难。

第一，参与各方的标准和利益很难协调。参与 RCEP 协定谈判的各国的经济发展水平存在巨大差异，既有发达国家，又有发展中国家，经济发展程度不同带来的标准差异使得谈判各方很难就标准问题达成一致。例如，就商品贸易而言，并非所有成员国都能够达到较高的市场开放度（RCEP 协定要求市场开放度达到 90%）。对中国而言，如此高的市场开放度也会在一定程度上冲击我国市场。而在投资方面，RCEP 协定的负面清单制度、对外资采取的歧视性措施以及基于赔偿的国有化征收等要求，对于一些发展中国家而言似乎有些严苛。同时，在知识产权保护上同样存在标准差异问题。以日本和韩国为代表的发达国家追求全面与进步跨太平洋伙伴关系（CPTPP）协

① 诸竹君，陈丽芳．RCEP 签署的现实背景、政策特点与经济效应分析．“一带一路”财经发展研究中心网站，2020－11－20.

定下高标准的知识产权保护，而中国和东盟则主张在与贸易有关的知识产权协定（TRIPS）的基础上实施更加灵活的知识产权保护，以争取更多的权益。由此可见，各国经济差异带来了标准及其背后的利益的协调问题。

第二，谈判进程受到其他多边贸易协定的影响。目前，同时参与CPTPP协定和RCEP协定谈判的国家包括文莱、马来西亚、新加坡、越南等东盟（ASEAN）国家，以及日本、澳大利亚和新西兰等国家（见图8-1），其中日本、澳大利亚、新西兰、马来西亚、新加坡等国家迫切希望协定尽快签署并生效。因此，RCEP协定谈判的推进受到其与CPTPP等其他双边贸易协定的竞争关系影响。同时，这一竞争关系也可能会使东盟国家之间出现意见分歧，进而削弱东盟的中心地位。

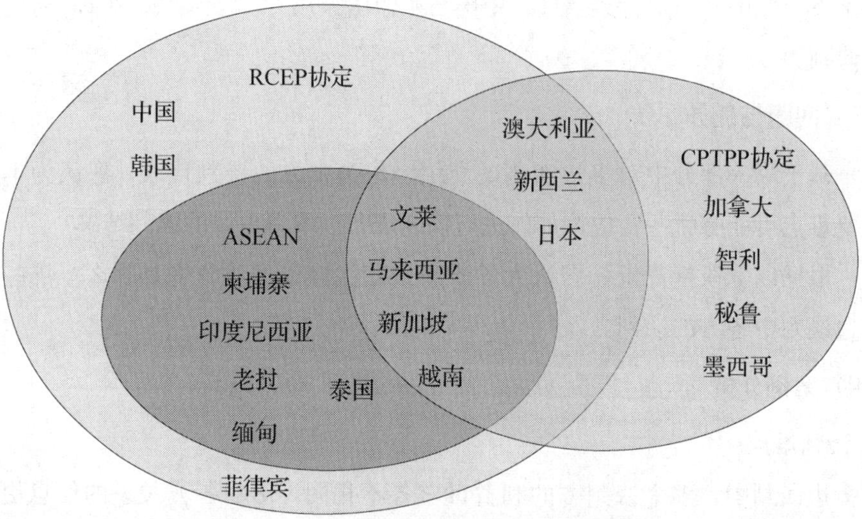

图8-1 相关多边贸易协定参与国家简图

第三，部分成员国之间存在领土等方面的纠纷，这些国家的政治局势可能也会对RCEP协定谈判的进程造成影响。

因此，在谈判前，首先，中方要做到知己知彼，全面分析自身以及谈判对手的情况，明确对方的各方面实力、政策法规、风土人情、谈判人员情况等。其次，要选派综合能力强，具有谈判专长、专业技能、外交技巧，并且对于国际关系问题有着深刻的洞察，能够充分代表己方利益的高素质谈判人员。再次，要拟定谈判目标，分析谈判态势，确定谈判事项，以及明确己方的最优替代方案、谈判目标、优先事项和底线，同时对对方的相应方面进行合理预测。最后，要在上述基础上预测对方的谈判策略，进而制定己方的谈判策略，在实际谈判中灵活变通，争取实现己方最大利益。

2. 各方优势、劣势及谈判力

基于对谈判优势三要素（谈判动机、依赖程度和替代性）的分析，我们可以得出

表 8-2 中所述结果。

表 8-2　RCEP 协定谈判各方的优势和劣势分析

	优势	劣势
东盟	东盟是 RCEP 协定谈判的主要推动方，发挥着核心影响力； 东盟在谈判中可以发挥联盟的作用，例如中国始终对东盟的中心作用表示支持	东盟内部各国之间，如同时参与 RCEP 协定谈判和 CPTPP 谈判的成员国（如文莱、新加坡）与其他成员国之间，再如较发达的成员国（如新加坡）与欠发达的成员国之间存在差异和分歧； 东盟的经济体量、发展潜力和政治影响力均不及其他参与国，“小马”能否拉动“大车”仍然存疑； 东盟有很强的动机促成谈判，而这会削弱东盟的相对谈判力
中国	中国不仅是世界第二大经济体，而且在国际政治舞台上具有一定的话语权，影响力较强； 中国始终支持东盟的中心作用，在谈判中可以发挥与东盟之间的联盟的作用	RCEP 协定给中国带来的经济和外交方面的利益显著，中国对 RCEP 协定的达成具有较强烈的诉求，而这会在一定程度上削弱中国的相对谈判力
日本	日本参与了 CPTPP 谈判（与 RCEP 协定部分内容重合），因此在 RCEP 协定的谈判中可能提出高于 CPTPP 的标准和要求，同时对达成 RCEP 协定的依赖程度较低； 日本的经济体量及政治影响力较大，是技术密集型发达国家的典型代表	在美国提出 TPP 协定后，日本倾向于推动 RCEP 协定的达成，同时在谈判中和中国存在潜在的对抗关系
韩国、澳大利亚、新西兰	经济发展水平较高，属于发达国家，在国际舞台上有一定影响力	RCEP 协定给韩国带来的利益显著，韩国已将参与 RCEP 协定视为其经济发展战略的重要内容，对于达成该协定的诉求较强烈。澳大利亚和新西兰虽然参与了 TPP 协定，但在美国退出后，其重心转至 RCEP 协定，因此也致力于推动该协定的达成

国家之间的谈判有别于企业之间的商务谈判，受政治因素的影响较大，谈判力主要来源于以下几个方面：经济发展水平、政治环境、产业等。具体来说，本案例中影响谈判各方谈判力的因素主要包括以下几个方面：

（1）经济发展水平。一国经济发展水平体现了它的综合经济实力，也间接影响其在世界政治中的地位。一国的经济实力强，其在多边谈判中的地位就高，在谈判中的回旋空间就大，相应的谈判力也就强。

(2) 政治环境。政治环境的变化通常会对谈判的内容、进程乃至协议的履行产生重要的影响，因此对政治环境，特别是国际形势、谈判国家的政局以及政府间双边和多边关系等的分析至关重要。

(3) 相互依赖程度。在谈判中，各参与方相互依赖，相互影响，这种依赖关系主要包括以下两个方面：一是需求的满足是否具有替代性，替代性强意味着有多种途径和选择来满足需求，因此谈判力也就越强；二是满足对方需求的能力，这是参与谈判并与对方合作的资本，也是谈判桌上讨价还价的关键筹码，己方满足对方需求的能力越强，则谈判力越强。

(4) 信息的充分程度和准确程度。在信息化社会中，信息是一种可以创造财富的资源，也是商务谈判成败的决定性因素。谈判本身是一个信息双向交流的过程，但由于各谈判方的信息交流有很强的目的性，出于对自身利益的保护，谈判者传递信息时是有选择有目的的，有时还会刻意隐藏甚至错报一些信息，这就要求谈判者在收集信息时要认真分析，去伪存真，避免被误导。己方得到的信息的充分程度和准确程度越高，己方的谈判力就越强。

(5) 谈判联盟的实力。在多边谈判中，联盟扮演着关键的角色，其实力会对谈判结果产生较大的影响，因此，对于各谈判方来说，联盟的选择以及与联盟内其他成员的关系及合作至关重要。①

二、进程与策略

(一) 谈判进程

RCEP 协定是以东盟为核心，与和东盟签署了双边自贸协定的国家共同商定的自贸协定。RCEP 协定于 2000 年左右开始酝酿。随着条件的成熟，东盟提议建立区域性自贸协定，并于 2011 年正式提出 RCEP 概念，于 2012 年在东亚领导人峰会上正式启动 RCEP 协定谈判，最终于 2020 年底全面达成了 RCEP 协定。

RCEP 协定的谈判过程可以分为三个阶段：

第一阶段：2012—2014 年（酝酿期）

酝酿期分为以下三步：第一步是确定谈判范围，具体来说是筛选并确定协议里面包含的议题，如市场准入等，明确每个议题的具体内容，比如知识产权领域的商务竞

① 陈剑．关于多边贸易谈判方式和谈判策略的初步分析．WTO 经济导刊，2010 (5)；姚蕾，田志宏．WTO 农业谈判国家利益集团形成的影响因素的实证分析．管理世界，2007 (5)；刘志高，段东山．浅析影响谈判力的主要因素．中国电子商务，2010 (5)．

争政策等。第二步是协商谈判模式，例如要达成一个市场准入以及自由化程度多高的协定。第三步则是探索实现这一目标的路径。

第二阶段：2015—2016 年（艰难前行期）

RCEP 谈判的第二阶段是艰难前行期。2015 年亚太地区发生的重要变化对 RCEP 协定的达成造成了一定影响。在 RCEP 协定达成之前，以美国为主导的 12 个国家签订了 TPP 协定，且 RCEP 协定与 TPP 协定所覆盖的成员国有所重合。由于 TPP 协定已满足重合国的部分需求，因此重合国在 RCEP 协定谈判中提出了要求更高的新议题，尤其日本、澳大利亚、新西兰等发达国家提出在某些领域，如劳工、环境等领域对标 TPP 协定纳入新议题并提出高要价。但在 RCEP 协定的成员国中，既有发达国家，又有发展中国家，而发展中国家要达到这些高要求存在一定困难，因此，这在客观上影响了谈判进程，导致谈判形势错综复杂，不甚明朗。尤其是东盟内部发展较好的国家如新加坡、马来西亚、越南倾向于 TPP 协定，其他发展较差、没有参与 TPP 协定的国家则倾向于 RCEP 协定，这在客观上导致了东盟内部的立场分化。

第三阶段：2017—2019 年（快速推进期）

2017 年，第一次 RCEP 协定领导人会议举办。领导人的介入为整个谈判注入了很强的政治推动力，谈判形势开始明朗。这与当时的国际背景有关：以特朗普为代表的美国新一届政府上台，对盟友和非盟友采取无差别的贸易打击政策。美国实行的贸易保护主义和单边主义对于亚太地区和中亚地区的一体化发展造成了极大的负面影响。因此，RCEP 协定的成员国希望通过加强区域一体化来增强自身抵御贸易保护主义和单边主义的能力，以此促进地区经济的发展，并从地区经济的发展中获益。

RCEP 协定谈判的复杂性逐渐显现，十几个国家之间需要两两配对，进行市场准入方面的谈判。2019 年中期，中国一直起着积极支持东盟作为谈判发起者的核心地位的作用，率先与其他成员国结束了双边的市场准入谈判，给其他国家注入信心，显著推动了谈判进程。到了 2019 年底，在第三次 RCEP 协定领导人会议上，协定文本已基本确定，市场准入这一遗留问题也基本得到解决，各方就全部议题进行了整体谈判。领导人指示在接下来的一年里各方完成协定的文本审核，解决少数遗留问题，力争在 2020 年签署协定。

之后发生了印度离场的问题。这是印度受到其产业形态、国内争议、国内利益受损方反对等因素的影响而做出的迫不得已的选择。①

① 2019 年 11 月，印度产业界、商会的一些有影响力的代表性人物在国内掀起了反 RCEP 协定的抗议活动。这是因为：印度国内的产业形态决定了它实际上在 RCEP 协定里除了部分受益外，还要付出相应的代价。加之印度长期处于严重的贸易逆差状态，一些以贸易为导向的产业部门也反对 RCEP 协定。

表 8-3 汇总了 2012—2019 年 RCEP 协定谈判期间各个国家之间的谈判进程。

表 8-3 RCEP 谈判进程表

序号	时间	地点	谈判内容
1	2012 年 11 月	柬埔寨（金边）	在东盟牵头下，中国、日本、韩国、印度、澳大利亚和新西兰正式启动 RCEP 协定谈判，各方共同发布了《启动〈区域全面经济伙伴关系协定〉谈判联合声明》
2	2013 年 2 月	印度尼西亚（巴厘岛）	在东盟-自贸伙伴国高官会议和 RCEP 协定工作组会议期间，RCEP 协定成员方就启动谈判事宜展开了讨论
3	2013 年 5 月	文莱	第 1 轮谈判，RCEP 协定成员方决定成立货物贸易、服务贸易和投资三个工作组，就相关议题交换意见
4	2013 年 9 月	澳大利亚（布里斯班）	第 2 轮谈判，举行货物贸易、服务贸易、投资三个工作组会议。其中，货物贸易工作组拟成立原产地规则与贸易便利化两个分组，服务贸易工作组讨论章节结构和服务部门开放，投资工作组讨论章节要素
5	2014 年 1 月	马来西亚（吉隆坡）	第 3 轮谈判，重点讨论 RCEP 协定的市场准入模式、协定章节框架和相关领域文本等
6	2014 年 3 月	中国（广西）	第 4 轮谈判，RCEP 协定成员方重点讨论货物贸易、服务贸易、投资和协议框架，以及知识产权、竞争政策和经济技术合作等相关议题
7	2014 年 6 月	新加坡	第 5 轮谈判，达成货物贸易关税减让，并开展技术法规和合格评定程序、海关程序和贸易便利化、原产地规则等重要领域谈判
8	2014 年 12 月	印度（新德里）	第 6 轮谈判，涉及知识产权、经济技术合作、竞争和技术性贸易壁垒、海关程序和贸易便利化等议题，货物贸易重点讨论关税优惠等问题
9	2015 年 2 月	泰国（曼谷）	第 7 轮谈判，重点讨论中小企业、电子商务等议题，举行非关税措施、贸易救济和政府采购等议题联席会议
10	2015 年 6 月	日本（京都）	第 8 轮谈判，重点磋商货物贸易、服务贸易、投资以及原产地、海关程序等议题
11	2015 年 8 月	缅甸（内比都）	第 9 轮谈判，就消除关税初步达成一致意见，讨论成立金融服务及电信小组工作计划以及知识产权、货物贸易等传统议题；电子商务工作组举行首次会议
12	2015 年 10 月	韩国（釜山）	第 10 轮谈判，重点磋商货物贸易、服务贸易、投资以及知识产权、电子商务和法律等重要议题

续表

序号	时间	地点	谈判内容
13	2016年2月	文莱	第11轮谈判，与东盟秘书处代表会议同时举行，召开货物贸易、服务贸易、投资、原产地规则四个分组会议，加快RCEP协定文本磋商
14	2016年4月	澳大利亚（珀斯）	第12轮谈判，货物贸易、服务贸易、投资和知识产权、电子商务、经济技术合作、法律条款等领域谈判取得了积极进展
15	2016年6月	新西兰（奥克兰）	第13轮谈判，就第12轮谈判的重点议题展开磋商
16	2016年8月	越南（胡志明市）	第14轮谈判，重点围绕货物贸易、服务贸易和投资三大核心领域，加快就知识产权、经济技术合作、竞争、电子商务和法律条款等领域的议题展开磋商
17	2016年10月	中国（天津）	第15轮谈判，继续就货物贸易、服务贸易和投资等重点议题展开磋商
18	2016年12月	印度尼西亚（唐格朗）	第16轮谈判，结束了中小企业章节谈判，以期帮助RCEP协定成员方中小企业实现互利共赢
19	2017年2月	日本（神户）	第17轮谈判，举行货物贸易、服务贸易、知识产权、法律与机制问题工作组会议，重点开展货物贸易、服务贸易与投资领域文本磋商
20	2017年5月	菲律宾（马尼拉）	第18轮谈判，重点围绕货物贸易、服务贸易、投资和相关规则等相关领域展开磋商
21	2017年7月	印度（海得拉巴）	第19轮谈判，重点就货物贸易、服务贸易、投资和相关规则进行磋商
22	2017年10月	韩国（仁川）	第20轮谈判，拟向RCEP协定领导人会议提交货物贸易、服务贸易、投资等领域的联合评估报告草案
23	2017年11月	菲律宾（马尼拉）	举行RCEP协定首次领导人会议，会后发表联合声明，公布了RCEP协定指导框架
24	2018年2月	印度尼西亚（日惹）	第21轮谈判，聚焦货物贸易、服务贸易、投资和知识产权等关键领域议题
25	2018年4月	新加坡	第22轮谈判，举行货物贸易、服务贸易、投资和原产地规则等领域工作组会议，要求按照《RCEP协定谈判指导原则》尽早结束谈判

续表

序号	时间	地点	谈判内容
26	2018 年 7 月	泰国（曼谷）	第 23 轮谈判，海关程序与贸易便利化、政府采购章节谈判完成，技术法规与合格评定程序、卫生与植物卫生措施等章节谈判取得积极进展
27	2018 年 10 月	新西兰（奥克兰）	第 24 轮谈判，重点达成贸易谈判议程的相关协议
28	2018 年 11 月	新加坡	RCEP 协定第二次领导人会议一致同意以灵活性、包容心态照顾彼此敏感度，确保做到全面、平衡、高质量、高水平，实现互利共赢，争取 2019 年完成 RCEP 协定谈判
29	2019 年 2 月	印度尼西亚（巴厘岛）	第 25 轮谈判，重点围绕关税领域、知识产权及电子商务（EC）规则等议题展开磋商
30	2019 年 6 月	澳大利亚（墨尔本）	第 26 轮谈判，召开贸易谈判委员会全体会议，举行货物贸易、服务贸易、投资和原产地规则、贸易救济、金融、电信、知识产权、电子商务、法律与机制等工作组会议，谈判取得积极进展
31	2019 年 7 月	中国（河南）	第 27 轮谈判，除召开贸易谈判委员会会议外，还举办了货物贸易、服务贸易、投资和原产地规则、贸易救济、知识产权、电子商务、法律和机制等工作组会议
32	2019 年 8 月	中国（北京）	RCEP 协定首次在中国举办部长级会议。在市场准入方面，已完成超过 2/3 的双边市场准入谈判；在规则谈判方面，已完成金融服务、电信服务、专业服务三项内容，80%以上的协定文本达成一致
33	2019 年 9 月	越南（岘港）	第 28 轮谈判，进入尾声。在 20 个领域中，海关和贸易便利化、政府采购、经济和技术合作、中小型企业等 6 个领域谈判已结束
34	2019 年 11 月	泰国（曼谷）	第 35 届东盟峰会及东亚合作领导人会议期间，举行 RCEP 协定第三次领导人会议，宣布 RCEP 协定 15 个成员方（除印度外）已结束全部文本谈判及市场准入谈判，2020 年将正式签署协定

资料来源：中国商务部公布的资料及相关文献；李鸿阶．区域全面经济伙伴关系协定签署及中国的策略选择．东北亚论坛，2020，29（3）：115-126+128.

（二）问题与任务

根据以上谈判进程，你认为 RCEP 多边谈判为什么选择以多轮双边谈判的模式进行？多边谈判和双边谈判有何不同？

（三）案例分析

1. 多边谈判中的谈判模式

多边框架下的双边磋商正是谈判人员结合多边谈判与双边谈判的不同特点，试图在多边框架下通过“双边手段”解决多边谈判困境的产物。在多边谈判中，参与方数量多，各方在议题方面长期存在分歧，容易导致谈判失败；而在双边谈判中，双方只有一个对手，达成共识相对容易。例如在世界贸易组织的多哈回合谈判中，各成员会根据己方谈判需要，通过不同的渠道，联系目标成员，就感兴趣的议题进行双边磋商，这在服务贸易谈判中最为常见。那些未来会参加多边谈判的成员会在谈判开始前后，通过双边磋商就各自的市场准入和国民待遇等相关议题进行谈判，或对谈判中会出现的问题进行澄清，以便摸清各方底细，为进行更大范围的利益交换做准备。

多边谈判本质上是各国追求利益的博弈，有时候会出现一成员要求另一成员在双边机制下进行多边议题谈判的情况。在这种谈判中，如果双方均承诺不脱离多边的框架和原则，那么其本质上还是属于多边谈判。多边框架下的双边谈判和双边机制内的多边议题谈判虽然都仅涉及两个谈判主体，但是谈判双方在面临的谈判压力、规则和灵活性等方面区别很大。在双边谈判中，双方有直接交锋的机会，谈判力较弱的一方不能像在多边框架下一样利用谈判阵营之间的矛盾保护自己。关于规则，多边谈判强调“平等但非互惠”，双边谈判则强调平等互惠。

在本案例中，RCEP 协定涉及 15 个成员方，其谈判属于典型的多边谈判。此类谈判的参与者代表多方利益，利益关系相当复杂，较难协调一致，各方出于自身利益考虑还会寻求与某些利益相对一致的参与方结成联盟，或争取打破与自身利益相悖的联盟，这些做法都大大增加了多边谈判的艰巨性和复杂性。因此，RCEP 协定选择以多轮双边谈判的模式进行，正是为了在多边框架下通过“双边手段”进行磋商，解决问题，以摆脱多边谈判的困境。在双边谈判中，由于仅面对一个对手，且谈判方可施加的政治及经济压力相对来说较少被弱化，双方比较容易达成共识。采用多轮双边谈判的模式能够适当保留多边谈判和双边谈判各自的优势，更直接高效地达成谈判协定，平衡各方利益。

2. 多边谈判与双边谈判的共同点与差异

在国际谈判中，由于关注的利益不同以及谈判力有强有弱，各国会采取不同的谈判模式。多边谈判与双边谈判的共同点是谈判参与方在共同利益的基础上，通过讨价还价达成协议。

多边谈判参与者众多，谈判涉及的领域广，议题多，牵扯到多国利益，与政治、国际关系等重大问题都有牵连，所以多以“一揽子”方式进行，即成员必须全盘接受在多个领域、针对多个议题所达成的协议，不能只接受其中一部分。因此，多边谈判的复杂性和挑战性不言而喻。多边谈判的性质和特点导致它往往耗时较长、效率较低。反观双边谈判，由于只有两个当事方，谈判时间、内容和议程安排都更容易确定，谈判进程推进更快，效率大大提高。同时，双边谈判有较大的灵活性，内容更详细、多样，在促进双方自由贸易、开展经济技术合作及解决双方纠纷等方面比多边谈判更为直接有效。

三、协定的达成

（一）协定的达成过程与反思

2019—2020 年是 RCEP 协定谈判的最终达成期，在这期间主要对协定文本进行了法律审核，并对遗留问题进行了磋商。因为整个过程叠加了新冠疫情的影响，各方谈判都受到了阻碍，所以尤为艰难。对协定文本的法律审核即各方律师、技术专家一起审读协定，确认协定的每一句话、每一个标点，最终确定文本，并制成符合国际通行惯例的条约。对协定文本的法律审核过程十分细致，整个协定的内容共 1.4 万页，加之受疫情、时差、视频会议、参与人员众多等因素的影响，时间跨度很长，审阅时间长达九个月，因此审阅过程十分不易。

2020 年 11 月 15 日，RCEP 协定第四次领导人会议通过视频方式举行，中国时任国务院总理李克强出席会议。会上，在 15 国领导人的共同见证下，各国贸易部长签署了 RCEP 协定。中国商务部部长钟山代表中国政府签署了协定。这标志着当前世界上人口最多、经贸规模最大、最具发展潜力的自由贸易区正式成立。

总体上看，RCEP 协定是一个现代、全面、高质量、互惠的大型区域自贸协定。RCEP 协定由序言、20 个章节（初始条款和一般定义，货物贸易，原产地规则，海关程序与贸易便利化，卫生与植物卫生措施，标准、技术法规和合格评定程序，贸易救济，服务贸易，自然人移动，投资，知识产权，电子商务，竞争，中小企业，经济与技术合作，政府采购，一般条款与例外，机构条款，争端解决，最终条款）、4 个市场准入承诺表附件（包括关税承诺表、服务具体承诺表、投资保留及不符措施承诺表、自然人临时流动具体承诺表）组成。

在当前全球经济面临困难的背景下，RCEP 协定的达成发出了反对单边主义和贸易保护主义、支持自由贸易和维护多边贸易体制的强烈信号，必将有力提振各方对经济增长的信心。据国际知名智库测算，到 2025 年，RCEP 协定有望带动成员国出口、对外投资存量、GDP 分别比基准多增长 10.4%、2.6%、1.8%。

RCEP 协定的达成也将显著提升东亚区域经济一体化水平。RCEP 自贸区的建成是东亚区域经济一体化新的里程碑，将显著优化域内整体营商环境，大幅降低企业利用自贸协定的制度性成本，进一步扩大自贸协定带来的贸易创造效应。RCEP 协定还将通过加大对发展中国家和最不发达国家的经济和技术援助，逐步弥合成员间的发展水平差异，有力促进区域协调均衡发展，推动建立开放型区域经济一体化发展的新格局。

RCEP 协定的达成还将促进区域内产业链、供应链和价值链的融合。RCEP 协定成员方的经济结构高度互补，域内资本要素、技术要素、劳动力要素齐全。RCEP 协定签署后，成员方对于货物、服务、投资等领域的市场准入进一步放宽，原产地规则、海关程序、检验检疫、技术标准等逐步统一，这些都将促进域内经济要素自由流动，强化成员方之间的生产分工与合作，拉动区域内消费市场扩容升级，推动区域内产业链、供应链和价值链进一步发展。①

（二）问题与任务

（1）你认为以上谈判协定是否实现了中国/东盟的核心利益？这一协定将会如何影响中国与东盟的关系和未来的合作？

（2）结合多边谈判与联盟的知识，你认为东盟和中国在 RCEP 协定谈判中主要起了什么作用？

（三）案例分析

1. 谈判中的核心利益

中国

中国能够从 RCEP 协定中获取的主要利益在于构建以中国为主导的全球范围的自贸区，开拓对外贸易市场，同时加速全球经济一体化，提升中国的国际地位。

从经济贸易的角度来看，RCEP 协定的达成有利于中国加快构建以周边为基础、面向全球的高标准自贸区网络，为中国在贸易投资规则制定的竞争中赢得战略主动，符合中国的战略利益。根据 RCEP 协定中的原产地规则，从成员国进口原材料可以获得相应的免税优惠，根据特定的计算公式可以得出，进口越多，优惠越大。由于 RCEP 协定成员方中有中国重要的原材料和中间品来源国，所以根据该规则，中国可以大大降低商品的生产成本，这对国内商品生产十分有利。同时，RCEP 协定带来的税收减免又促进了成员方之间的进出口贸易，加速了亚太自贸区的建设进程。对中国而言，以较低的成本生产，再加上税收减免以及自贸区成立提供的贸易便利，无疑为中国出口贸易带来了极大利好。在投资方面，RCEP 协定采用负面清单制度，提

---

① 商务部国际司解读《区域全面经济伙伴关系协定》（RCEP）之一．商务部网站，2020－11－15．

升了投资政策的透明度，也加速了中国低附加值产业向东南亚外迁的进程，有利于中国自身进行产业结构优化，同时为东南亚地区带来了经济发展的机遇。中国可以凭借自身经济实力开拓对外投资与贸易的空间，促进区域价值链建设，获取更多经济利益。

从国际关系的角度来看，中国给予 RCEP 协定成员方一定的优惠，即对成员方企业进入中国市场设置较低的门槛，促进了成员方与中国的商品交易。伴随着不同国家之间的商品交换，不同的文化得以输出，为不同国家之间的友好往来提供了机遇，也有利于国际关系的维系与提升。

从未来发展的角度来看，中国也能从本次谈判中积累相关经验，为以后面对更大的挑战做铺垫。中国作为 RCEP 成员方中最大的经济体，可以对谈判进程产生很大影响。目前，中国在推动全球和区域贸易投资自由化方面仍然经验不足，加上国内产业转型和结构调整任务繁重，中国不仅要继续推进国内相关改革，而且要有针对性地进行战略规划，以便对出现的新问题、新情况做出快速反应，这对中国来说是一大挑战。RCEP 协定的顺利达成为中国提供了不少借鉴，有利于中国综合实力的提升。

东盟

RCEP 协定的达成可以促进东盟地区经济增长、社会进步和文化发展，进一步推动东南亚国家的繁荣、和平与稳定。

RCEP 协定对推动东盟经济发展大有裨益。根据联合国统计司 2020 年发布的数据，RCEP 协定成员方人口总数占全球总人口的近一半，出口总额占世界总出口额的近 29.33%。RCEP 协定成员方庞大的市场与生产力大大开拓了东盟对外贸易市场，同时也为东盟各国与其他成员国之间的贸易往来提供了极大的便利。根据原产地规则等确定生效的协议内容，成员方之间将以较低的外贸成本进行交易，这为东盟的原材料等商品的出口提供了极大的便利，也为东盟带来了更多经济利益。

RCEP 协定的达成也促进了东盟人口生活水平的提升。除了给东盟带来更多经济收益、改善东盟人口的物质生活之外，RCEP 协定的达成还推动了经济、技术更发达的国家的产品以更低的成本出口至东盟各国，不仅能满足东盟人口日益增长的产品需求，也提高了东盟国家产品的多样性。从产品结构来看，东盟国家主要从中国进口电气设备、化工产品、通用设备等，这些更为优质的产品的输入将极大地提高东盟各国的生活质量与生产效率，为东盟国家的进一步发展提供动力。

中国与东盟的关系和未来合作

RCEP 协定的达成给中国和东盟都带来了极大的好处。中国和东盟有很多产品可以零关税相互进口，随着谈判的不断升级以及自由化程度的进一步提升，除了在货物贸易领域之外，两方在服务贸易、投资、金融领域也会进行相互合作，并建立长期稳定的产业链、供应链。未来中国依然会保持与东盟的密切合作关系，以维持本国的国际竞争优势。

2. 多边谈判中联盟的作用

在多边谈判中，联盟的力量是很大的，因为在多边谈判中，组成联盟进而利用联盟内部成员的资源可以在很大程度上影响决策结果。

在 RCEP 协定谈判中，使用联盟的策略时主要面临东盟内部的立场分化或多或少会对该联盟的稳定性造成一定冲击这一问题。由于早已签订的 TPP 协定已经满足重合国的部分需求，因此重合国在 RCEP 协定谈判中提出了要求更高的新议题。东盟内部一些发展较好的国家倾向于 TPP 协定，而其他发展较差且没有参与 TPP 协定的国家则倾向于 RCEP 协定，于是东盟这一联盟内部的立场就出现了分化。在东盟内部，两个协定的重合国包括文莱、马来西亚、越南与新加坡。使联盟趋于稳定有多种方法，例如选择信用水平更高的成员、组成联盟时寻求一定形式的承诺等。东盟在成立时发表的《曼谷宣言》相当于一定形式的承诺，该承诺可使联盟尽可能保持稳定。另外，东盟是一个共同身份群体，具有较强的凝聚力，不易被瓦解。

东盟在 RCEP 协定谈判中起中心作用。中国商务部副部长兼国际贸易谈判代表王受文称，正是东盟的中心作用使得我们能够克服本地区这么多国家在政治、经济、发展水平、历史传统文化方面的多样性，最终达成共识。中国在整个谈判过程中也一直在支持东盟的中心作用。

中国作为参与 RCEP 协定的最大经济体，对于谈判进程有很大影响。由于 RCEP 协定的达成能为中国带来极大的利益，中国自始至终都发挥着积极的建设性作用。在各方的努力下，谈判各方最终达成了共识。

本章小结

团队谈判是指谈判者认同各自的团队，并以其成员身份与另一方进行的谈判。本章介绍了同一团队内部的组织和管理，以及团队与团队间谈判面临的挑战及可以采取的策略。

多边谈判是参与利益主体的数量在两个以上的谈判。在多边谈判中，各方出于自身利益往往会寻求与利益相对一致的参与方结成联盟，或争取打破与自身利益相左的联盟，因此多边谈判较其他谈判更为复杂。

在 RCEP 协定谈判案例中，作为发起方以及整个谈判的组织者和推动者，东盟一直希望能够达成协定，在 RCEP 协定的签署过程中发挥了积极作用。在面对问题时，东盟积极协调各方并提出了一个尽量反映各方立场的提案，但由于各方之间利益交织，东盟需要支持者的配合。作为 RCEP 协定成员方中经济体量最大的国家，中国始终坚定不移地维护东盟的中心地位，在行动上支持东盟，对于整个协定的最终达成做出了巨大贡献。同时，东盟设立了谈判秘书处，由该秘书处负责整合文本，提出建设性方案。中方始终坚定地支持东盟的领导地位和作用，这给了东盟无形的、有力的支持，扩大了它的影响力，从而促成了协定的最终达成。

习题

1. 以 RCEP 协定谈判为例，你如何理解多边谈判中联盟的作用？

2. 回顾 RCEP 协定谈判，你认为中国在准备这场多边谈判时需要重点考虑的因素有哪些？

3. 阅读以下材料后，你联想到了哪些有关团队和多边谈判的知识？

古代谈判智慧——苏秦合纵抗秦

苏秦，战国时期著名的纵横家、外交家和谋略家，早年投入鬼谷子门下学习纵横之术，后又刻苦攻读《阴符经》，仔细研究各国的政治、军事、经济、山川地理，最终做到了“天下大势，如在掌中”。

公元前 334 年，苏秦开始到秦之外的六国游说，希望各国能接纳并采取其“合纵抗秦”的主张。

苏秦首先来到了燕国。他对燕文侯说：“燕国之所以没有受到秦国的攻击，是因为南边的赵国是燕国的屏障。燕国受赵国的威胁比受秦国的威胁大，要想让燕国平安无事，就应与赵国结盟，这样就不怕秦国了。”燕文侯听后认为有理，就为苏秦准备好车马，让他到赵国游说。

苏秦到了赵国后，向赵肃侯提出六国联合起来一起抗秦的主张。苏秦说：“现在，崤山以东所建立的国家没有比赵国更强大的，秦国所带来的隐患一直没有影响到赵国。

然而秦始终不敢兴兵讨伐赵国，就是害怕韩国、魏国在背后合谋算计。秦国攻打韩、魏二国，没有名山大川阻隔，逐步蚕食其土地，迫近韩国国都而停止。韩国、魏国不能抗拒秦国，必定向秦国称臣；没有韩国、魏国暗中算计秦国，那么战祸就会降临到赵国头上。从地图上看，各诸侯国国土面积的总和是秦国的五倍，估计诸侯国的军队是秦国的十倍。六国统一行动，合力向西进攻秦国，秦国一定会被灭亡。”“我私下里为大王考虑，不如统一韩、魏、齐、楚、燕各诸侯国为合纵亲邻以杜绝秦国，让六国的将、相在洹水边上相会，互换人质，结成同盟，相互约定‘秦国进攻一国，五国各派出精锐之师，或削弱秦国，或救援被攻之国。如果哪一国不遵守盟约，那么五国共同讨伐它！’各诸侯国合纵为亲邻以排斥秦国，秦国的军队就不敢出函谷关来祸害崤山以东的诸侯国了。”赵肃侯采纳了苏秦的“合纵”主张，赏给苏秦大量金银财宝，让他游说各国，联合抗秦。

在韩国，苏秦对韩宣王说：“韩国地势坚固，有几十万军队，且善于打造兵器。如果韩国臣服于秦国，那么秦国必然让韩国割让土地，今年给了秦国，明年秦国还会来要。韩国土地有限，而秦国的欲望无限，那韩国离灭亡就不远了。大王你如此英明，军队又如此强悍，不如和赵国联盟，共同抵御秦国。”韩宣王欣然接受。

接着苏秦又说服了魏国和齐国，最后来到最南面的楚国。

苏秦劝楚王：“楚国是天下疆域最大的国家，土地方圆 6 000 余里，军队百万，战车千辆，粮食可以支撑十年，这可是称霸天下的资本啊。六国中秦国最怕的就是楚国。如果大王和其他五国结盟，就会使秦国被孤立，楚国就能称霸天下。”楚王也欣然答应。

公元前 333 年，苏秦被六国共同推举为合纵联盟的纵约长，同时担任六国的相国，身佩六国相印。六国在赵国的洹水“歃血为盟”，苏秦手捧盛满牛血的铜盆请六国国君歃血，拜告了天地和六国的祖宗，写了六份盟约，共同抵抗秦国。

合纵以后，秦国竟十多年不敢攻打六国。

附录

一、东盟的商务文化与贸易政策介绍

【基本情况】

东盟共有马来西亚、菲律宾、泰国、新加坡、印度尼西亚、文莱、越南、老挝、缅甸和柬埔寨十个成员国。东帝汶目前是东盟观察员国。截至 2019 年底，东盟 10 国

国内生产总值为3.17万亿元。2020年，越南是东盟轮值主席国。

2019年，东盟总人口逾6.6亿，约占世界总人口的8.6%。东盟是世界上人口较集中的地区之一，人口多分布在平原和河口三角洲地区。东盟各国都是多民族国家，人种以黄色人种为主。该地区也是世界上外籍华人和华侨最集中的地区之一。

【民族】

东南亚是世界上民族最复杂的地区之一，民族众多，语言多样。资料显示，缅甸有135个民族；泰国有30多个民族；越南有54个民族；老挝有49个民族；柬埔寨有20多个民族；马来西亚有30多个民族；印度尼西亚有100多个民族；菲律宾有43个民族；文莱的主体民族是马来人，其次是华人，剩下的还有印度人、欧洲人和土著人；新加坡以华人为主，其次是马来人、印度人、欧亚裔等。

【语言】

东盟各国语言种类繁多，官方及常用语言存在多语种并存现象。新加坡有马来语、华语、泰米尔语和英语四种官方语言，其中马来语为国语，英语为行政用语。印度尼西亚有200多种民族语言，官方语言为印尼语。柬埔寨的通用语言为高棉语，高棉语与英语、法语同为柬埔寨官方语言，英语、法语也是柬埔寨政府部门的工作语言；华语、越南语是普通市民使用较多的语言。泰国的国语为泰语，官方语言为泰语和英语；泰国每个地区都有自己的方言，但以中部曼谷地区的方言为标准语；潮州话、海南话、广东话在泰籍华人中使用较为普遍。缅甸有100多种民族语言，官方语言为缅语及英语；主要的民族语言包括缅族、克钦族、克耶族、克伦族、钦族、孟族、若开族、掸族等民族的语言；流行的外国语主要是英语。越南的官方语言为越南语（也是通用语言和主要民族语言），部分居民会讲英语。文莱的国语是马来语，通用英语，原用加威文（用阿拉伯文书写的马来文），现今在许多场合（如个人签名、公共建筑物上等）仍使用加威文；文莱华人除用英语和马来语外，还讲闽南话、广东话，绝大多数华人会讲普通话（当地人称为华语）。老挝的官方语言为老挝语，英语正逐步普及，部分人会法语。马来西亚的国语为马来语，通用语言为英语；马来西亚华人基本上能用华语普通话或方言交谈，普遍使用的方言有广东话、闽南话、客家话、潮州话、海南话、福州话等；印度族群常用泰米尔语。菲律宾有80多种语言，国语是以他加禄语为基础的菲律宾语，官方语言是英语。

【宗教和习俗】

泰国、缅甸、老挝和柬埔寨主要信奉佛教；马来西亚、文莱和印度尼西亚主要信奉伊斯兰教，其中印度尼西亚是世界上拥有穆斯林人口最多的国家；菲律宾主要信仰天主教。

由于民族文化差异，东盟各国都拥有许多特色习俗，但因宗教信仰等关系，成员国具有共性的习俗也不少。东盟国家大部分是有宗教信仰的，这些信仰也衍生出许多宗教禁忌。

佛教国家（泰国、缅甸、老挝和柬埔寨）笃信佛教，如泰国法律中有许多保障宗教的条文，不能对佛像不敬；由于僧侣必须严格遵守小乘佛教教义，绝对禁止接触女性或被女性触摸，因此女性游客在公共场合应避免碰触僧侣。缅甸人笃信佛教，参拜寺院或佛塔时必须脱鞋赤脚进入；缅甸人视摸头为一件不礼貌的事，因此不要随便摸小孩的头。老挝国民大多信奉小乘佛教，忌讳亵渎佛像，不能随意用手去触摸佛像，更不能用身体的任何部位接触佛像，也不能随意评论佛像。柬埔寨佛寺遍布全国，僧侣的社会地位高。柬埔寨男子无论社会地位高低，通常一生都要出家一次，但可以随时还俗。

在伊斯兰国家（马来西亚、文莱和印度尼西亚），伊斯兰教徒祈祷时不喜欢被他人打扰；触摸小孩的头是不礼貌的行为；参观清真寺时，进门前要脱鞋以示尊重和清洁，非穆斯林不能踩清真寺内祷告用的地毯。越南人在日常生活中注重礼节，见面习惯打招呼或互致问候。越南人的称谓与问候很讲究，要在名字前加兄弟姐妹等尊称；忌讳被人摸头顶；席地而坐时，忌别人把脚对着自己。

菲律宾人的生活方式有些类似于美国。上层社会的人受西方影响，盛行女士优先，习惯对女士给予特殊关照。但在农村，女性多于男性，妇女的地位较低下。此外，菲律宾人的家庭观念很强，喜欢谈论和赞美他们的家庭。

【政治制度】

根据《东盟宪章》，首脑会议是东盟最高决策机构，主席由成员方轮流担任，外长会议每年轮流在成员方举行。东盟秘书处是服务于东盟十个成员国的行政机构，监督由这一区域组织启动的计划和纲领。东盟秘书处于 1976 年 2 月成立，设在印度尼西亚首都雅加达。东盟秘书长由各成员方轮流派员担任，任期 5 年。

【对外关系】

20 世纪 90 年代初，东盟推动东亚区域合作进程，逐步形成了以东盟为中心的一系列区域合作机制。2014 年 5 月，东盟各国外长通过《东盟对外关系指引》，以促进东盟的对外关系发展。东盟积极开展多方位外交，每年与对话伙伴（美国、日本、澳大利亚、新西兰、加拿大、欧盟、韩国、中国、俄罗斯和印度）举行对话会议，就重大国际政治和经济问题交换意见。东盟分别与中国、中国香港、日本、韩国、印度、澳大利亚和新西兰达成了自由贸易协定或经济伙伴关系协定（EPA）。[①]

---

① 参见我国商务部发布的《对外投资合作国别（地区）指南：东盟》。

二、RCEP 协定签署前中国与东盟的贸易概况

中国于 1991 年开始与东盟对话，1996 年成为东盟的全面对话伙伴国。2010 年 1 月 1 日，中国-东盟自由贸易区（CAFTA）正式全面启动。这是中国与东盟十国组建的自由贸易区。中国-东盟自由贸易区建成后，东盟和中国的贸易占到世界贸易的 13%，成为一个涵盖 11 个国家、19 亿人口、GDP 达 6 万亿元的巨大经济体的发展中国家间最大的自由贸易区。

/ 延伸阅读 /

Business Team Building：The Value of Self-Reflection

图书在版编目（CIP）数据

国际商务谈判 / 连增，宋泽宁编著. -- 北京：中国人民大学出版社，2023.4
经济管理类课程教材. 国际贸易系列
ISBN 978-7-300-31549-2

Ⅰ.①国… Ⅱ.①连… ②宋… Ⅲ.①国际商务－商务谈判－高等学校－教材 Ⅳ.①F740.41

中国国家版本馆 CIP 数据核字（2023）第 052289 号

高等学校双语教学用书
经济管理类课程教材·国际贸易系列
国际商务谈判
连　增　宋泽宁　编著
Guoji Shangwu Tanpan

出版发行	中国人民大学出版社		
社　　址	北京中关村大街 31 号	**邮政编码**	100080
电　　话	010－62511242（总编室）		010－62511770（质管部）
	010－82501766（邮购部）		010－62514148（门市部）
	010－62515195（发行公司）		010－62515275（盗版举报）
网　　址	http://www.crup.com.cn		
经　　销	新华书店		
印　　刷	天津鑫丰华印务有限公司		
开　　本	787 mm×1092 mm　1/16	**版　　次**	2023 年 4 月第 1 版
印　　张	15.5 插页 1	**印　　次**	2023 年 4 月第 1 次印刷
字　　数	290 000	**定　　价**	42.00 元

教学支持说明

1. 教辅资源获取方式

为秉承中国人民大学出版社对教材类产品一贯的教学支持，我们将向采纳本书作为教材的教师免费提供丰富的教辅资源。您可直接到中国人民大学出版社官网的教师服务中心注册下载——http://www.crup.com.cn/Teacher。

如遇到注册、搜索等技术问题，可咨询网页右下角在线 QQ 客服，周一到周五工作时间有专人负责处理。

注册成为我社教师会员后，您可长期根据您所属的课程类别申请纸质样书、电子样书和教辅资源，自行完成免费下载。您也可登录我社官网的“教师服务中心”，我们经常举办赠送纸质样书、赠送电子样书、线上直播、资源下载、全国各专业培训及会议信息共享等网上教材进校园活动，期待您的积极参与！

2. 高校教师可加入下述学科教师 QQ 交流群，获取更多教学服务

经济类教师交流群：781029042

财政金融教师交流群：182073309

国际贸易教师交流群：162921240

税收教师交流群：119667851

3. 购书联系方式

网上书店咨询电话：010-82501766

邮购咨询电话：010-62515351

团购咨询电话：010-62513136

中国人民大学出版社经济分社

地址：北京市海淀区中关村大街甲 59 号文化大厦 1506 室　100872

电话：010-62513572　010-62515803

传真：010-62514775

E-mail：jjfs@crup.com.cn